Agile Softwareentwicklung

Dipl.-Inform. Henning Wolf ist Geschäftsführer der it-agile GmbH in Hamburg, bei der er auch als Agiler Senior-Berater tätig ist. Er leitet und begleitet seit 1999 agile Projekte. Neben agilen Methoden und Vertragsmodellen gehören agiles Projektmanagement und Controlling, Aufwandsschätzungen und agile Organisationen zu seinen Arbeitsschwerpunkten. Im Rahmen seiner Beratertätigkeit veröffentlicht er Artikel und hält Vorträge und Schulungen zu diesen und weiteren Themen.

Dr. Wolf-Gideon Bleek leitet für die Firma blueCarat AG die Beratung im Bereich Norddeutschland. Er führt seit 1999 agile Projekte durch und berät Organisationen beim Einsatz agiler Softwareentwicklungsprozesse. Zu seinen Schwerpunkten gehören neben agilen Entwicklungsmethoden Softwareinfrastrukturen, Softwarearchitekturen, Open-Source-Software und Softwarequalität. Er ist Autor zahlreicher Artikel und Konferenzbeiträge. An der Universität Hamburg und der IT Universität Kopenhagen gibt er Lehrveranstaltungen zu Softwarearchitektur und Softwareentwicklung.

Henning Wolf · Wolf-Gideon Bleek

Agile Softwareentwicklung

Werte, Konzepte und Methoden

2., aktualisierte und erweiterte Auflage

dpunkt.verlag

Henning Wolf
henning.wolf@it-agile.de

Wolf-Gideon Bleek
kontakt@wolf-gideon-bleek.de

Lektorat: Christa Preisendanz
Copy-Editing: Ursula Zimpfer, Herrenberg
Herstellung: Nadine Thiele
Umschlaggestaltung: Helmut Kraus, www.exclam.de
Druck und Bindung: Media-Print Informationstechnologie, Paderborn

Bibliografische Information der Deutschen Nationalbibliothek
Die Deutsche Nationalbibliothek verzeichnet diese Publikation in der Deutschen Nationalbibliografie;
detaillierte bibliografische Daten sind im Internet über http://dnb.d-nb.de abrufbar.

ISBN 978-3-89864-701-4

2., aktualisierte und erweiterte Auflage 2011
Copyright © 2011 dpunkt.verlag GmbH
Ringstraße 19 B
69115 Heidelberg

Die vorliegende Publikation ist urheberrechtlich geschützt. Alle Rechte vorbehalten. Die Verwendung der Texte und Abbildungen, auch auszugsweise, ist ohne die schriftliche Zustimmung des Verlags urheberrechtswidrig und daher strafbar. Dies gilt insbesondere für die Vervielfältigung, Übersetzung oder die Verwendung in elektronischen Systemen.
Es wird darauf hingewiesen, dass die im Buch verwendeten Soft- und Hardware-Bezeichnungen sowie Markennamen und Produktbezeichnungen der jeweiligen Firmen im Allgemeinen warenzeichen-, marken- oder patentrechtlichem Schutz unterliegen.
Alle Angaben und Programme in diesem Buch wurden mit größter Sorgfalt kontrolliert. Weder Autor noch Verlag können jedoch für Schäden haftbar gemacht werden, die in Zusammenhang mit der Verwendung dieses Buches stehen.

5 4 3 2 1 0

Vorwort

Erst einmal möchten wir uns bei allen Lesern der 1. Auflage dieses Buches bedanken, die es überhaupt erst ermöglicht haben, dass wir eine 2., aktualisierte und erweiterte Auflage schreiben konnten. Wir haben uns sehr gefreut zu hören, dass die 1. Auflage in kurzer Zeit verkauft war.

Danke!

Seit der Fertigstellung der Texte zur 1. Auflage haben wir natürlich in Projekten und der täglichen Arbeit weitere Erfahrungen in agiler Projektarbeit gesammelt. Wir haben dazugelernt, in welchen Teams welche Praktiken gut funktionieren und wann in einem Team Schwierigkeiten mit einer Methode aufkommen.

In den vergangenen Monaten haben uns auch immer wieder Rückmeldungen zum Buch erreicht, und wir haben diese ausgewertet und bei der Überarbeitung der Kapitel berücksichtigt.

Rückmeldungen berücksichtigt

Uns hat der Austausch mit anderen Anwendern agiler Praktiken und Methoden bestärkt, den Zuschnitt des Buches im Groben zu belassen, wie er ist. Gleichzeitig haben wir die Erfahrungen aus unseren aktuellen Projekten aufgegriffen und deswegen einige Aspekte (beispielsweise zur Klärung von Anforderungen, zum Messen von Fortschritt und zum Schätzen) stärker herausgearbeitet.

Feedback ist ja genau eines der wesentlichen agilen Mittel, um sich zu verbessern. Ein sinnvoller Einsatz (nicht nur beim Bücher- und Softwareschreiben) setzt aber voraus, dass man sich von klassischen Grundannahmen verabschiedet wie z.B. einer möglichst langen und möglichst exakten Vorhersagbarkeit, die nur mit möglichst geringen Änderungen machbar ist. Dabei lehrt uns die Erfahrung, dass es mit der agilen Vorhersagbarkeit gar nicht so schlecht bestellt ist, sie spielt sich nur eben auf einer weniger detaillierten Ebene ab.

Eine wesentliche Ergänzung in unserem Kapitel über ausgewählte agile Methoden ist Software-Kanban. Wir sind der Meinung, dass diese Methode stark an Bedeutung gewonnen hat und eine Bereiche-

Software-Kanban

rung für viele Softwareentwicklungsprojekte darstellt. Für den Text dieses Kapitels möchten wir uns bei unserem Kollegen Arne Roock bedanken!

Auch zu dieser Auflage freuen wir uns natürlich weiterhin über Ihr Feedback: Wie gefällt Ihnen dieses Buch? Was hat Sie besonders angesprochen? Welche Teile gefallen Ihnen nicht? Was hätten Sie sich zusätzlich gewünscht? Dafür schon einmal vielen Dank im Voraus!

Henning Wolf und Wolf-Gideon Bleek

Hamburg, im August 2010

Blogs der Autoren:

www.henningwolf.de

www.wolfgideonbleek.de

Vorwort zur 1. Auflage

Wir beschäftigen uns seit vielen Jahren in ganz unterschiedlichen Kontexten mit agiler Softwareentwicklung. Begonnen haben wir gemeinsam 1998 als Mitarbeiter des Fachbereichs Informatik an der Universität Hamburg damit, in studentischen Projekten Praktiken des eXtreme Programming einzuführen. Es blieb aber bei Weitem nicht bei studentischen Projekten. Seit Ende 1999 entwickeln wir professionell Software nach agilem Vorgehen. Dabei haben wir in Projekten ganz unterschiedliche Rollen wahrnehmen dürfen: Entwickler, Kundenberater, Softwarearchitekt, Methodenberater, XP-Coach, ScrumMaster, Projektleiter und Kunde. Auf unseren hierdurch gesammelten Erfahrungen baut dieses Buch auf.

Seit Ende der 90er-Jahre agil

Für uns stellt agile Softwareentwicklung genau die pragmatische Herangehensweise an Softwareentwicklungsprojekte dar, die wir uns immer gewünscht haben. Dabei ist es für uns persönlich nicht ohne Bedeutung, dass wir als Entwickler mit der agilen Methode eXtreme Programming (XP) begonnen haben. XP konzentriert sich eben auf die für uns wichtigste und tatsächlich wertschaffende Tätigkeit in Softwareentwicklungsprojekten: das Programmieren. Aber zu erfolgreichen Projekten gehört mehr als nur das Programmieren. Man braucht einen organisatorischen Rahmen, Vereinbarungen mit dem Management und Kommunikationsmöglichkeiten mit dem Kunden. Besonders wichtig aber für pragmatische Menschen ist es, dass das Vorgehen den aktuellen Gegebenheiten an Projekt, Team und Umfeld angepasst werden kann. Deshalb reicht es eben nicht aus, nur eine agile Methode zu kennen. Wir wollen mit diesem Buch erreichen, dass Sie erkennen, was hinter allen agilen Methoden an gemeinsamen Vorstellungen steckt und wie auch Sie flexibel Ihre agile Methode für Ihre Projektkonstellation finden können.

Warum wir dieses Buch geschrieben haben

Danke

Unser herzlicher Dank gilt u.a. vielen unserer Kollegen, Christa Preisendanz vom dpunkt.verlag und den Reviewern. Letzteren danken wir auch und gerade dafür, dass Sie unsere erste Buchversion und -strukturierung so wenig mochten. Wir sind mit der jetzt vorliegenden Buchstruktur selbst ebenfalls viel zufriedener. Allen Reviewern dieser zweiten Version danken wir für die zahlreichen konkreten und konstruktiven Hinweise zur Verbesserung. Sie sind nahezu alle in dieses Buch eingeflossen. Von den Reviewern sind uns namentlich bekannt Jutta Eckstein und Johannes Link, bei denen wir uns hiermit herzlich bedanken wollen.

Stefan Roock gilt unser Dank für lange Jahre agiler Zusammenarbeit und für Textteile im Überblickskapitel, insbesondere zu XP und FDD, und viele wichtige Hinweise zum Kapitel über Kontraindikation und Indikation für agile Softwareentwicklung.

Wir wünschen uns, dass dieses Buch Ihren Einstieg in die agile Softwareentwicklung erleichtert und dass Sie nach der Lektüre ebenfalls agil vorgehen wollen (und können).

Wir haben dieses Buch für Sie geschrieben und hoffen, dass es Ihnen gefällt. Für Anregungen, weitere Diskussionen, Fragen und Rückkopplungen zu diesem Buch oder Ihre Erfahrungen mit agiler Softwareentwicklung sind wir offen und freuen uns schon auf Ihre E-Mails.

Wolf-Gideon Bleek und Henning Wolf

Hamburg, im Februar 2008

Inhaltsverzeichnis

1	**Einleitung**	**1**
1.1	Unser Ziel	1
1.2	Unser Vorgehen in diesem Buch	2
1.3	Der Aufbau dieses Buches	3
1.4	Das Buch einsetzen	3
2	**Einführung**	**7**
2.1	Unsere Sicht auf Softwareentwicklung	8
2.2	Werte hinter agiler Softwareentwicklung	10
2.3	Das agile Manifest	13
2.4	Grundsätzliches agiles Vorgehen	16
2.5	Begriffsklärung	18
2.6	Weiter im Text	19
3	**Management, Team, Entwicklung:** **Wie lernen wir kontinuierlich?**	**21**
3.1	Agile Sichtweise	21
3.2	Agile Lösung	21
3.3	Bezüge zu anderen agilen Praktiken	24
3.4	Übungsaufgaben	24
4	**Management und Team:** **Wie schätzen wir Aufwände?**	**25**
4.1	Agile Sichtweise	25
4.2	Agile Lösung	26
4.3	Bezüge zu anderen agilen Praktiken	36
4.4	Übungsaufgaben	36

5 Management: Wie schreiben wir Anforderungen auf? 37
5.1 Agile Sichtweise 37
5.2 Agile Lösung 38
5.3 Bezüge zu anderen agilen Praktiken 43
5.4 Übungsaufgaben 43

6 Management: Mit welchen Anforderungen fangen wir an? 45
6.1 Agile Sichtweise 45
6.2 Agile Lösung 46
6.3 Bezüge zu anderen agilen Praktiken 49
6.4 Übungsaufgaben 49

7 Management: Wie organisieren wir uns zeitlich? 51
7.1 Agile Sichtweise 51
7.2 Agile Lösung 52
7.3 Bezüge zu anderen agilen Praktiken 55
7.4 Übungsaufgaben 55

8 Management: Wer entscheidet beim Kunden? 57
8.1 Agile Sichtweise 58
8.2 Agile Lösung 58
8.3 Bezüge zu anderen agilen Praktiken 60
8.4 Übungsaufgaben 60

9 Management: Wie können Details geklärt werden? 63
9.1 Agile Sichtweise 63
9.2 Agile Lösung 64
9.3 Bezüge zu anderen agilen Praktiken 67
9.4 Übungsaufgaben 67

10	**Team:** **Wie transportieren wir Wissen zwischen allen Teammitgliedern?**	**69**
10.1	Agile Sichtweise	69
10.2	Agile Lösung	70
10.3	Bezüge zu anderen agilen Praktiken	75
10.4	Übungsaufgaben	75
11	**Team:** **Wie und wo setzt sich ein Team zusammen?**	**77**
11.1	Agile Sichtweise	77
11.2	Agile Lösung	78
11.3	Bezüge zu anderen agilen Praktiken	79
11.4	Übungsaufgaben	80
12	**Entwicklung:** **Wer darf an welchem Quelltext Änderungen vornehmen?**	**81**
12.1	Agile Sichtweise	81
12.2	Agile Lösung	82
12.3	Bezüge zu anderen agilen Praktiken	84
12.4	Übungsaufgaben	84
13	**Team:** **Wer macht eigentlich gerade was?**	**87**
13.1	Agile Sichtweise	87
13.2	Agile Lösung	88
13.3	Bezüge zu anderen agilen Praktiken	90
13.4	Übungsaufgaben	91
14	**Team:** **Wo, wann und wie diskutieren wir Design und Architektur?**	**93**
14.1	Agile Sichtweise	93
14.2	Agile Lösung	95
	14.2.1 Quick Design Sessions	96
	14.2.2 Testgetriebener Entwurf	98
	14.2.3 Design und Architektur bei Feature Driven Development	100
14.3	Bezüge zu anderen agilen Praktiken	102
14.4	Übungsaufgaben	102

15 Entwicklung: Wie können technische Details geklärt werden? 103

- 15.1 Agile Sichtweise 103
- 15.2 Agile Lösung 104
- 15.3 Bezüge zu anderen agilen Praktiken 106
- 15.4 Übungsaufgaben 106

16 Management: Wie wird Projektfortschritt ehrlich messbar? 107

- 16.1 Agile Sichtweise 107
- 16.2 Agile Lösung 108
- 16.3 Bezüge zu anderen agilen Praktiken 114
- 16.4 Übungsaufgaben 114

17 Management: Wann ist eine Anforderung erledigt? 115

- 17.1 Agile Sichtweise 115
- 17.2 Agile Lösung 118
- 17.3 Bezüge zu anderen agilen Praktiken 119
- 17.4 Übungsaufgaben 120

18 Entwicklung: Wie häufig liefern wir Software aus? 121

- 18.1 Agile Sichtweise 121
- 18.2 Agile Lösung 122
- 18.3 Bezüge zu anderen agilen Praktiken 125
- 18.4 Übungsaufgaben 126

19 Entwicklung: Wie häufig integrieren wir unsere Entwicklung? 127

- 19.1 Agile Sichtweise 128
- 19.2 Agile Lösung 129
- 19.3 Bezüge zu anderen agilen Praktiken 131
- 19.4 Übungsaufgaben 131

20 Entwicklung: Wie halten wir die Qualität im Sinne von Wartbarkeit hoch? 133

- 20.1 Agile Sichtweise 134
- 20.2 Agile Lösung 135
- 20.3 Bezüge zu anderen agilen Praktiken 136
- 20.4 Übungsaufgaben 136

21 Management: Wie gehen wir mit Anforderungsmengen um? 137

- 21.1 Agile Sichtweise 137
- 21.2 Agile Lösung 138
  - 21.2.1 Product Backlog vs. Sprint Backlog 138
  - 21.2.2 Gruppierung über Feature-Sets (FDD) 139
  - 21.2.3 Speziallösung für Festpreisprojekte 140
  - 21.2.4 Umgehen mit widersprüchlichen Anforderungen 141
- 21.3 Bezüge zu anderen agilen Praktiken 142
- 21.4 Übungsaufgaben 143

22 Management: Wer hilft uns bei Problemen mit dem agilen Vorgehen? 145

- 22.1 Agile Sichtweise 145
- 22.2 Agile Lösung 146
- 22.3 Bezüge zu anderen agilen Praktiken 147
- 22.4 Übungsaufgaben 147

23 Ausgewählte agile Methoden 149

- 23.1 eXtreme Programming 149
  - 23.1.1 Die fünf Werte des eXtreme Programming 150
  - 23.1.2 Die 14 Prinzipien des eXtreme Programming .. 151
  - 23.1.3 Die 13 Primärpraktiken 153
  - 23.1.4 Die 11 Folgepraktiken 156
  - 23.1.5 Rollen in eXtreme Programming 159
  - 23.1.6 Projektablauf bei eXtreme Programming 160
- 23.2 Scrum 161
  - 23.2.1 Die Rollen bei Scrum 161
  - 23.2.2 Projektablauf bei Scrum 162

23.3 Feature Driven Development 164
    23.3.1 Erstelle das Gesamtmodell 165
    23.3.2 Erstelle die Feature-Liste 165
    23.3.3 Plane je Feature 166
    23.3.4 Entwirf je Feature 166
    23.3.5 Entwickle je Feature 166
    23.3.6 Gesamtüberblick über FDD 167
    23.3.7 Diskussion: Ist FDD agil? 167
23.4 Kanban 169
    23.4.1 Prinzipien von Kanban 170
    23.4.2 Kanban als Change-Management-Methode 173

24 Kontraindikation und Indikation — 175

24.1 Kontraindikation 176
    24.1.1 Kontraindikationen im Bereich des Kunden 176
    24.1.2 Kontraindikationen im Bereich
           der Entwickler 180
    24.1.3 Kontraindikationen im Bereich
           von Technologien 181
24.2 Indikation 182
    24.2.1 Indikationen im Bereich des Kunden 183
    24.2.2 Indikationen im Bereich der Entwickler 184
    24.2.3 Indikationen im Bereich von Technologien 185
24.3 Zusammenfassung 186

25 Rückblick — 187

Anhang

A Übersetzungen — 189

Literaturverzeichnis — 193

Index — 199

1 Einleitung

Dieses Buch wendet sich an alle, die sich für agile Softwareentwicklung interessieren. Einleitend möchten wir unser mit diesem Buch verbundenes Ziel, unseren Erfahrungshintergrund, das dem Buch zugrunde liegende Vorgehen und den von uns für das Thema gewählten Aufbau des Buches vorstellen.

1.1 Unser Ziel

Wir wollen Ihnen näher bringen, was agile Softwareentwicklung ausmacht. Dabei wollen wir bewusst darauf verzichten, Ihnen das agile Vorgehen an einer konkreten agilen Methode wie eXtreme Programming (XP), Scrum, Feature Driven Development (FDD) oder Software-Kanban vorzustellen.

Nach unserer Erfahrung beantwortet nämlich keine agile Methode alle Fragen, die sich bei der Softwareentwicklung methodisch stellen. Wir können auch in diesem Buch nicht alle Fragen beantworten, wollen Ihnen aber die agile Denkweise so weit näher bringen, dass Sie offen bleibende Fragen selbst in einem agilen Sinne beantworten können.

Es gibt noch einen weiteren Grund, warum wir uns für diese Einführung von den konkreten Methoden gelöst haben: In unseren Projekten setzen wir eine Vielzahl agiler Praktiken (im Sinne von »Best Practices«) ein und kombinieren nach Projektbedarf. Wir haben ein ähnliches Vorgehen von einer Vielzahl anderer Projekte gehört und vermuten deshalb, dass Sie es in Ihren Projekten ebenso machen wollen und werden.

Trotzdem bietet Ihnen dieses Buch eine kleine Auswahl bekannter Vertreter agiler Methoden. Eine davon kann der Startpunkt werden für Ihre eigenen agilen Projekte.

1.2 Unser Vorgehen in diesem Buch

Einführung

Nach dieser kurzen Einleitung wollen wir Ihnen im zweiten Kapitel eine Einführung in das agile Vorgehen geben. Wir stellen das agile Manifest und die Grundwerte aller agilen Methoden vor. Gepaart mit den dort eingeführten grundlegenden agilen Herangehensweisen haben Sie schon das nötige Handwerkszeug, um agil vorzugehen.

Je Fragestellung ein Kapitel

Ab dem dritten Kapitel orientieren wir uns dann an unterschiedlichen Fragestellungen, die sich bei der Softwareentwicklung ergeben. Wir wollen jeweils ausgehend von einem konkreten Problem bei der Softwareentwicklung zeigen, wie Sie mit agiler Herangehensweise und Betrachtung zu einer Lösung kommen. Diese Lösungen finden sich so oder ähnlich in agilen Methoden wieder, und wir haben sie selbst in Projekten beobachtet oder eingesetzt.

Ausgewählte agile Methoden

Die zwei aus unserer Sicht wichtigsten Vertreter agiler Methoden stellen wir Ihnen in Kapitel 23 *Ausgewählte agile Methoden* vor:

- Extreme Programming (XP) als eine recht umfassende und im Bereich der konkreten Entwicklung auf Design- und Programmierebene starke Entwicklungsmethode.
- Scrum als eine vor allem auf agiles Projektmanagement und -organisation abgestellte Methode, die bei Weitem nicht nur für Softwareentwicklungsprojekte eingesetzt werden kann. Sie bietet allerdings bezogen auf Softwareentwicklung für Umsetzung, Design und Programmierung keine Handlungsanleitung. Sie werden erkennen, dass XP und Scrum gut kombinierbar sind.

Zusätzlich betrachten wir mit Feature Driven Development (FDD) eine agile Methode, die gezielt für Festpreiskonstellationen entwickelt wurde und durch ihr Rollenmodell und ihre Hierarchien auf den ersten Blick klassisch daherkommt, aber trotzdem den agilen Grundwerten und Grundsätzen genügt. Gerade weil FDD nicht auf selbstorganisierte Teams setzt, ist es unserer Einschätzung nach für viele Organisationen interessant und bietet Ihnen eine sinnvolle agile Alternative zu den am meisten verwendeten Vertretern XP und Scrum.

Mit Software-Kanban beschreiben wir zudem noch eine Methode, die direkt aus der leichtgewichtigen Produktion (Lean Production) entstammt. Kanban interpretiert das agile Manifest anders als Scrum oder XP. Als Methode ist Kanban für all jene Kontexte besonders gut geeignet, in denen schnell und häufig geliefert werden soll. Deshalb ist Kanban eine hervorragende Methode zur Organisation der Betriebsführung oder Wartung, aber auch in Softwareentwicklungskontexten gut einsetzbar.

Sind agile Methoden für alle Projekte geeignet? Für wen ist welche agile Methode am besten geeignet? Diesen Fragen gehen wir in Kapitel 24 *Kontraindikation und Indikation* nach.

Kontraindikation und Indikation

Im letzten Kapitel fassen wir kurz zusammen und blicken gemeinsam auf die Inhalte dieses Buches zurück. Außerdem wollen wir Ihnen einen Ausblick geben, wie es für Sie mit agiler Softwareentwicklung weitergehen kann.

Zur Vertiefung des Stoffes haben wir zu einigen Themen Übungsaufgaben formuliert, die Sie am Ende des jeweiligen Kapitels finden.

Übungsaufgaben

1.3 Der Aufbau dieses Buches

Für den Aufbau des Buches haben wir uns bewusst gegen eine Strukturierung nach den vorgestellten Methoden entschieden, denn dies widerspricht den gesammelten Erfahrungen: In den uns bekannten agilen Projekten wurde und wird nicht streng nach einer agilen Methode vorgegangen.

Nicht nach Methoden strukturiert

Der Erfahrung nach sind im Projekt die unterschiedlichen Perspektiven viel bestimmender. Wir unterscheiden deshalb bei der Vorstellung der agilen Praktiken zwischen den Perspektiven Team, Management und Entwicklung. Nach diesen haben wir die agilen Praktiken sortiert und führen sie teilweise kombiniert, aber unabhängig von ihrer Zuordnung zu einer agilen Methode ein.

Perspektiven

Wir gehen beim Aufbau des Buches zyklisch vor; so, wie es in Projekten nach agilen Vorgehensweisen ebenfalls üblich ist. Das hat die Reihenfolge der Kapitel bestimmt. Wir erkunden die agilen Praktiken, indem wir immer wieder auf die drei Perspektiven eingehen. Die von den Methoden angebotenen Praktiken fließen dabei als Lösungsbausteine ein.

Zyklischer Aufbau

1.4 Das Buch einsetzen

Sie können verschiedene Gründe haben, sich mithilfe dieses Buches mit agilen Methoden vertraut zu machen. Wir möchten an dieser Stelle darauf eingehen, wie das Ihren Umgang mit dem Buch und vor allem die Lesereihenfolge der Kapitel beeinflussen könnte. Dabei können wir uns insbesondere drei Kontexte vorstellen, in denen wir dieses Buch vorwiegend eingesetzt sehen: Selbststudium, Projekte in Industriekontexten und Lehrveranstaltungen an Hochschulen.

Der einfachste und sicherlich naheliegendste Weg verläuft entlang der normalen Kapitelreihenfolge. Diese ist von uns bereits so vorgegeben, dass Sie sich schrittweise und zyklisch den Praktiken der agilen

Methoden nähern. Wir haben bei der Anordnung der Kapitel darauf geachtet, dass jedes Kapitel für sich genommen einzeln gelesen werden kann. Notwendige Verweise auf andere Kapitel sind explizit aufgeführt, und am Ende jedes Kapitels sind die Bezüge zu anderen agilen Praktiken angegeben.

Für das Selbststudium

Das Buch eignet sich auch zum Selbststudium; wir raten Ihnen hier zu einem realen Projekt, in dem Sie sich mit agilen Praktiken auseinandersetzen. Die Praktiken und die damit verbundene Haltung sind leichter nachzuvollziehen, wenn sie in einer konkreten Projektsituation praktiziert werden. Das mag aber nicht immer möglich sein.

Arbeit im Industriekontext

Für die Arbeit in einem Industriekontext empfehlen wir ein reales Projekt, in dem Sie agile Methoden einsetzen wollen. Wenn es Ihr erster Kontakt mit agilen Methoden ist, sollten Sie das Projekt sorgfältig auswählen, sodass es Ihnen Freiräume für das Experimentieren mit einer neuen Vorgehensweise erlaubt. Wir würden Ihnen darüber hinaus vorschlagen, dass Sie sich zumindest zu einem späteren Zeitpunkt einen Berater hinzuziehen, der Ihnen bei eventuellen Problemen hilft.

Die Reihenfolge der Kapitel unterstellt, dass Sie frisch mit dem Projekt anfangen. Genauso, wie sich das Projekt schrittweise vor Ihnen mit seinen Facetten entfaltet, werden die agilen Praktiken eingeführt und adressieren weitere neue Details und Herausforderungen. Sie können daraufhin nach einigen Kapiteln überlegen, ob es sinnvoller ist, ein späteres Kapitel direkt auszuwählen, weil Sie gerade auf die in der Überschrift genannte Frage in Ihrem Projekt gestoßen sind. Sollten Sie mit dem Entwicklungsprojekt bereits begonnen haben, raten wir Ihnen, das Buch erst einmal vollständig zu lesen, damit Sie abschätzen können, wie Sie die Vorgehensweise im laufenden Projekt wechseln.

Lehrveranstaltungen an Hochschulen

Für Lehrveranstaltungen an Hochschulen empfehlen wir eine projektartige Veranstaltungsform. Wir wissen, dass insbesondere Softwareentwicklungsmethoden gerne im Rahmen von Vorlesungen unterrichtet werden. Aus unserer eigenen Erfahrung lässt sich aber sagen, dass die Inhalte dabei nur schwer vermittelbar sind und wenig Eindruck hinterlassen. Gute Rückmeldung haben wir dagegen in Projekten oder Praktika erhalten, in denen sich die Studierenden aktiv und bezogen auf eine Problemstellung selbst mit den Praktiken beschäftigen mussten.

Die Reihenfolge der Kapitel ist bereits eine brauchbare Reihenfolge für die Auseinandersetzung mit den agilen Themen im Rahmen einer Lehrveranstaltung. Darüber hinaus ist es naheliegend, dass die Teilnehmer in einem Projekt Rollen einnehmen. Diese Rollen bringen bestimmte Perspektiven mit sich, durch die sich wiederum Schwerpunkte ergeben. Die Studierenden werden deshalb die Texte so lesen, wie sie ihnen direkt Fragen im Projektkontext aus ihrer Perspektive beantworten. Genau das ist beim Aufbau des Buches beabsichtigt gewesen.

Sollten Sie kein konkretes Projekt haben, bietet sich die vorgegebene Kapitelreihenfolge an, denn die Themen und die damit verbundenen Praktiken ergeben in der vorliegenden Reihenfolge einen organischen Zusammenhang. Sind Sie in der glücklichen Lage, an einem konkreten Projekt zu arbeiten, empfehlen wir Ihnen dieselbe Lesestrategie wie bei Industrieprojekten.

Und sonst?

2 Einführung

Agil sein bedeutet im Allgemeinen, dass jemand körperlich oder geistig wendig oder flink ist. Und sowohl Wendigkeit als auch Flinkheit treffen auf agile Softwareentwicklung gut zu: Wir wollen angepasst (wendig) vorgehen und schnell (flink) vorzeigbare Ergebnisse erzielen. Um dieses Ziel erreichen zu können, wollen wir uns die Wendigkeit bewahren, die Mittel zu wählen, mit denen wir dieses Ziel erreichen können. Sie werden feststellen, dass es bei agiler Softwareentwicklung immer wieder genau um diese Flexibilität geht, die notwendig ist, wenn Sie zu den schnell vorgelegten (Zwischen-)Ergebnissen Rückkopplungen erhalten. Dazu später mehr.

In dieser Einführung wird Ihnen zu Beginn in Abschnitt 2.1 *Unsere Sicht auf Softwareentwicklung* kurz der Gegenstand der Betrachtung erläutert, also die Sicht der Autoren auf Softwareentwicklung im Allgemeinen.

Daraus ergibt sich für uns als logische Konsequenz der Einsatz agiler Methoden. Deren Werte betrachten wir in Abschnitt 2.2 *Werte hinter agiler Softwareentwicklung* im Detail.

Schließlich befassen wir uns in Abschnitt 2.3 mit dem agilen Manifest. Es bringt die Gedanken hinter den aktuell relevanten agilen Methoden gut auf den Punkt und wurde von den Erschaffern und Befürwortern agiler Methoden unterzeichnet.

Diesen Ausführungen folgt eine knappe Zusammenfassung, was agiles Vorgehen im Kern bedeutet, in Abschnitt 2.4 *Grundsätzliches agiles Vorgehen*. Dieser Abschnitt gibt Ihnen eine handlungsanleitende Vorstellung davon, was zu beachten ist, wenn agil Software entwickelt werden soll.

2.1 Unsere Sicht auf Softwareentwicklung

Bei der Softwareentwicklung gibt es ein klares Ziel: Es soll ein einsetzbares Softwaresystem entstehen. Dabei soll aber keinesfalls irgendein Softwaresystem erstellt werden, sondern dieses System muss bestimmten projektspezifischen Anforderungen entsprechen.

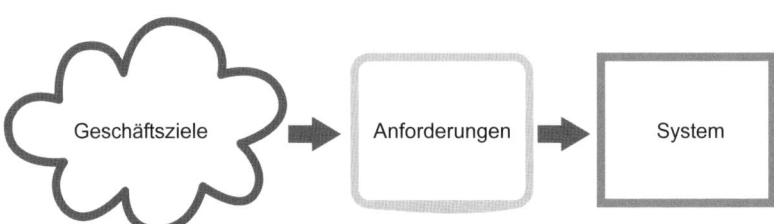

Abb. 2–1
Wie kommt man zu Softwaresystemen?

Aber diese projektspezifischen Anforderungen fallen nicht vom Himmel. Sie sind vor dem Hintergrund von Geschäftszielen entworfen, also zur Erreichung von Geschäftszielen erstellt.

In Abbildung 2–1 ist dies schematisch dargestellt: Das System entsteht durch eine Transformation aus den Anforderungen. Die Anforderungen entstehen durch eine Transformation aus den Geschäftszielen. Die eigentliche Arbeit, also die Softwareentwicklung, scheint in diesen Transformationsprozessen anzufallen. Sie stellen gleichzeitig die Herausforderungen in der Softwareentwicklung dar, denn es ist alles andere als trivial, für ein Geschäftsziel die exakten Anforderungen an ein diesem Ziel förderliches System zu stellen und die gegebenen Anforderungen in ein softwaretechnisches Artefakt zu überführen.

Es stellt sich die spannende Frage, wie und wann wir die Ergebnisse der Transformationsprozesse überprüfen können (siehe Abb. 2–2).

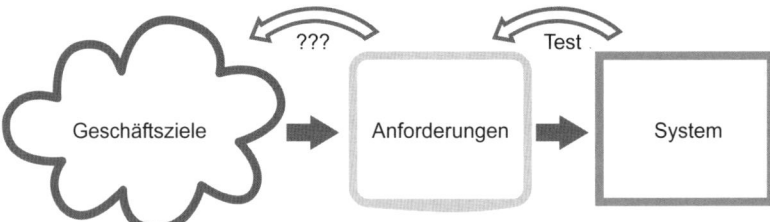

Abb. 2–2
Wie überprüft man die Transformationsprozesse?

Der Transformationsschritt von den Anforderungen zum Softwaresystem kann mittels Tests überprüft werden. Es kann hier eine Vielzahl von Testverfahren zum Einsatz kommen, die teilweise später in diesem Buch vorgestellt werden. Fürs Erste dürfte ein ganz intuitiver Begriff davon genügen, dass man das System und die Anforderungen hernehmen und systematisch überprüfen kann, ob alle Anforderungen vom System erfüllt werden (oder nicht). Es ist möglich, sich ebenfalls intuitiv vorzustellen, dass damit ein gewisser Aufwand verbunden ist und sich die interessante Frage stellt, was die Projektbeteiligten bei der Softwareentwicklung machen wollen, wenn noch nicht alle Anforderungen erfüllt sind. Diese Frage ist für das Management des Softwareentwicklungsprozesses interessant, und gleichzeitig ahnen Sie an dieser Stelle vielleicht schon, dass sich diese Frage nicht erst am vermeintlichen Ende eines Entwicklungsprojektes stellen sollte.

Für eine direkte Überprüfung des Transformationsprozesses zwischen Geschäftszielen und Anforderungen ist uns kein systematischer Weg bekannt. Natürlich könnte eine entsprechende Überprüfung von Experten vorgenommen werden. Wie viel Sicherheit diese letztlich erbringt, ist aber fraglich.

Der beste uns in diesem Zusammenhang bekannte Weg der Überprüfung ist der indirekte Weg über den Systemeinsatz, wie er in Abbildung 2–3 dargestellt ist.

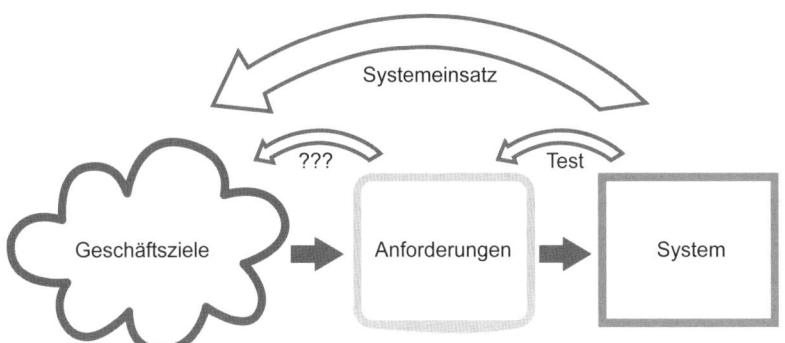

Abb. 2–3
Systemeinsatz als Überprüfung

Statt also die Anforderungen direkt gegen das Geschäftsziel zu prüfen, wird das auf Grundlage der Anforderungen erstellte System eingesetzt und damit gegen das Geschäftsziel geprüft.

Es wäre äußerst ungünstig, wenn diese Überprüfung erst am Projektende erfolgt, weil es dann für Korrekturen und Umstellungen zu spät wäre. Stattdessen fordern wir, dass diese Überprüfung so früh wie möglich geschehen sollte, damit ggf. bei Fehlentwicklungen noch während der Projektlaufzeit eingegriffen und umgesteuert werden kann.

Hinter dieser hier von uns vertretenen Sichtweise steckt ein Wertesystem, das von Folgendem ausgeht:

1. Softwareentwicklung wird als Ganzes betrachtet. Softwareentwicklungsprozesse sind für die Umsetzung von Geschäftszielen mittels Softwaresystemen verantwortlich.

2. Die Software wird im Einsatz von Anwendern und deren Managern beurteilt und kann grundsätzlich nicht ausschließlich von Entwicklern beurteilt werden.
3. Bei der Softwareentwicklung ist Rückkopplung notwendig, um zu überprüfen, ob man auf dem richtigen Weg ist, und um ggf. noch während der Projektlaufzeit eingreifen und korrigieren zu können.

Das nächste Kapitel widmet sich genauer dem Wertesystem, das hinter agiler Softwareentwicklung steht.

2.2 Werte hinter agiler Softwareentwicklung

Vor allem zwei wesentliche Werte finden sich als Grundlage agiler Methoden: Kommunikation und Einfachheit. Später in diesem Kapitel wird zusätzlich noch auf die Werte Rückkopplung (Feedback), Mut und Respekt eingegangen.

Kommunikation

Es mutet auf den ersten Blick schon ein wenig merkwürdig an, Kommunikation als einen Wert zu verstehen. Im Zusammenhang mit Softwareentwicklungsmethoden ist allerdings zu bedenken, dass viele Methoden dem Traum nach einer ingenieurmäßigen oder noch schlimmer fabrikmäßigen Herstellung von Software anhängen. Die Folge aus dieser Sichtweise ist dann ein Verzicht auf direkte Kommunikation zwischen Menschen, die ersetzt wird durch eine klar definierte Menge an Dokumenten oder Artefakten wie Lastenheft, Pflichtenheft, Spezifikationen usw.

Agile Softwareentwicklungsmethoden sehen dagegen einen hohen Wert in direkter Kommunikation zwischen allen Projektbeteiligten. Die Kundenmanager sollen mit den Anwendern über ihre Ziele der Softwareentwicklung sprechen. Die Anwender müssen ihrem Management und den Entwicklern ihre Bedürfnisse kommunizieren und sollen sich darüber untereinander möglichst einig werden. Schließlich müssen gerade die Entwickler gegenseitig und mit allen anderen Projektbeteiligten viel kommunizieren, um ein gemeinsames Ziel verfolgen zu können und sich über Entscheidungen, Probleme und gewählte Lösungswege auszutauschen.

Nur um es explizit klarzustellen: Es geht nicht um möglichst viel Kommunikation, sondern um direkte, offene und ehrliche Kommunikation. Direkt bezieht sich dabei sowohl auf möglichst kurzfristige Kommunikation bei Bedarf als auch auf Kommunikation, die im Optimalfall direkt von einer Person zu einer anderen erfolgt. Offen und ehrlich ist die Kommunikation dann, wenn über alles gesprochen wird, ohne z. B. unangenehme Themen auszusparen, und die Dinge beim Namen genannt werden dürfen.

Wir werden später noch erläutern, dass direkte Kommunikation eine wesentliche Voraussetzung für direkte Rückkopplung ist.

Einfachheit

Softwareentwicklung ist für gewöhnlich nicht einfach, sondern komplex. Das hängt sowohl mit der Materie Softwareentwicklung, mit der Zusammenarbeit verschiedener Berufsgruppen, mit Teamgrößen und unterschiedlichen Zielen und Qualifikationen als auch mit der Komplexität der abzubildenden Geschäftsprozesse zusammen. Wenn Komplexität also Softwareentwicklung ausmacht, wie kann dann Einfachheit als Wert gewählt werden?

Gerade weil die Komplexität sowieso schon hoch ist, wollen wir sie mit agilen Methoden überall reduzieren, wo uns dies möglich scheint. Wir streben allerdings nicht an, dass Softwareentwicklung so einfach werden soll wie Frühstücken, sondern wir wollen auf allen Ebenen so wenig Komplexität wie möglich und suchen technisch, organisatorisch und methodisch nach einfachen Lösungen:

- Technisch wollen wir nur das bauen, was wirklich benötigt wird. Die technischen Lösungen sollen einfach sein, damit sind sie dann einfacher zu verstehen, einfacher zu warten und später einmal einfacher zu erweitern oder zu ändern.
- Organisatorisch wollen wir so wenig Überbau wie möglich. Was die Anwender oder Entwickler selbst organisieren können, das sollen sie selbst organisieren und dafür nicht unnötig neue Rollen oder Posten erschaffen.
- Methodisch wollen wir einfach vorgehen, sodass das Vorgehen allen verständlich bleibt und von allen umgesetzt und gelebt werden kann. Wir wollen mit der gewählten Methode nicht für unnötige zusätzliche Komplexität sorgen. Methodisch gehört dazu, dass wir je nach Projektsituation ggf. noch einfacher vorgehen, als unsere Standardmethode dies vorsieht, wenn das im Projekt möglich ist.

Die Vorteile einfacher Lösungen leuchten ein, Einfachheit ist aber gar nicht so leicht herzustellen. Wir zeigen in diesem Buch aber noch eine ganze Reihe von einfachen Lösungen für verschiedene Problemstellungen bei der Softwareentwicklung.

Weitere Werte

Rückkopplung

Rückkopplung oder Feedback wird zuweilen als Wert für agile Softwareentwicklung genannt. Uns scheint Rückkopplung ein Wert zu sein, der vor allem im direkten Zusammenhang mit Kommunikation steht. Darüber hinaus gibt es aber weitere Ebenen, auf denen agile Softwareentwicklung einen empirischen Ansatz verfolgt und Zwischenergebnisse einführt, die einer Bewertung unterzogen werden können.

Wir haben das schon für das Softwaresystem in Abschnitt 2.1 *Unsere Sicht auf Softwareentwicklung* aufgezeigt. Möglichst frühe und häufige Systemauslieferungen fördern die Rückkopplung, ob die entwickelte Software den angestrebten Geschäftszweck erfüllt. Wir werden in diesem Buch noch einige Rückkopplungsmechanismen kennenlernen, u.a. Komponententests, Projektfortschrittsmessungen und Retrospektiven.

Mut

Mut ist ein Wert, der vor allem dort benötigt wird, wo agile Softwareentwicklung auf Widerstände trifft. Dort bedarf es mutiger Menschen, die sich entscheiden, einmal einen anderen Weg auszuprobieren. Es gehört Mut dazu, offen und ehrlich und direkt zu kommunizieren, denn wir haben ja nicht immer nur Positives zu berichten, sondern zuweilen zu erklären, was in einem bestimmten Zeitraum oder mit einem bestimmten Aufwand eben nicht möglich ist.

Respekt

In Softwareentwicklungsprojekten ist ein respektvoller Umgang aller Projektbeteiligter miteinander hilfreich. Respekt ist wesentliche Voraussetzung dafür, dass die Beteiligten offen und ehrlich und angstfrei miteinander kommunizieren können. Nur wer sich respektiert fühlt, der kann offen sprechen. So müssen die Entwickler die Anwender respektieren, selbst wenn diese sich in den Augen der Entwickler vermeintlich merkwürdig organisiert haben sollten. Es gilt, über Kommunikation die Gründe herauszubekommen und nicht eine Bewertung abzugeben. Der Respekt unter den Entwicklern ist wichtig, um alle im Team produktiv einzubinden und nicht Außenseiter zu schaffen, deren technische Lösungen nicht akzeptiert werden. Zum Respekt gehört dazu, dass jeder zuerst sein Gegenüber verstehen muss, bevor er Rückkopplung gibt.

2.3 Das agile Manifest

Im Februar 2001 trafen sich Vertreter vieler agiler Methoden; unter ihnen waren Kent Beck, Mike Beedle, Alistair Cockburn, Ward Cunningham, Martin Fowler, Jim Highsmith, Ron Jeffries, Robert C. Martin, Ken Schwaber und Dave Thomas. Damit waren u.a. die Methoden eXtreme Programming, Scrum, Crystal und Feature Driven Development vertreten. Die Teilnehmer einigten sich als Grundlage aller agilen Methoden auf das folgende Manifest:

> **Das agile Manifest**
>
> Wir entdecken bessere Wege, Software zu entwickeln,
> indem wir Software entwickeln und anderen dabei helfen.
>
> Durch diese Arbeit bewerten wir
> **Individuen und Interaktionen** höher als
> Prozesse und Werkzeuge,
> **laufende Software** höher als
> ausgedehnte Dokumentation,
> **Zusammenarbeit mit dem Kunden** höher als
> Vertragsverhandlungen,
> **Reaktion auf Veränderung** höher als
> Planverfolgung.
>
> Die Dinge auf der rechten Seite haben einen Wert,
> wir bewerten die auf der linken Seite aber höher.

Abb. 2–4
Das agile Manifest

Schauen wir uns das agile Manifest im Detail an:

»Wir entdecken bessere Wege, Software zu entwickeln, indem wir Software entwickeln und anderen dabei helfen.«

Bessere Wege

Diese Aussage spricht dafür, dass die Unterzeichner des agilen Manifests ihre folgenden Aussagen nicht auf einer Wunschvorstellung aufbauen wollen, sondern auf ihrer Praxiserfahrung. Es unterstützt den Pragmatismus der agilen Methoden, dass sie nicht an Universitäten erfunden wurden, sondern von Praktikern für Praktiker.

»Wir bewerten Individuen und Interaktionen höher als Prozesse und Werkzeuge.«

Individuen und Interaktionen

Die einzelnen Individuen, die ein Projektteam ausmachen, und ihre Interaktionen untereinander und mit ihrem Umfeld werden höher bewertet als Prozesse (auch agile Prozesse!) und Werkzeuge. Im Vordergrund stehen also die Menschen, die ein Softwareprojekt ausmachen. Sie müssen miteinander interagieren können, um zusammen zu einem Projekterfolg zu kommen. Dies ist wichtiger als ein konkreter Prozess oder ein Werkzeug. Man kann wohl sagen, dass die Prozesse oder Werkzeuge den Menschen ein Hilfsmittel sein sollen und können, aber die Menschen eben nicht nur da sind, um die Prozesse stur einzuhalten und die Werkzeuge zu bedienen.

Laufende Software

»Wir bewerten laufende Software höher als ausgedehnte Dokumentation.«

Bei der agilen Softwareentwicklung ist die laufende Software das Maß der Dinge. Der Projektfortschritt wird anhand laufender Software nachgewiesen, die laufende Software wird von Anwendern beurteilt. Nur mit laufender Software kann nachgewiesen werden, dass ein Softwaresystem den angestrebten Geschäftszweck erfüllt. Bei der agilen Softwareentwicklung steht demnach laufende Software ständig im Vordergrund. Möglichst früh und möglichst oft soll laufende Software entstehen, die beurteilt werden kann und unter Beweis stellt, dass das Projekt vorankommt. Denn es ist eine viel wichtigere Aussage, dass 10% der Features eines Projektes an einem laufenden Softwaresystem ausprobiert werden können, als dass 90% der Features in einem Entwurfsdokument für die Programmierung beschrieben sind.

Zusammenarbeit mit dem Kunden

»Wir bewerten Zusammenarbeit mit dem Kunden höher als Vertragsverhandlungen.«

Nur gemeinsam mit dem Kunden (und den Anwendern) können Entwickler gebrauchstaugliche und sinnvolle Software entwickeln. Deshalb ist die Zusammenarbeit so wichtig. Auf der anderen Seite existieren heute nach wie vor viele sogenannte Festpreisverträge für die Softwareentwicklung in der Praxis. Da solche Verträge nicht nur von einem festen Preis, sondern auch von einem festen Leistungsumfang ausgehen, ist es eigentlich notwendig, dass alle Leistungsanforderungen im Detail genauestens im Vorwege bekannt sind und über die Projektlaufzeit stabil bleiben. Dies widerspricht jedoch jeder Erfahrung aus der Praxis der Softwareentwicklung. Es nützt den Entwicklern in der Regel nur kurzfristig, wenn der Auftrag zwar nach Vertrag exakt abliefert, was bestellt wurde, dafür aber ein unbrauchbares System entstanden ist, das so nie eingesetzt werden kann. Deshalb ist die Zusammenarbeit mit dem Kunden so wichtig. Nur damit kann ein echter Projekterfolg erreicht werden, nämlich erfolgreich eingesetzte Software.

»Wir bewerten Reaktion auf Veränderung höher als Planverfolgung.« *Reaktion auf Veränderung*
Akzeptiert man die Menschen als wichtig, ihre Interaktionen miteinander als notwendig, laufende Software als das Maß der Dinge und wichtige Basis für Rückkopplungen und die Zusammenarbeit mit dem Kunden als essenziell für den Projekterfolg, dann müssen wir davon ausgehen, dass sich zur Projektlaufzeit ständig Veränderungen ergeben. An der laufenden Software wird erkennbar, was an anderer oder zusätzlicher Funktionalität benötigt wird, es wird erkennbar, was dem Geschäftsziel hinter der Software dienlich ist und was noch nicht. Während des Projektes lernen alle Beteiligten dazu. Sie kommen vielleicht zu dem Schluss, dass der Prozess anders laufen müsste, dass häufiger oder seltener oder anders kommuniziert werden sollte etc.

Agile Softwareentwicklung begrüßt diese Veränderungen, denn sie resultieren in vielen Fällen aus einem Lernergebnis oder Erkenntnisgewinn. Aber auch profane Veränderungen, wie der Abzug oder der Austausch von projektbeteiligten Personen, adressieren die Reaktion auf Veränderung, die in agilen Prozessen Vorrang hat. Es nützt ja nicht viel, stur einem Plan zu folgen, der so nicht mehr erreicht werden kann. Es geht dabei allerdings nicht darum, dass Pläne gänzlich aufgegeben werden oder angestrebte Termine generell nie erreicht werden. Es geht nicht um Beliebigkeit, sondern um Flexibilität. Es geht darum, ehrlich zu erkennen, wann der Plan so nicht mehr erreicht werden kann. Es kann darum gehen zu erkennen, dass das Geschäftsziel mit anderen Mitteln viel einfacher erreicht werden kann und beispielsweise die Hälfte des vermuteten Projektaufwandes entfallen kann.

Wie eben schon am Beispiel der Planverfolgung angedeutet, haben die Dinge auf der rechten Seite (des agilen Manifests) ebenfalls einen Wert. Prozesse und Werkzeuge kommen zum Einsatz, dürfen aber den Menschen und ihren Interaktionen nicht im Wege stehen. Ausgedehnte Dokumentation gibt es selten in agilen Projekten, aber es verhält sich keinesfalls so, dass es nicht trotzdem Dokumentation gibt. Es wird nur eben angestrebt, so viel wie möglich an Dokumentation durch laufende Software zu sparen. Vertragsverhandlungen sind notwendig, sie sollten aber nicht der späteren Zusammenarbeit mit dem Kunden im Wege stehen. *Die Dinge rechts haben auch einen Wert*

Wenn Sie sich diesen Grundsätzen agiler Softwareentwicklung anschließen wollen, können Sie unter `www.agilemanifesto.org` Unterzeichner des agilen Manifestes werden. Wir, die Autoren dieses Buches, sind es.

2.4 Grundsätzliches agiles Vorgehen

Nachdem nun die Werte hinter agiler Softwareentwicklung und das agile Manifest vorgestellt wurden, sollten Sie einen Eindruck davon gewonnen haben, was die agile Sicht- und Denkweise ausmacht. Ohne zu stark in Details zu gehen (die in den folgenden Kapiteln nachgereicht werden), fassen wir zusammen:

Frühe und häufige Softwareauslieferungen

Jede Softwareauslieferung ist ein Anlass zur Kommunikation und bietet die Möglichkeit zur Rückkopplung. Diese Rückkopplung zeigt uns auf, ob wir auf dem richtigen Weg sind, um das Geschäftsziel hinter dem Projekt zu erreichen. Nebenbei kann der Takt der Softwareauslieferungen Aussagen über die Geschwindigkeit der Entwicklung geben. Bleibt sie konstant? Erhöht sich das Tempo oder verringert es sich dramatisch? Wie immer bei frühen Rückkopplungen erlauben diese, Fehlentwicklungen zu erkennen und Gegenmaßnahmen zu ergreifen (oder schlicht umzuplanen).

Dass für diese wichtigste Rückkopplung laufende Software verwendet wird, hat seinen guten Grund und basiert auf Erfahrungen: Nur am laufenden System kann ein Anwender beurteilen, ob die Software gut bedienbar, gebrauchstauglich und aufgabenangemessen ist. Dafür reichen keine Testversionen und keine Prototypen (die aber immer noch besser sind als nichts).

Rückkopplung und Kommunikation

Neben der Rückkopplung zu ausgelieferter Software wenden die Beteiligten bei agiler Softwareentwicklung aber auch auf vielen anderen Ebenen Rückkopplungszyklen an: Bezüglich des Entwurfs für das Softwaresystem erfolgt dieser Zyklus im Team in einem kommunikativen Prozess, der direkte Rückkopplungen aller Teammitglieder erlaubt. Bei der Programmierung gibt es neben dem Compiler ggf. Komponententests oder einen Programmierpartner, um Rückkopplungen zu erhalten. Häufig werden bei agiler Softwareentwicklung Systeme regelmäßig integriert und z.B. nachts komplett kompiliert, gebaut und getestet. Dies erfolgt ebenfalls, um möglichst früh eine Rückkopplung über evtl. entstandene Probleme zu erhalten.

Die generelle agile Herangehensweise sieht also so aus, dass die Grundüberlegung immer gleich ist: Wie beschaffen wir uns möglichst früh und möglichst häufig mit möglichst wenig zusätzlichem Aufwand möglichst aussagekräftige Rückkopplungen?

Kommunikation zwischen den Projektbeteiligten ist in der Regel der effizienteste und effektivste Weg, Informationen im Team zu verbreiten. Grenzen sind diesem Vorgehen nur gesetzt, wo die Verantwortung nicht gemeinsam getragen bzw. akzeptiert wird oder die Teams eine bestimmte Größe überschreiten. Aber selbst dann ist nicht automatisch ein Schwenk weg von agilen Entwicklungsmethoden angesagt, sondern dafür sind ab bestimmten Teamgrößen Subteams zu bilden, die zueinander möglichst klare und kleine Schnittstellen haben, intern aber wieder im Wesentlichen per Kommunikation statt Dokumentation arbeiten können.

Reaktion auf Veränderung oder Lernen, Lernen, Lernen

Was würden uns die wertvollen Rückkopplungen nützen, wenn wir nicht auf Fehlentwicklungen reagieren könnten?

Softwareentwicklung ist ein Lernprozess. Alle Projektbeteiligten lernen ständig hinzu. Die Anwender lernen viel über die Möglichkeiten, die Software ihnen bietet. Die Entwickler lernen viel über die abzubildende Fachlichkeit und viel über technische Details und neue Techniken und Werkzeuge. Gemeinsam lernen Anwender, Kunden und Entwickler über Entwicklungsprozesse. Sie erkennen, welche Mechanismen gut funktionieren und welche nicht.

Neue Erkenntnisse oder Lernerfolge sind nicht die einzige Ursache für Veränderungen in Softwareentwicklungsprojekten: Personen werden abgezogen oder neue kommen hinzu; Ziele werden revidiert; Technologien müssen angepasst werden.

Es ist schlicht und einfach nützlich, diese Veränderungen zu begrüßen und zu akzeptieren, statt sich über die »ständigen« Planänderungen zu ärgern. Wir sollten uns an diesem Punkt aber nicht falsch verstehen: Agile Softwareentwicklung bedeutet keinesfalls, dass wir tägliche Änderungen akzeptieren und sowieso täglich alles an Planung über den Haufen werfen. Es bedeutet nur, dass wir das Handwerkszeug haben, auf Veränderung zu reagieren, und die Konsequenzen dieser Veränderungen ziemlich genau benennen können.

2.5 Begriffsklärung

Wir wollen möglichst klar mit den in diesem Buch verwendeten Begriffen umgehen. Es ist uns deshalb ein Anliegen, zuerst die wesentlichen Konzepte agilen Handelns genau zu benennen: agile Praktik und agile Methode.

Definition: Agile Praktik

> Unter einer **agilen Praktik** verstehen wir eine etablierte Handlungsweise, in einem ausgewählten Ausschnitt oder Aspekt der Softwareentwicklung agil vorzugehen, also die agilen Werte zu berücksichtigen.

Als Beispiele für agile Praktiken können das Programmieren in Paaren (siehe Kap. 10 *Team: Wie transportieren wir Wissen zwischen allen Teammitgliedern?*) oder das Timeboxing (siehe Kap. 7 *Management: Wie organisieren wir uns zeitlich?*) dienen. Wir haben uns für den Begriff der Praktik entschieden, weil er dem englischen Begriff der *practice* auch im Sinne einer »*Best Practice*« am nächsten kommt.

Definition: Agile Methode

> Unter einer **agilen Methode** verstehen wir eine konkrete benannte Zusammenstellung von agilen Praktiken.

Agile Methoden wie eXtreme Programming oder Scrum stellen wir in Kapitel 23 *Ausgewählte agile Methoden* vor.

Konventionen

Wir haben uns vorwiegend für deutsche Begriffe entschieden, weil wir der Meinung sind, dass wir so lange deutsche Fachwörter nehmen, wie es dafür ein treffendes Wort gibt. Wir werden aber ebenfalls die englischen »Originale« mit erwähnen, insbesondere bei Begriffen anderer Autoren, um die Leser ausreichend darüber zu informieren, wie in englischsprachigen Publikationen die Wörter gewählt werden, denn diese können Ihnen schon einmal in einem Artikel oder Buch über den Weg gelaufen sein. Allerdings gehen wir dabei nicht dogmatisch vor, wenn es kein gutes deutsches Wort gibt, sind wir beim englischen Ausdruck geblieben. Eine Übersicht mit den systematischen Übersetzungen der englischen Fachwörter ins Deutsche geben wir in Anhang A *Übersetzungen*.

2.6 Weiter im Text

Sie werden hoffentlich einiges davon, was Sie bisher gelesen haben, als selbstverständlich empfinden. Für manche von Ihnen ist das eine oder andere vielleicht schon heute tägliche Projektpraxis. Das freut uns. Wir bitten Sie aber, daraus nicht den Schluss zu ziehen, Sie seien wohl ausreichend agil und könnten dieses Buch sofort zuschlagen. Es ist natürlich Ihre Entscheidung, wir wären Ihnen aber dankbar, wenn Sie weiterlesen und den agilen Weg weitergehen – auch über die in diesem Buch vorgestellten Praktiken hinaus. Denn agile Methoden sind immer projektindividuell anzupassen, hängen von den beteiligten Personen ab, und ihre Einführung oder ihr Ausbau ist immer ein Veränderungsprozess. Dieser ist häufig schwierig und alles andere als leicht umzusetzen. Geben Sie aber bitte nicht zu früh auf! Auch und gerade wenn Sie an manchen Stellen in diesem Buch denken, dass etwas nie und nimmer für Ihre Organisation, Ihr Team oder Ihre Art der Softwareentwicklung passen würde, dann fragen Sie sich genauer, woran das liegt: Welche Hürden müssten beseitigt werden? Welche Ängste existieren, auch bei Ihnen persönlich?

Lassen Sie uns teilhaben an Ihren Zweifeln und treten Sie mit uns in Kontakt! Sie erreichen uns über die in der Einleitung angegebene Webseite.

3 Management, Team, Entwicklung: Wie lernen wir kontinuierlich?

Softwareentwicklung ist ein Lernprozess. Entwickler lernen viel über Fachlichkeiten; Kunden und Anwender lernen die Möglichkeiten der softwaretechnischen Umsetzung kennen. Beide Gruppen lernen zwangsweise etwas über den Entwicklungsprozess. Wie erreicht das Entwicklungsteam es, dass es sich dabei über kontinuierliches Lernen weiter verbessert?

3.1 Agile Sichtweise

In Abschnitt 2.2 *Werte hinter agiler Softwareentwicklung* wurden die Werte und Grundideen agiler Methoden vorgestellt. Rückkopplung ist der zentrale Wert für die kontinuierliche Verbesserung auf allen Ebenen. Wenn sich die Teammitglieder also Rückkopplungen verschaffen, dann können sie aus diesen lernen. Wenn sie nicht genau wissen, was sie zur Verbesserung tun sollen, können sie ihr Verhalten nach Vermutungen ändern und anschließend beobachten, welche Auswirkungen es bei der nächste Rückkopplung zeigt.

Dies setzt natürlich voraus, dass die Abstände, in denen sich das Team Rückkopplungen verschafft, nicht zu groß sind. So ist sichergestellt, dass es sich nie allzu lange vom richtigen Weg entfernt.

3.2 Agile Lösung

Die Lösung für den allgemeinen Lernwunsch auf allen Ebenen, insbesondere aber auf der Ebene des Entwicklungsprozesses, der Methode und der verwendeten agilen Praktiken, heißt Retrospektive. Eine Retrospektive ist ein Treffen aller Projektbeteiligten genau zum Zwecke des Lernens. Hierzu reflektiert die Gruppe einen vergangenen Zeitabschnitt eines Projektes und fragt sich, was daran erfolgreich war und gut funktioniert hat und was verbessert werden muss, welche Blocka-

Retrospektiven

den eventuell aufgetreten sind und den Projekterfolg behindern. Für diese Verbesserungen werden gemeinsame Ideen erarbeitet.

Häufigkeit

Der Begriff Projektretrospektive wurde ursprünglich ausschließlich für Betrachtungen am Ende eines Projektes verwendet (siehe [Kerth01]). Dies ist definitiv der späteste Zeitpunkt, an dem in jedem Fall eine Retrospektive stattfinden sollte, damit die Erfahrungen aus einem Projekt für die Zukunft bewahrt werden können. Heute wenden die meisten agilen Teams regelmäßige projektbegleitende Retrospektiven an, um schon während eines Projektes zu lernen und sich verbessern zu können. Hierfür wird entweder ein Zeittakt festgelegt, z. B. alle zwei oder drei Monate, oder nach jedem Pulsschlag des Projektes (siehe Kap. 7 *Management: Wie organisieren wir uns zeitlich?* zu zeitlicher Organisation), jedem festen Zeittakt im Projekt, findet eine Retrospektive statt.

Ablauf einer Retrospektive

Retrospektiven bergen Konfliktpotenzial. Schließlich sind für die meisten Probleme Menschen verantwortlich. Retrospektiven brauchen daher eine angstfreie Umgebung, in der Probleme angesprochen werden können, ohne dass dies persönlich Konsequenzen außerhalb der Retrospektive hat. Es bietet sich daher an, dass die Teilnehmer vereinbaren, dass das Ziel der Retrospektive das Lernen und die Verbesserung des Entwicklungsprozesses ist. Es wird nicht nach Schuldigen gesucht. Es hat sich bewährt, wenn nicht nur die negativen, sondern auch die positiven Aspekte angesprochen werden. Schließlich wollen die Beteiligten das Positive für die Zukunft bewahren.

Konkret sollten nach Esther Derby und Diana Larsen (siehe [Derby & Larsen 2006]) mindestens die folgenden Schritte durchlaufen werden:

1. Retrospektivenablauf und -inhalt klären
2. Daten erheben
3. Einsichten erlangen
4. Entscheiden, was getan/geändert werden soll
5. Abschließen der Retrospektive

Für jeden Schritt gibt es unterschiedliche Vorgehensweisen, wie diese moderiert bzw. durchgeführt werden können (siehe [Derby & Larsen 2006]). Die explizite Trennung von Datenerhebung, Einsichten und Entscheidungen hilft zur systematischen Reflektion, damit nicht nur einfach irgendetwas anders gemacht wird, sondern eine solche Entscheidung möglichst auf der Grundlage von Daten und Einsichten darüber basiert.

Moderation

Retrospektiven sollten in der Regel moderiert werden. Die Moderation sollte wenn möglich kein Teammitglied übernehmen. Schließlich kann es dann nicht mitdiskutieren. Häufig finden sich Kollegen benachbarter Teams oder Abteilungen als Moderatoren. Bei der Moderation muss darauf geachtet werden, dass das Gespräch beim Thema Verbesserung des Prozesses bleibt. Es gibt nämlich einen beobachtbaren Effekt, dass Entwickler lieber über Technik, Design und Architektur reden, aber diese sind nicht alleinige Themen in Retrospektiven.

In Abbildung 3–1 ist beispielhaft eine Moderationswand dargestellt mit negativen und positiven Projekteigenschaften.

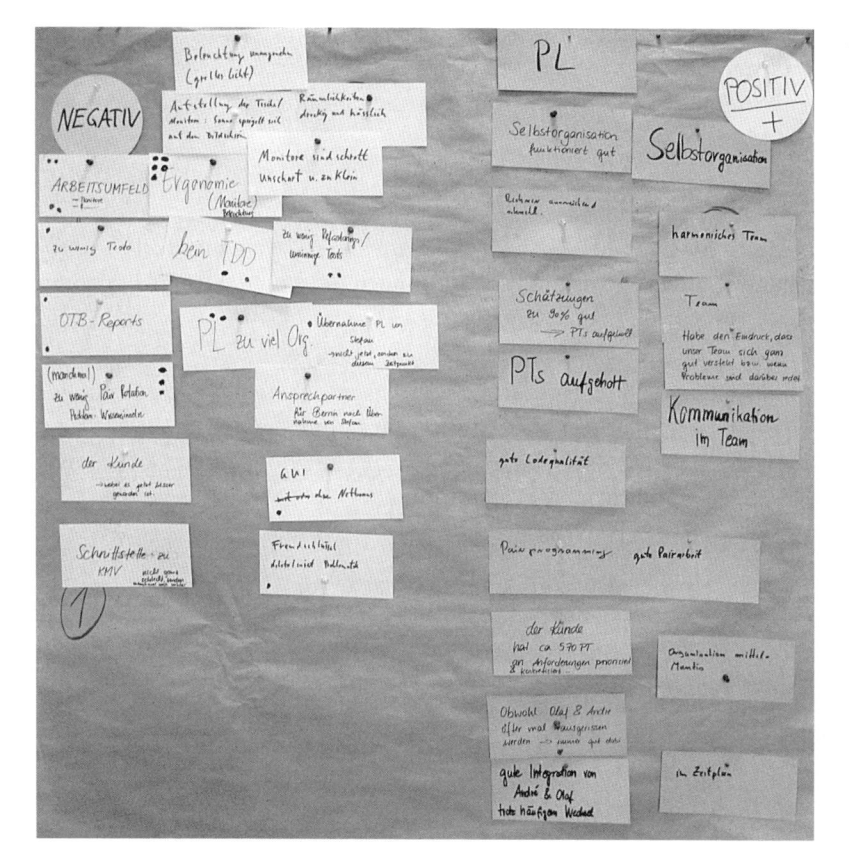

Abb. 3–1

Moderationswand einer Retrospektive

Zusätzlich werden bei Retrospektiven gerne Flipcharts eingesetzt, die die Maßnahmen und Tätigkeiten zur Verbesserung der festgestellten negativen Projekteigenschaften festhalten.

Es ist wichtig, dass die methodischen Themen bei Retrospektiven angesprochen werden. Wenn aber bestimmte technische Probleme das Team behindern, sind diese ebenfalls ein Thema gerade bei projektbegleitenden Retrospektiven. Generell gilt für Retrospektiven, dass alles erlaubt ist, was dem Team hilft, besser Software zu entwickeln.

Themen

3.3 Bezüge zu anderen agilen Praktiken

Für Diskussionen über Technik, Design und Architektur gibt es andere Mittel, die in Kapitel 14 *Team: Wo, wann und wie diskutieren wir Design und Architektur?* näher beschrieben sind.

In Kapitel 22 *Management: Wer hilft uns bei Problemen mit dem agilen Vorgehen?* stellen wir vor, wer einem bei Problemen mit dem Prozess weiterhelfen kann. In Retrospektiven werden Probleme bewusst gemacht, für die Organisation von Retrospektiven gibt das Kapitel ebenfalls Hinweise.

Alle hier vorgestellten agilen Praktiken können von Retrospektiven profitieren, weil die Projektbeteiligten ihre konkrete Ausgestaltung und Anwendung bei Retrospektiven diskutieren und überprüfen können.

3.4 Übungsaufgaben

Nehmen Sie nach Möglichkeit Ihr aktuelles Softwareentwicklungsprojekt. Wenn dies nicht möglich ist, können Sie ein anderes Projekt oder sogar ein privates Vorhaben auswählen.

1. Überlegen Sie sich, wie Sie eine Retrospektive moderieren würden. (ca. 30–60 Minuten)
2. Führen Sie alle 1–2 Wochen Retrospektiven durch und achten Sie darauf, welche Themen immer wieder angesprochen werden. Beschreiben Sie dies. (ca. 60–180 Minuten)
3. Welche Veränderungen haben Sie vorgenommen? Haben sich alle Änderungen bewährt? (ca. 30–60 Minuten)

4 Management und Team: Wie schätzen wir Aufwände?

In den meisten Projektkonstellationen kommt es eher früher als später zu der Fragestellung, wie viel Aufwand eine bestimmte gewünschte Funktionalität macht und zu welchem Termin diese ausgeliefert werden kann.

Das Schätzen von Aufwänden ist keine exakte Wissenschaft, und wir können immer nur näherungsweise oder in Bezug auf die Größenordnung den tatsächlichen Aufwand abschätzen. Dies hat vor allem damit zu tun, dass bei der Softwareentwicklung selten exakt dieselben Anforderungen unter exakt denselben Bedingungen erneut zu realisieren sind. Sie werden aber noch sehen, dass stabile Randbedingungen eine wichtige Voraussetzung für das Einhalten von Schätzungen sind.

4.1 Agile Sichtweise

Aufwandsschätzungen können nur relativ zu Rahmenbedingungen erfolgen. Hierzu gehört typischerweise ein festes Team, das bereits gemeinsam arbeitet, festgelegte technologische Rahmenbedingungen und eine vereinbarte und schon gewohnte Zusammenarbeit mit Kunden und Anwendern. Dann lässt sich aus Erfahrungen über Vergleiche mit bereits umgesetzten Anforderungen schätzen, welchen Aufwand eine neue Funktionalität in etwa mit sich bringen wird.

Das zugrunde liegende Prinzip nennt sich »*Wetter von gestern*« (»Yesterday's Weather Principle«) und basiert auf der Annahme, dass in den allermeisten Fällen eine Wetterprognose, die einfach das Wetter von gestern für heute vorhersagt, eine ziemlich gute Näherung darstellt.

Wetter von gestern

Die Aufwände zur Umsetzung werden vom Team erbracht. Deshalb sollte das Team die Schätzungen vornehmen, für die es hinterher geradestehen soll. Alle anderen Quellen von Aufwandsschätzungen

Wer schätzt die Aufwände?

laufen Gefahr, dass das Team sie für sich nicht übernehmen kann und sich für ihre Einhaltung nicht verantwortlich fühlt.

Aufwandsschätzungen führen zu Plänen der Umsetzung. Zur agilen Sichtweise gehört es, dass solche Pläne ständig an der Realität überprüft werden. Dies gilt insbesondere für Schätzungen, damit schon nach kurzer Abarbeitung geschätzter Funktionalitäten eine Aussage getroffen werden kann, wie realistisch der Plan tatsächlich ist oder ob er rechtzeitig angepasst werden muss.

Fachliche Nachfragen

Ein häufiges Problem beim Schätzen ist, dass eine fachliche Anforderung unterschiedlich interpretiert werden kann. Darüber sollte das Team aber nicht spekulieren, sondern dies so schnell wie möglich mit dem Kunden bzw. den Anwendern besprechen. Es kann also durchaus sinnvoll sein, den Kunden bei der Schätzung einzubeziehen.

4.2 Agile Lösung

Ein einfaches Schätzverfahren

Voraussetzungen

Das Team kann nur für Anforderungen oder Features den Aufwand schätzen, die es kennt. Außerdem müssen dem Team die technischen und organisatorischen Rahmenbedingungen zum Schätzen bekannt sein. Es wird auf möglichst kleinen Ebenen geschätzt, weil die Teammitglieder der Erfahrung nach nur diese so gut überblicken können, dass sie realistische Schätzungen vornehmen können. Dies bedeutet in der Regel, dass einzelne Anforderungen eine bestimmte Maximalgröße wie z. B. »lässt sich von zwei Entwicklern binnen einer Woche erledigen« nicht überschreiten darf.

Diese Voraussetzungen implizieren, dass beim Schätzen die Anforderungen weiter aufgebrochen werden (dürfen). Aus einer großen Anforderung können dann viele kleine Anforderungen werden. Dabei gibt es unterschiedliche Kriterien, nach denen dieses Aufbrechen großer Anforderungen erfolgen kann. Mehr dazu findet sich in Kapitel 5 *Management: Wie schreiben wir Anforderungen auf?*.

Entwickler(teams) schätzen Aufwände

Es ist ganz wesentlich, dass die Entwickler die Aufwände schätzen, wenn beabsichtigt ist, dass sie für diese Aufwände später einstehen. Dabei arbeiten viele agile Teams nicht mit Anforderungen bzw. Programmieraufgaben, die Personen fest zugeordnet sind. Dann ist es zusätzlich wichtig, dass das ganze Team schätzt, damit nicht ein Entwickler geschätzte Vorgaben für andere Entwickler macht, die diese nicht einhalten können. Wir müssen dabei akzeptieren, dass Entwickler durchaus unterschiedliche Geschwindigkeiten haben.

Dies wird gerne übersehen und der erfahrendste Entwickler oder ein Architekt schätzt sehr schnell für alle. Diese Schätzungen sind dann aber meist eben auch nur für genau diesen Entwickler/Architekten gültig, sodass sie maximal dann zutreffen würden, wenn derjenige das Projekt alleine durchführen würde. In der Regel erfolgt Softwareentwicklung aber im Team und insofern können wir bzgl. der Aufwandsschätzung auch nur daran interessiert sein, den Aufwand für das gesamte Team zu schätzen. Dabei interessiert die Geschwindigkeit des einzelnen Teammitglieds nicht.

Um trotzdem zu Schätzgrößen zu kommen, die für das gesamte Team nützlich sind, verwenden agile Teams meist abstrakte Schätzeinheiten. Dies können ideale Personentage, Teamstunden, Aufwandspunkte oder Gummibärchen sein. Letzten Endes ist nur wichtig, dass sich aus wenig Entwicklungserfahrung des Teams schnell ein Umrechnungsfaktor ermitteln lässt zwischen dem abstrakten Schätzmaß und den realen Aufwänden des Teams. Am besten hat sich bewährt, für Teams zu ermitteln, wie viele abstrakte Einheiten sie pro Woche oder Iteration/Sprint abarbeiten können. Diese Größe wird auch Geschwindigkeit oder Velocity genannt. Mit einem solchen Umrechnungsfaktor lassen sich dann Zeitpläne erstellen, die natürlich trotzdem weiterhin der Ungewissheit von Schätzungen unterliegen und somit leicht einmal von der Realität um ein Vielfaches unter- oder überboten werden können.

Abstrakte Schätzmaße

Um in einem Team zu realistischen Schätzungen zu kommen, ist es wichtig, dass alle Teammitglieder in den Schätzprozess eingebunden sind. Schließlich soll nicht ein Teammitglied faktisch für alle die Schätzungen vorgeben. Dies kann leicht passieren, wenn z. B. ein erfahrener Entwickler als Erster seine Meinung zur Schätzung abgibt und sich unerfahrene Entwickler nicht trauen, dem zu widersprechen.

Demokratisches Schätzen im Team

Um dies zu umgehen, wird hier kurz ein *Schätzpokern (auch Planning Poker)* genanntes Verfahren beschrieben: Es gibt spezielle Schätzpokerkarten, prinzipiell ist aber jeder handelsübliche Pokerkartensatz dafür geeignet. Jeder Entwickler erhält Pokerkarten einer Farbe. Das Team einigt sich auf einen Bereich, in dem die Schätzung liegen darf, z. B. von 1 bis 10 (das Ass zählt dann als 1). Zusätzlich einigt sich das Team auf eine Extrakarte für Diskussionsbedarf (z. B. die Dame). Jetzt wird jede Anforderung vorgelesen, und jeder Entwickler wählt aus seinen Karten die Karte zu seiner Schätzung aus und legt sie verdeckt vor sich auf den Tisch. Haben alle Entwickler eine Karte vor sich liegen, drehen alle gleichzeitig ihre Schätzung um. Hat nun ein Entwickler die Diskussionskarte umgedreht, muss über die zu schätzende Anforderung noch diskutiert werden, ggf. ist die Anforderung aufzuteilen, weil

Schätzpokern

sie zu groß ist für das Maximum, oder es muss fachlich oder technisch geklärt werden, wie die Anforderung umzusetzen ist. Ebenfalls diskutieren sollte das Team, wenn die Schätzungen stark voneinander abweichen. Gibt es nur leichte Abweichungen, so können sich die Teammitglieder entweder auf den höheren oder abwechselnd den höheren und niedrigeren Wert einigen, oder sie bilden einen Mittelwert.

Diskussionen beim Schätzen sind wichtig

Die Diskussionen während dieser Schätzrunden sind sehr wichtig für das Team. In den Diskussionen werden zum einen die Rahmenbedingungen festgelegt, unter denen die Schätzung gilt. Fachlich könnte dies bedeuten, dass es für eine Suche nur ein Suchkriterium geben soll und nicht eine Menge von Suchkriterien. Technisch könnte dies eine Festlegung auf eine bestimmte Art der Speicherung von Daten in Dateien oder der Datenbank bedeuten. Diese Rahmenbedingungen müssen meist auch zu der Anforderung notiert werden, damit der Entwickler, der später die Anforderung umsetzt, sich an die Festlegung erinnert.

Eine andere Art der Diskussion handelt vom fachlichen oder technischen Verständnis. Gerade wenn zwei Entwickler beim Schätzen sehr weit auseinander liegen, ist dies ein Hinweis darauf, dass sie sich entweder die Anforderung oder den möglichen Lösungsweg sehr unterschiedlich vorstellen. Hier schafft die Diskussion erst einmal einen einheitlichen Wissensstand, ggf. auch eine weitere Festlegung, wie das Team gemeinsam (oder nach Nachfrage beim Ersteller) die Anforderung versteht.

Fibonacci-Reihe als Wertebereich beim Schätzpokern

Einige Teams verwenden die Fibonacci-Reihe als Wertebereich beim Schätzen, also: 1, 3, 5, 8, 13 etc. Viele erhältliche Schätzpokerkarten-Sets sehen auch nur diesen Wertebereich vor. Er hat sich deshalb bewährt, weil er dem Team eine Diskussion um kleinere Abweichungen erspart. Schließlich spielt es weniger eine Rolle, ob eine Karte im Aufwand als 6 oder als 7 eingeschätzt wird. Bei der Fibonacci-Reihe liegen die Werte ausreichend weit auseinander.

Abstrakte Schätzmaße und Nivellierung

Gerade beim Start mit dem Schätzen in abstrakten Schätzmaßen bereitet dies vielen Teams bzw. Teammitgliedern Probleme. Was genau besagt denn eine abstrakte 1? Deswegen passiert es häufig, dass intern doch in Personentagen geschätzt und irgendwie umgerechnet wird. Um dies zu vereinfachen, hilft meist eine teamweite Festlegung auf eine oder mehrere Referenzaufgaben. So könnte z. B. die Referenzaufgabe zur Größe 1 die Erweiterung einer vorhandenen Anwendung um ein Datenfeld mit Speicherung und Editiermöglichkeit sein. Nun können in Aufwand und Komplexität alle anderen Anforderungen relativ zu dieser eingeschätzt werden. Wenn eine einzelne Referenzaufgabe nicht ausreicht, können auch mehrere beispielhaft vereinbart werden.

Ebenso kann es für alle Werte aus dem Schätzwertebereich Referenzaufgaben geben. Die Erfahrung zeigt, dass das Einordnen zu diesen Referenzaufgaben viel leichter fällt als eine freie Schätzung.

Ein hierarchisches Schätzverfahren

Wir stellen im Folgenden zusätzlich ein Schätzverfahren vor, das sich für uns in der Praxis bewährt hat. Es berücksichtigt unterschiedliche Ebenen von Anforderungsgranularität und erlaubt recht umfangreiche Schätzungen im Vorhinein. Es sei aber mit Nachdruck darauf hingewiesen, dass die Schätzungen mit der Menge der bereits im selben Projektkontext umgesetzten Anforderungen besser werden und dass stabile Rahmenbedingungen (Teammitglieder, Teamgröße, Räume, Technologie) wichtig sind.

Ein Schätzverfahren für unterschiedliche Größen

Der typische Fall für eine umfangreiche Aufwandsschätzung besteht darin, die Machbarkeit und die Kosten-Nutzen-Relation eines größeren Entwicklungsvorhabens zu bewerten. Steht beispielsweise zur Diskussion, ein großes in der Programmiersprache C entwickeltes Softwareprodukt durch eine Neuentwicklung in Java abzulösen, stellt sich natürlich die Frage nach der Wirtschaftlichkeit. Insbesondere wird man verschiedene Modelle gegeneinander abwägen, wie z. B. »Wir entwickeln die C-Anwendung weiter«, »Wir ersetzen nur die Oberfläche der C-Anwendung durch Java«, »Wir schreiben die komplette Anwendung neu in Java«.

Wozu umfangreiche Aufwandsschätzungen?

Laufen Projekte über mehrere Jahre, ist es vollkommen unrealistisch, alle Storys (d.h. eine textuelle Beschreibung der Anforderungen) bereits am Projektanfang zu kennen, um daraus eine Aufwandsschätzung zu erstellen. Selbst wenn die Storys prinzipiell erstellt werden könnten (indem sie z.B. die Funktionalität einer existierenden Software nachbilden), ist ihre Anzahl viel zu hoch, als dass sie noch vernünftig handhabbar wären. Hohe Aufwände für das Schätzen wären die Folge. Das führt zu keinem Projektfortschritt und geringem Nutzen für den Kunden. In agilen Projekten wollen die Entwickler aber so schnell wie möglich Nutzen für den Kunden generieren.

Die Lösung dieses Problems ist ganz einfach. Die Vielzahl konkreter Storys wird durch größere Einheiten ersetzt. Diese größeren Einheiten werden *Features*[1] (oder auch *Business-Storys*) genannt. Ein Feature stellt für den Kunden einen Geschäftswert[2] dar. Features stehen typischerweise als Einzelpunkte in der Leistungsbeschreibung des Soft-

Größere Schätzeinheiten: Features

---

1. Die hier gemeinten Features sind nicht unbedingt identisch mit den Features aus FDD. Die Features aus FDD können je nach Projekt viel kleiner sein und sich eher in der Größenordnung von Storys bewegen.

waresystems. Für die Definition von Features kann man sich gut am FDD-Schema *<Aktion> <Ergebnis> <Objekt>* orientieren (siehe dazu die FDD-Beschreibung in Abschnitt 23.3 *Feature Driven Development*).

Beispiel: Features

In einer Auftragsverwaltung könnte es im Bereich Kundenverwaltung beispielsweise die folgenden Features geben:

1. Bearbeite Kunden.
2. Lösche Kunden.
3. Drucke Kundenliste nach PLZ.

Jedes Feature wird durch eine oder mehrere Storys realisiert. Das erste Feature aus der Liste würde beispielsweise in folgende Storys zerfallen:

1. Zeige Kundenliste an.
2. Öffne Kunden aus Kundenliste.
3. Speichere Kunden.
4. Prüfe Plausibilitäten vor Speichern.

Abbildung 4–1 zeigt grafisch die Hierarchie aus Features und Storys (Features sind als Elipsen dargestellt, Storys als Rechtecke).

Abb. 4–1 Hierarchie aus Features und Storys

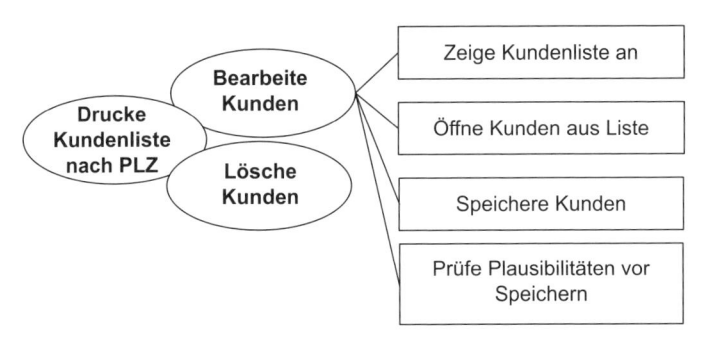

Subsysteme

Wird die Anzahl der Features groß, kann eine weitere Ebene sinnvoll sein. Dafür wird der Begriff *fachliches Subsystem* oder einfach nur *Subsystem* verwendet. Die o.g. Features wären beispielsweise im Subsystem *Kunde* angesiedelt.

Beispiel: Subsysteme

Für das Beispiel der Auftragsverwaltung wären folgende Subsysteme möglich:

---

2. Für Storys gilt die schwächere Forderung, dass sie einen für den Kunden feststellbaren Effekt haben. Dieser Effekt alleine stellt häufig noch keinen Geschäftswert dar.

1. Kunde
2. Auftrag
3. Rechnung
4. Lohn

Solche Subsysteme lassen sich genauso wie die Features in der Regel mit wenig Aufwand finden. Häufig kann das Team (oder eine kleinere Gruppe) eine vollständige Liste der Subsysteme an einem halben Tag erstellen und eine fast vollständige Liste der Features je Subsystem in der gleichen Zeit. Abbildung 4–2 zeigt eine Hierarchie aus Subsystemen, Features und Storys für das Beispiel der Auftragsverwaltung.

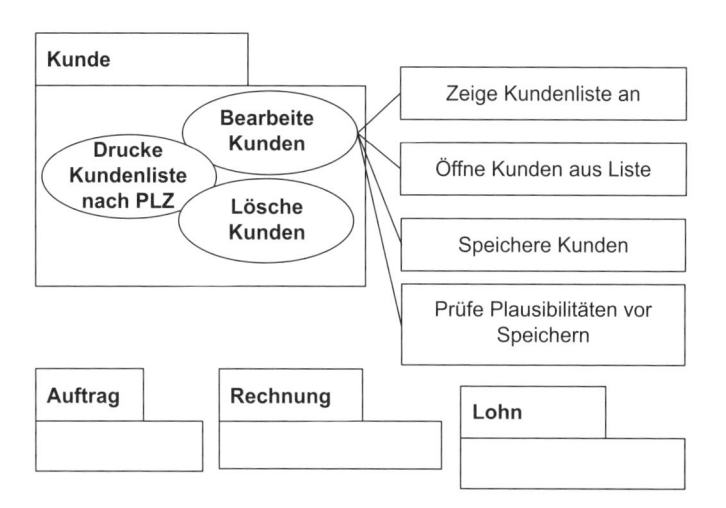

Abb. 4–2
Hierarchie aus Subsystemen, Features und Storys

Damit existiert eine grobe, aber vollständige Beschreibung der Anforderungen an das System. Diese Grobstruktur kann immer wieder im Projekt zur weiteren Strukturierung verwendet werden, z.B. bei der Definition von Teilprojekten, bei der Bestimmung von Entwicklerteams, bei der zeitlichen Planung und bei der Aufteilung des Systems in Module.

Jede der drei Ebenen kann relativ einfach mit abstrakten Maßen (z.B. Aufwandspunkten) geschätzt werden. Um Verwirrung zu vermeiden, werden Storys in *step (story effort points)* geschätzt, Features in *feep (feature effort points)* und Subsysteme in *syep (system effort points)*. Diese Schätzeinheiten sind erst einmal vollkommen unabhängig voneinander. Bei der Aufwandsschätzung geht es zunächst nicht um die konkreten Aufwände in Personentagen, sondern um eine Gewichtung der Anforderungen untereinander. Zunächst ist nur wichtig, dass eine Story mit *drei step* ungefähr dreimal so aufwendig zu realisieren ist wie eine mit *einem step*.

Schätzung

Wertebereich für Aufwandspunkte

Als Wertebereich für die Aufwandspunkte kann beispielsweise (willkürlich) 1 bis 5 festgelegt werden. Ein kleinerer Wertebereich engt zu sehr ein, ein größerer Wertebereich kann dazu führen, dass sich die Beteiligten in Detaildiskussionen verlieren (ob ein Feature 8 oder 9 Aufwandspunkte *schwer* ist, macht faktisch keinen nennenswerten Unterschied).

> **Sching-Schang-Schong-Schätzen**
>
> Wir wollen in einer kleinen Gruppe den Aufwand für eine Story bestimmen. Dabei wollen wir möglichst alle Einschätzungen ungefiltert zu Wort kommen lassen. Deshalb ist es unser Ziel zu vermeiden, dass ein Wortführer den Aufwand bestimmt oder eine zufällige Person das Gespräch beginnt und damit die Richtung setzt (»Ach, das ist leicht, das schaffe ich vorm Frühstück«). Außerdem wollen wir unterschiedliche Einschätzungen bemerken und die Gründe dafür erfahren.
>
> Wir gehen deshalb so vor, dass alle Mitglieder der Gruppe »Sching-Schang-Schong« rufen (in Anlehnung an das Kinderspiel »Schere-Stein-Papier-Brunnen«) und mit ihrer Hand signalisieren, ob sie 1, 2, 3, 4 oder 5 relative Aufwandspunkte vergeben wollen. Somit geben alle gleichzeitig ihre Einschätzung ab. Liegen die Einschätzungen mehr als zwei Punkte auseinander, ist dies Grund für eine kurze Diskussion. Es muss geklärt werden, ob der Inhalt der Story (oder des Tasks) gleich verstanden wird oder ob das Zutrauen jedes Einzelnen gegenüber der Aufgabenstellung variiert.
>
> Sind viele Schätzungen ähnlich und nur einige wenige Ausreißer dabei, können wir diese erkennen, weil sie sich nicht zurückhalten. Wir erfahren ihre Einschätzung der Lage und können darauf eingehen. Vielleicht haben sie einen Aspekt bemerkt, der von den anderen übersehen wurde. Vielleicht fühlen sie sich mit der Anforderung unwohl, weil Gebiete berührt werden, die ihnen technisch unbekannt sind usw. Wir erfahren diese Gründe beim Aufwandsschätzen und können darauf eingehen. Das ist das Ziel dieser Form des Aufwandsschätzens.

Schätzen durch Abstimmung

Außerdem passt der Wertebereich von 1 bis 5 gut mit der Anzahl Finger an einer Hand zusammen. So kann die Gruppe im Zweifel per abgewandeltem Sching-Schang-Schong-Spiel schätzen: Es wird bis drei gezählt (Sching, Schang, Schong), und dann zeigen alle Teilnehmer der Schätzung gleichzeitig den subjektiv geschätzten Aufwandswert durch Anzahl der Finger an. Dieses einfache Verfahren funktioniert, weil Schätzungen »aus dem Bauch heraus« meist gut passen. Krasse Fehleinschätzungen vermeidet das Entwicklungsteam dadurch, dass nicht eine Person alleine schätzt, sondern immer in einer Gruppe geschätzt wird. Große Unterschiede werden so schnell deutlich und können zum Anlass für Diskussionen bzw. Klärungen dienen, warum die Teammitglieder den Aufwand so unterschiedlich einschätzen. Ein Mittelwert aus den Schätzungen wird aber nur dann gebildet, wenn geringe Abweichungen vorliegen.

Beim hier vorgestellten Verfahren schätzt man erst top-down und rechnet dann die Aufwandspunkte bottom-up in Personentage um. Sie beginnen damit, den Aufwand auf Ebene der Subsysteme in *syep* zu schätzen. Je nach Umfang des Systems können Sie jetzt die Features eines oder mehrerer Subsysteme schätzen. Wichtig ist, dass mindestens für ein Subsystem alle Features aufgeschrieben und in *feep* geschätzt werden.

Berechnung konkreter Aufwände

Für die Features wird genauso verfahren. Für ein oder mehrere Features werden die Storys definiert und in *step* geschätzt. Auch hier müssen mindestens für ein Feature alle Storys definiert und geschätzt werden. Abbildung 4–3 zeigt eine solche Schätzung am Beispiel der Auftragsverwaltung.

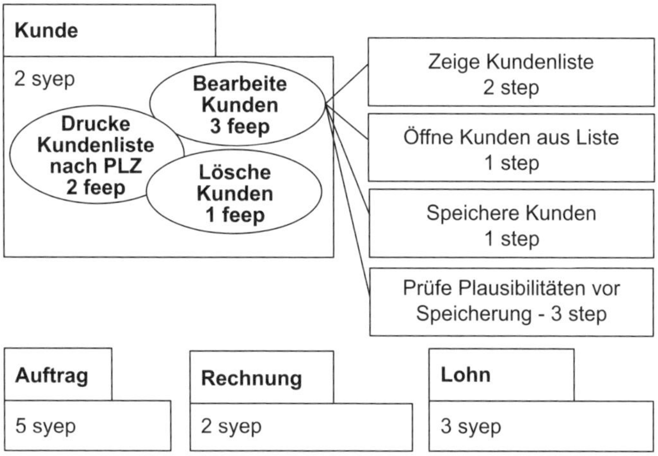

Abb. 4–3
Hierarchisches Schätzen

Kunde – 2 syep
- Drucke Kundenliste nach PLZ – 2 feep
- Bearbeite Kunden – 3 feep
  - Zeige Kundenliste – 2 step
  - Öffne Kunden aus Liste – 1 step
  - Speichere Kunden – 1 step
  - Prüfe Plausibilitäten vor Speicherung – 3 step
- Lösche Kunden – 1 feep

Auftrag – 5 syep
Rechnung – 2 syep
Lohn – 3 syep

Um aus den Aufwandspunkten konkrete Aufwände in Personentagen zu berechnen, muss jetzt nur noch bekannt sein, wie viel Aufwand sich hinter einem *step* verbirgt. Das lässt sich leicht ermitteln, indem einfach ein paar Storys implementiert und die verbrauchten Aufwände ermittelt werden. Durch Bottom-up-Berechnung kann so bestimmt werden, wie viel Aufwand ein *feep* bedeutet, und schließlich, wie viel Aufwand in einem *syep* steckt.

In diesem Beispiel wird angenommen, es konnte ermittelt werden, dass für einen *step* zwei Personentage (*1 step = 2 PT*) benötigt werden (siehe Abb. 4–5 rechts oben). Anhand des Features *Bearbeite Kunden* kann nun ausgerechnet werden, dass 1 feep ungefähr 2,33 step entspricht. Damit kostet ein feep 4,67 PT. Das Feature *Bearbeite Kunden* würde dann 14 PT kosten (siehe Abb. 4–5 unterste Zeile).

Beispiel: Berechnung konkreter Aufwände

Abb. 4-4 Aufwände für Feature und dessen Storys

Feature	feep
Bearbeite Kunden	3

Story	step
Zeige Kundenliste	2
Öffne Kunden aus Liste	1
Speichere Kunden	1
Prüfe Plausibilität	3
Summe	**7**

Abb. 4-5 Umrechnung der feep in PT

feep	step	step	PT
3	~ 7	1	~ 2,00
1	~ 2,33		
1		~	4,67
3		~	14,00

Genauso wird auf der nächsten Ebene (Subsystem *Kunde*) verfahren. 1 *syep* entspricht 3 *feep*. Damit kostet 1 *syep* in etwa 14 PT. Das Subsystem *Kunde* würde demnach 28 PT Aufwand benötigen.

Abb. 4-6 Berechnung des Gesamtaufwands

syep	feep	PT
2 ~	6	
1 ~	3	
1	~	14,00
2	~	28,00
12	~	168,00

Das Gesamtsystem wurde mit 12 *syep* geschätzt und würde demnach 168 PT kosten.

Das ganze Rechenmodell basiert auf der *Linearität der Schätzungen*, der *Konstanz der Verhältniswerte* sowie der *Konstanz der Produktivität*. Die einzelnen Aufwandsschätzungen müssen in dem Sinne linear sein, dass drei Aufwandspunkte in etwa dreimal so aufwendig zu implementieren sind wie ein Aufwandspunkt. Die Verhältniswerte müssen konstant sein, sodass die Umrechnungsfaktoren zwischen *step*, *feep* und *syep* im ganzen System konstant sind und nicht je Subsystem differieren. Für die Berechnung der Personentage ist wichtig, dass die Produktivität der Entwicklung (Entwicklungsgeschwindigkeit) über die Projektlaufzeit konstant ist.

Die Forderung nach der Linearität der Schätzung ist mit etwas Übung ganz gut zu erfüllen. Dort, wo die Schätzungen abweichen, gleichen sich die positiven und negativen Abweichungen der Erfahrung nach gut aus. Eine Planung, in der die meisten Aufwände in Karten mit 1 und mit 5 Aufwandspunkten stecken, ist anfälliger gegen das Problem als eine Planung, die die Gesamtaufwände einigermaßen gleichmäßig über alle Aufwandspunktwerte verteilt.

Unsere Erfahrung: Linearität der Schätzung

Die Konstanz der Verhältniswerte ergibt sich erstaunlich gut von selbst. Sie können sich in diesem Punkt Sicherheit verschaffen, indem Sie nicht nur die Features für ein Subsystem definieren, sondern für ein paar Subsysteme. Wenn die Umrechnungsfaktoren je Subsystem unterschiedlich sind, müssen Sie sich die Schätzungen noch einmal kritisch anschauen. Solche Abweichungen kommen vor allem dann vor, wenn verschiedene Subsysteme von verschiedenen Personen oder in großen Zeitabständen geschätzt werden.

Unsere Erfahrung: Konstanz der Verhältniswerte

Das größte Problem bei dem beschriebenen Schätzverfahren ist, dass die Entwicklungsgeschwindigkeit über einen längeren Zeitraum nicht konstant ist. Teilweise gleichen sich Berge und Täler in der Produktivität gegenseitig aus. Dennoch kann es zu erheblichen Abweichungen in der Produktivität kommen, indem die Entwicklungsgeschwindigkeit kontinuierlich zu- oder abnimmt. Der Fall, dass die Entwicklungsgeschwindigkeit kontinuierlich zunimmt, ist ein Glücksfall[1], über den sich wohl kaum jemand beschweren wird. Wenn die Entwicklungsgeschwindigkeit kontinuierlich abnimmt, dann ist das ein Symptom für Probleme im Entwicklungsprozess. Es ist keinesfalls ein Muss, dass Teams immer langsamer werden. Warum sollten sie nach einem Jahr nicht genauso schnell sein können wie nach einem Monat?

Unsere Erfahrung: Konstanz der Produktivität

Trotz allem bleibt eine Schätzung eines großen Systems immer mit Unsicherheiten behaftet. Sie ist daher als Startpunkt zu verstehen und muss natürlich unter kaufmännischen und Risikoaspekten weiter analysiert werden. Außerdem muss sie während des Projektverlaufes ständig angepasst werden. So können Abweichungen von der ursprünglichen Schätzung schnell erkannt und Gegenmaßnahmen ergriffen werden.

---

1. *Glücksfall* trifft es hier nicht ganz: Wenn das Team kontinuierlich schneller wird, ist das nicht auf Glück, sondern auf beharrliche Verbesserungsbemühungen des Teams zurückzuführen.

4.3 Bezüge zu anderen agilen Praktiken

Aufwandsschätzungen führen zu Annahmen über den weiteren Projektverlauf, der unbedingt kontinuierlich überprüft werden muss, wie wir das in Kapitel 16 *Management: Wie wird Projektfortschritt ehrlich messbar?* zur Kontrolle des Projektfortschritts noch beschreiben werden.

Grundlage vieler Schätzungen sind Anforderungen, die in geeignet kleinen Portionen notiert werden. Kapitel 5 *Management: Wie schreiben wir Anforderungen auf?* erläutert, wie solche Anforderungen aufgeschrieben werden.

4.4 Übungsaufgaben

Lösen Sie folgende Aufgaben:

1. Nehmen Sie sich einen Arbeitskontext, bestehend aus einem realen Team sowie einem organisatorischen und technischen Umfeld. Am besten führen Sie diese Übung im Team durch. Erstellen Sie Anforderungen an ein System zur Verwaltung von Storys. Machen Sie es nicht zu kompliziert und geben Sie sich mit ca. 10–15 Storys zufrieden. Nehmen Sie nun eine gemeinsame Schätzung vor und diskutieren dabei abweichende Vorstellungen. Welche Diskussionsbeiträge waren besonders wertvoll? (Zeitbedarf ca. 120–180 Minuten)
2. Stellen Sie sich ein größeres System vor und strukturieren Sie es in Storys, Features und Subsysteme. Rechnen Sie dann einmal den Gesamtaufwand anhand einiger geschätzter Storys und einem grob geschätzten Umrechnungsfaktor in Personentage um. (Zeitbedarf ca. 60 Minuten)
3. Beschreiben Sie für eine von Ihnen vorgenommene Aufwandsschätzung die dabei auftretenden Probleme. Wenn Ihnen das neu ist, beschreiben Sie, was Ihnen daran schwierig scheint. (Zeitbedarf ca. 60 Minuten)

5 Management: Wie schreiben wir Anforderungen auf?

Bei jedem Softwareentwicklungsprojekt stehen alle Beteiligten vor der Frage, wie sie die Anforderungen aufschreiben sollen. Damit ist insbesondere gemeint, in welchem Detaillierungsgrad Anforderungen erfasst werden und in welcher Form die erfassten Anforderungen aufgeschrieben werden.

Mit dem Detaillierungsgrad hängt zusammen, welche und damit wie viele Anforderungen aufgenommen werden. Nicht nur der Projektumfang bestimmt die Anzahl der Anforderungen, sondern auch der Detaillierungsgrad kann dazu führen, dass eine große Anzahl von Anforderungen aufgenommen werden (müssen).

Das dahinter stehende Managementproblem ist, dass für das Erfassen der Anforderungen ein geeignetes Mittel gefunden werden muss. Die zur Anforderungserhebung aufgewendete Zeit muss von allen Projektbeteiligten aufgebracht werden. Je größer der Zeitumfang ist, desto mehr verzögert sich das Umsetzen in Software.

Betrachten Sie beispielsweise die Entwicklung einer integrierten Software für ein Unternehmen, dann stellt sich die Frage, ob Sie die Anforderungen für alle Prozesse, eine Abteilung, einen Arbeitsplatz, einen Prozess, eine Aufgabe oder nur ein Problem erfassen.

5.1 Agile Sichtweise

Aus agiler Sicht soll möglichst schnell Software angefertigt und dem Kunden zur Verfügung gestellt werden. Das Entwicklungsteam möchte möglichst wenig Dokumente erstellen, die es nicht sofort benötigt, weil es weiß, dass deren Inhalte mit der Zeit an Aktualität verlieren. *Wenig Dokumente – schnell Software*

Aus agiler Perspektive stellt sich die Frage, ob überhaupt umfangreich Anforderungen aufgeschrieben werden sollten. Die grundsätzliche Haltung ist, wenig im Voraus aufzuschreiben. Damit wird weniger Arbeitszeit aufgewendet, die ggf. das Erstellen von Software verzögert. *Wenig im Voraus*

Kleine Anforderungen, überschaubare Iterationen

Damit wird allerdings die Genauigkeit von Schätzungen über den Ressourcenbedarf des Projektes reduziert. Agile Methoden kompensieren dieses Defizit dadurch, dass sie nur kleine Anforderungen und überschaubare Sammlungen in eine Iteration aufnehmen.

Umfang abschätzen

Anforderungen werden gerade so genau aufgenommen, dass es den Projektbeteiligten möglich wird, den Umfang abschätzen zu können. Damit können sie den Aufwand beziffern und haben eine Grundlage für die Iterationsplanung.

Lernprozess

Wichtig aus agiler Perspektive ist der im Projekt entstehende Lernprozess. Softwareentwickler lernen die Organisation, die Prozesse und die damit verbundenen Probleme kennen. Ihre Erkenntnisse setzen sie zusammen mit den Anforderungen in Software um, die als Werkzeug im Unternehmen genutzt werden kann.

> **Anforderungen**
>
> Unter einer Anforderung oder einem Requirement versteht man einen Aspekt, den die zu erstellende Software erfüllen soll. Unter der Summe aller Anforderungen verstehen wir alle die Aspekte des Einsatzkontextes, die vom zukünftigen System abgedeckt werden sollen.
>
> Das Gebiet der Anforderungsermittlung ist zu groß, um es in diesem Buch zu adressieren. Es gibt sehr unterschiedliche Vorgehensweisen, um Anforderungen zu ermitteln. Diese richten sich nach der Anwendungsdomäne und nach der Art des Vorgehens, um die Anforderungen zusammen zu tragen. Dieses Buch fokussiert auf die agile Softwareentwicklung. Deswegen können wir nur auf Teilaspekte der Anforderungsermittlung eingehen und raten auch zu einer agilen Vorgehensweise bei der Anforderungsermittlung, wenngleich sich andere Vorgehensweisen nicht grundsätzlich ausschließen.
>
> Es ist wichtig, dass Anforderungsermittlung systematisch betrieben wird und das Vorgehen und die Ergebnisse aus der Anforderungsermittlung allen Beteiligten transparent sind.
>
> Aus der agilen Blickrichtung müssen im Rahmen des Softwareentwicklungsprozesses immer wieder Anforderungen geklärt werden. Wir beschreiben in diesem Kapitel (und dem gesamten Buch), wie das Klären der Anforderungen Bestandteil des Entwicklungsprozesses ist.

5.2 Agile Lösung

Pragmatischer Weg

Die agile Lösung geht einen pragmatischen Weg. Für das gemeinsame Projekt ist es wichtig, dass die kommende Iteration geplant werden kann. Dies betrifft sowohl den inhaltlichen Teil, d. h., was konkret umgesetzt werden soll, als auch den betriebswirtschaftlichen Teil, d. h., was diese Umsetzung kostet. Anforderungen müssen insoweit erhoben werden, als dass das Entwicklungsteam abschätzen kann, was eine

Anforderung an Arbeitsaufwand ausmacht, damit der Kunde zusammen mit dem Team auswählen kann, welche Anforderungen in der ersten Iteration zusammengefasst werden.

Am liebsten würden die Entwickler die Anforderungen gar nicht aufschreiben, denn es geht ihnen ja primär um das Lernen bei der Betrachtung von Arbeitsplätzen oder die Diskussion mit Kunden und Anwendern. Es erweist sich aber als hilfreich, zumindest stichwortartig Anforderungen zu notieren, um Klarheit zwischen Entwicklern und Kunden bzw. Anwendern herstellen zu können. Es werden zu diesem Zeitpunkt aber keinesfalls Details benötigt, sondern nur voneinander abgrenzbare Anforderungen bzw. Features.

Klarheit zwischen Entwicklern und Kunde

Die Anforderungen werden von den Anwendern in Form von (User-)Storys aufgeschrieben. Eine Story ist eine textuelle Beschreibung einer Anforderung. Storys sind das primäre Mittel, mit dem XP-Teams arbeiten. Jede Story wird auf einer *Storycard* notiert. Diese Beschreibung findet gerade so präzise statt, dass die Entwickler in der Lage sind, einen Aufwand dafür zu benennen.

Storys zur Beschreibung der Anforderungen

Wesentlich für das agile Vorgehen ist, dass nicht ein Entwickler, sondern der Kunde die (User-)Storys aufschreibt. Deshalb ist das Konzept der Story so einfach gehalten, dass Fachexperten aus dem Anwendungsfeld es in wenigen Minuten lernen können. Entwickler können beim Aufschreiben der Storys helfen.

Die agile Methode FDD schlägt beispielsweise ein striktes Beschreibungsschema für Features vor, das mittlerweile sehr viele agile Teams erfolgreich anwenden: <Aktion> <Ergebnis> <Objekt>. Dies kann weiterhelfen, wenn als Beschreibung insbesondere die Aktion »verwalten« nicht akzeptiert werden kann, denn diese ist zu unspezifisch, und im Zweifel verstehen unterschiedliche Personen ganz unterschiedliche Dinge darunter. Damit vermeidet das Team u.a., dass Selbstverständlichkeitsanforderungen wie »Drucken« verloren gehen, weil sie nun explizit benannt werden müssen.

Feature Driven Development

In XP wird eine Story als ein Versprechen charakterisiert, sich mit dem Kunden (später genauer) zu unterhalten. Dahinter steht die Grundeinstellung, dass die Entwickler in dem Moment, in dem sie die Story umsetzen, wieder mit dem Kunden in Verbindung treten (ggf. mit dem Kunden vor Ort, dem lokalen Stellvertreter) und die fachlichen Details der Umsetzung klären.

Story als Versprechen zur Kommunikation

Ein Ziel, das mit den Storys verfolgt wird, ist es, den Umfang von Anforderungen zu schätzen. Dafür sollten Entwickler möglichst genau sagen können, was eine Story ausmacht. Sie brauchen deshalb eine knappe Beschreibung, aus der sie den Aufwand abschätzen können.

So genau, dass wir den Umfang schätzen können

Karteikarten

Storys werden vielfach auf Karteikarten geschrieben. Diese können bequem gehandhabt, sortiert und angeordnet werden. Ähnliches gilt für große Post-its. Beide können auf Wänden angebracht und umsortiert werden. Programmierer nehmen eine Story zu sich an den Tisch, wenn sie die Story bearbeiten.

Ein Beispiel für eine Story ist im folgenden Kasten dargestellt:

> **Story 142**
> »Für jeden Tag können Aufträge einem Fahrzeug zugeordnet werden.«
>
> Autor/Ansprechpartner: K. Müller
> Schätzung: 4 Punkte
> Priorität (1 – niedrig, 10 – hoch): 8

Sie sehen, dass die Beschreibung der Story (insbesondere im Vergleich zu z. B. Use Cases) kurz ausfällt. Nur wenn es zum Schätzen des Aufwandes nötig ist, sollte hier am Anfang mehr geschrieben werden. Später, wenn die Karte bearbeitet wird, treten die Entwickler in Kontakt mit den Anwendern und klären alle Details der Umsetzung.

Abb. 5–1
Storycard aus einem Projekt

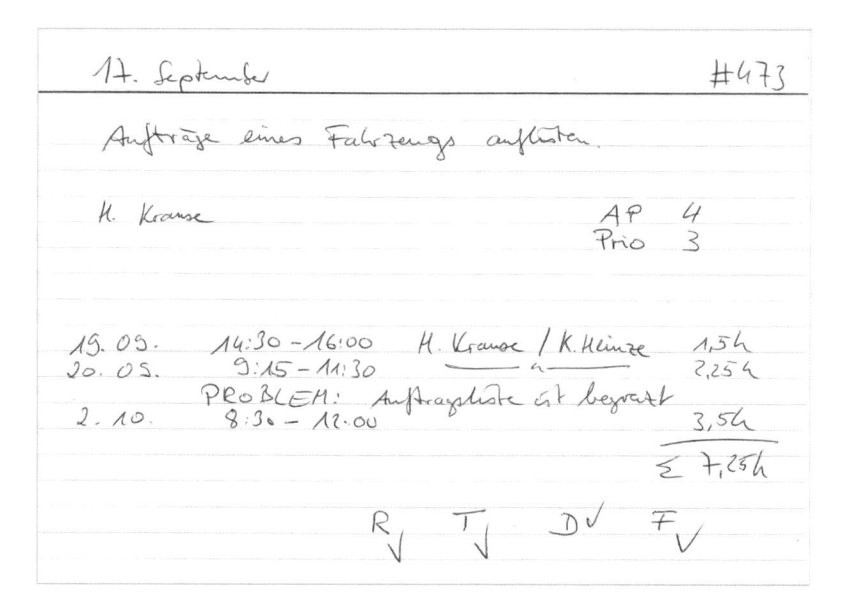

Häufig wird zu Beginn ein Stapel von Storys erstellt, um sich einen Überblick über die Anforderungen des Systems zu verschaffen. Dieser Stapel wird im Projektverlauf immer wieder um weitere Storys ergänzt, bestehende Storys werden aufgeteilt, neue Prioritäten werden vergeben oder Storys entfernt, die nicht mehr gebraucht werden. Wesentlicher Vorteil von Karteikarten ist dabei, dass sie besonders einfach in der Handhabung sind. Und auch das Konzept der Storys ist im Vergleich zu umfangreicheren Anforderungsbeschreibungen angenehm einfach in der Handhabung, weil so über kleinere Einheiten entschieden werden kann, ohne dafür größere Einheiten erst abändern zu müssen.

Nicht immer werden Prioritäten für Storys vergeben. Wenn dies gewünscht ist, kommt es nicht unbedingt darauf an, wie dies gemacht wird. Skalen von 1 bis 10 sind genauso üblich wie niedrig, mittel, hoch. Hierbei muss lediglich darauf geachtet werden, welche Dinge wichtiger sind als andere. Am Ende ist aber meist gar nicht eine Priorisierung nach Wichtigkeit alleine ausreichend, stattdessen wird eine Reihenfolge der Anforderungen benötigt, um eindeutig entscheiden zu können, welche Aufgabe als Nächstes erledigt wird.

Aufwand schätzen

Das Schätzen des Umfangs ist für das Team eine wichtige Tätigkeit. Schätzungen sind die Grundlage für die Iterationsplanung und die Priorisierung der Anforderungen. Dem Schätzen ist deshalb in diesem Buch ein separates Kapitel (Kap. 4 *Management und Team: Wie schätzen wir Aufwände?*) gewidmet.

Schätzbarkeit

Auch die Schätzbarkeit des Aufwandes ist wichtig. Liegt der Aufwand außerhalb der für das Projekt festgelegten Maximalgröße, muss die Anforderung zerteilt werden. Den Entwicklern fehlen entweder Informationen, weil die Anforderung so grob beschrieben wurde, dass sie nach etwas Großem klingt, oder die Anforderung fasst viele verschiedene Dinge zusammen, weil sie allgemein beschrieben wurde. In diesem Fall wird die Anforderung in mehrere Storys zerlegt.

Zerlegen von großen Storys in kleinere

Eine der schwierigsten Herausforderungen ist ein guter Zuschnitt von Anforderungen. Dies gilt sowohl für die Größe als auch die Inhalte der Anforderungen. Häufig wird nämlich nur von einem kleinen Teil der Anforderungen der Großteil des Nutzens eines Systems ausgehen. Diesen Anteil des Systems sollten wir als Erstes erstellen, evtl. sogar nur diesen Anteil. Dafür ist es wichtig, dass man weiß, wie große Anforderungen prinzipiell in kleinere aufgeteilt werden können. Wir beschreiben hier im Folgenden einige Ansätze aus der Praxis.

Vertikal schneiden

Generell gilt, dass Anforderungen aus Nutzersicht und nicht technisch beschrieben werden. Insofern gilt auch, dass beim Schneiden in kleinere Anforderungen kein technischer Schnitt durchgeführt werden sollte. Dieser wird häufig auch horizontaler Schnitt genannt nach den üblichen technischen Schichtenmodellen mit Frontend-, Businesslogik- und Backend-/Datenbank-Schicht. Stattdessen wollen wir vertikal anhand von fachlich trennbaren Einheiten schneiden. Im einfachsten Fall lässt sich dies schon sprachlich am Wort »und« in Anforderungsbeschreibungen erkennen. Die Anforderung »Als Sachbearbeiter möchte ich Kunden und Interessenten exportieren können, um Serienbriefe erstellen zu können« kann auch in die zwei Anforderungen »Als Sachbearbeiter möchte ich Kunden exportieren können, um Serienbriefe erstellen zu können« und »Als Sachbearbeiter möchte ich Interessenten exportieren können, um Serienbriefe erstellen zu können« aufgeteilt werden. Das mag gekünstelt wirken, es führt aber zu kleineren Anforderungen. Der Kunde könnte hier auch feststellen, dass der Versand von Serienbriefen an Interessenten ihm viel wichtiger ist und er auf den Export der Kundendaten vorerst verzichten kann.

Was sich trennen lässt

Verallgemeinert lässt sich jede mögliche fachliche Trennung vornehmen, sofern man diese eben erkennt. Als Anregungen führen wir im Folgenden ein paar Größen mit Beispielen zum Nachdenken auf. Vollständig ist diese Liste bei Weitem nicht.

- Fachliche Entität (wie im obigen Beispiel Kunden und Interessenten)
- Rolle (je Rolle eine eigene Anforderung formulieren; z. B. für Sachbearbeiter und Manager getrennt)
- Kontext (unterschiedliche Kontexte erkennen und je Kontext eine eigene Anforderung formulieren; z. B. beim Anlegen eines Kunden oder beim Ändern eines Kunden)
- Ergebnis (zumindest je Ergebnistyp unterscheiden; z. B. der CSV-Export und der Excel-Export und der Ausdruck bzw. die Liste)
- Details (in manchen Fällen kann die Menge der Details sinnvoll getrennt werden in unterschiedliche Anforderungen; z. B. die Kontaktdaten zum Kunden und die Bestelldaten zum Kunden)
- Aufgabe (viele Aufgaben lassen sich in einzelne Tätigkeiten aufteilen, so könnte die Aufgabe »Warenauslieferung« die Tätigkeiten »Packzettel drucken«, »Lieferschein drucken«, »Versandavis an DHL« und »Versand bestätigen« umfassen, die als einzelne Anforderungen beschrieben werden können)

Straßenmetapher

Aus dem *Dimensional Planning* stammt die Idee der Straßenmetapher für die Anforderungstiefe. Es wird mit einer sehr einfachen und kostengünstigen Lösung begonnen, und im weiteren Verlauf werden die Anforderungen dann schrittweise nützlicher. Dieser Ansatz bietet, wie wir wissen, die Chance zu frühem hilfreichem Feedback, das dann in die Weiterentwicklung einfließt. Betrachten wir als Beispiel die Anforderung »Rechnungsdruck«:

- **Feldweg**: Im ersten Schritt reicht es, die relevanten Daten im System zum manuellen Herauskopieren bereitzustellen (zur Not über eine Datenbankabfrage). Es ist dann ein organisatorischer Workaround nötig, um mit einer Textverarbeitung die tatsächliche Rechnung zu drucken.

- **Pflastersteinstraße:** Das System druckt Rechnungen mit dem absoluten gesetzlichen Minimum an Informationen wie Datum, Rechnungsnummer, Absender, Steuernummer, Anschrift, Mehrwertsteuersatz, Netto- und Bruttobetrag.
- **Asphaltierte Straße:** Zusätzlich kann das System nun auch die Seriennummern berechneter Artikel drucken, eine Kundenauftragsnummer und ggf. weitere Details, vielleicht auch einen individuell einstellbaren Gruß (zu Ostern, Weihnachten, Messen etc.).
- **Autobahn:** Für unterschiedliche Mandanten des Systems können die Rechnungen bzgl. der Inhalte und der Formatierungen individuell angepasst werden.

Schließlich ist ein weiterer nützlicher Gedanke beim Auftrennen von Anforderungen das bekannte Paretoprinzip, nach dem 80% des Nutzens in 20% der Funktionalität stecken. Dies lässt sich für unsere Zwecke so nutzen, dass wir den Normalfall (80%-Fall) als eine Anforderung beschreiben und die Ausnahmen als weitere Anforderungen. Dies mag zwar mitunter zu einem unvollständigen System führen, wenn noch nicht alle Anforderungen umgesetzt sind, diese lassen sich aber ggf. wie im vorherigen Abschnitt beschrieben organisatorisch lösen, insbesondere wenn es nur sehr seltene Ausnahmefälle sind.

80:20 oder Grüße von Pareto

5.3 Bezüge zu anderen agilen Praktiken

Wesentlich für den Umgang mit Storys ist das Schätzen. Erfahren Sie in Kapitel 4 *Management und Team: Wie schätzen wir Aufwände?* mehr über das Schätzen von Aufwänden. Storys werden bei der Iterationsplanung verwendet. Lesen Sie in Kapitel 7 *Management: Wie organisieren wir uns zeitlich?* über die Iterationsplanung.

5.4 Übungsaufgaben

Lösen Sie folgende Aufgaben im Team:

1. Teilen Sie Ihr Team so auf, dass ein oder zwei Kundenvertreter einer kleinen Gruppe von Entwicklern gegenübersitzen. Lassen Sie die Kundenvertreter User-Storys schreiben. Die Entwickler können klärende Rückfragen stellen. (Zeitbedarf ca. 60 Minuten)
2. Die Gruppe der Entwickler sollte sich jetzt zusammensetzen und die Hälfte der Storys mit Schätzungen versehen. Beobachten Sie, welche Rückfragen notwendig sind! (Zeitbedarf ca. 30–60 Minuten)

3. Testen Sie, ob bei mündlicher Besprechung und gemeinsamem Schätzen ein großer Unterschied dadurch entsteht, dass Sie eine Story mit wenigen Worten oder vielen Sätzen beschreiben. Nehmen Sie dazu die zweite Hälfte der Storys sortiert nach einem Satz mit kurzen Beschreibungen und einem mit langen. (Zeitbedarf ca. 30–60 Minuten)
4. Diskutieren Sie, wo die Vorteile liegen, Storys statt eines durchgängigen Anforderungsdokuments zu verwenden. (Zeitbedarf ca. 20–30 Minuten)

6 Management: Mit welchen Anforderungen fangen wir an?

Während des agilen Softwareentwicklungsprojektes gehen immer wieder Anforderungen an das laufende bzw. zukünftige System ein. Sie haben gelernt, dass fachliche und technische Anforderungen aus Richtung des Auftraggebers kommen und in Zusammenarbeit von Entwicklern und Mitarbeitern aus der Auftraggeberorganisation mithilfe von Storys festgehalten werden. Darüber hinaus ergeben sich weitere Anforderungen an das Projekt, die z.B. technischer Natur sind (wie beispielsweise das Entfernen einer nicht mehr unterstützten Programmbibliothek oder die Verwendung eines bestimmten Anschlusses für besondere Ein- und Ausgabegeräte).

Zu Beginn der Softwareentwicklung und am Anfang jeder weiteren Iteration stehen alle Projektbeteiligten vor der Frage, mit welchen Anforderungen die kommende Iteration ausgestattet wird. Dieses Managementproblem wollen wir in diesem Kapitel thematisieren.

Welche Anforderungen für die nächste Iteration?

Bei der Zusammenstellung der kommenden Iteration steht das Entwicklungsteam vor einem Berg von gesammelten Anforderungen. Es gibt fachliche und es gibt vorwiegend technische Anforderungen. Darüber hinaus gibt es fachliche und technische Abhängigkeiten zwischen den Anforderungen. Die Anforderungen haben unterschiedliche Größe und unterschiedliche Detaillierungen.

Berg von Anforderungen

6.1 Agile Sichtweise

Welche wenigen Anforderungen für die erste Iteration ausgewählt werden, ist eine schwierige Aufgabe. Diese Aufgabe fällt nur deshalb an, weil in kleinen Iterationen entwickelt wird. Der Auftraggeber bekommt nach der Iteration die Software zum produktiven Einsatz. Deshalb muss es sich für ihn lohnen, die Software tatsächlich einzusetzen.

Produktiver Einsatz muss sich lohnen

Zusammenarbeit mit dem Auftraggeber

Aus diesem Grund wird aus agiler Sichtweise argumentiert, dass die Entwickler diese Entscheidung nicht (alleine) treffen können. Die Zusammenarbeit mit dem Auftraggeber ist notwendig, und im Zweifel muss dieser entscheiden.

Alles hängt mit allem zusammen!?

Vielfach tritt hier das Problem auf, dass »alles mit allem zusammenhängt«. Das ist natürlich so, denn es handelt sich ja um ein zusammenhängendes Softwareentwicklungsprojekt. Trotzdem müssen zu Anfang nur scheinbar alle Abhängigkeiten aufgelöst und umgesetzt werden. Die agile Sichtweise schlägt hier vor, die Abhängigkeiten pragmatisch und vorläufig aufzulösen. So lassen sich viele technische Abhängigkeiten mittels einfacher Lösungen umgehen.

Klassisches Beispiel: Stammdatenverwaltung

Beispielsweise werden zwar fast immer Stammdaten benötigt, das impliziert aber keine vollständige Stammdatenbearbeitung zu Anfang des Projektes, denn diese bringt wahrscheinlich nur einen geringen Geschäftswert für den Auftraggeber. In einem ersten Schritt können die Stammdaten zuerst über eine einfache Importschnittstelle in das System eingebracht werden, ohne dass für das Entwicklungsteam viel zu programmieren ist.

Das richtige Päckchen

Die agile Sichtweise gibt darüber hinaus Hinweise darauf, welches das »richtiges Päckchen« an Aufgaben sein kann. Wie oben bereits erwähnt ist der Geschäftswert für den Auftraggeber ein wesentliches Auswahlkriterium. Dazu kommt, dass in jeder Iteration eher die schwierigen Anforderungen zuerst angegangen werden sollten (»hardest first«). Für diese Anforderungen können ggf. technische Prototypen gebaut werden, um abzuschätzen, wie schwierig sie wirklich sind.

Schwierige Anforderungen

Hintergrund ist hier, dass als schwierig eingeschätzte Anforderungen häufig in Bereichen liegen, die für Mitglieder des Entwicklungsteams wenig oder gar nicht bekannt sind. Daraus resultiert, dass eine Abschätzung des Aufwandes nur schwer möglich ist. Um dieses doppelte Problem aufzulösen, bietet es sich an, frühzeitig an diesen Problemen zu arbeiten. Das Team geht also aktiv mit dem Problem um, anstatt es vor sich her zu schieben.

6.2 Agile Lösung

Auftraggeber einbeziehen

Die agile Lösung für das Finden der Anforderungen, mit denen begonnen wird, bezieht den Auftraggeber in den Prozess mit ein. Ausgangspunkt für die Bestimmung des Inhalts einer Iteration sind die Storys, die schon Beschreibungen enthalten. Wesentliches Auswahlkriterium für die Storys sollte dabei sein, dass sie den Nutzen des Systems für Anwender (Feature) beschreiben.

Der Auftraggeber wählt die ihm besonders wichtigen Storys aus. Diese Storys werden durch das Entwicklungsteam mit Aufwandsschätzungen versehen. Dadurch können sie explizit in eine Reihenfolge nach dem Kosten-Nutzen-Verhältnis gebracht werden.

Der Priorisierungsprozess ist insbesondere deshalb sinnvoll, um zu entscheiden, wofür in diesem Moment weitere Detaillierungen benötigt werden. Somit können Storys, zu denen noch nicht genügend Informationen vorliegen, weiter recherchiert und Storys, die zu groß beschrieben sind, in mehrere einzelne aufgeteilt werden.

Dabei liefert schon das Schätzen alleine eine Rückkopplung zur Größe der Karten und somit der Aufgabe. Unabhängig davon, welcher Wert konkret von den Entwicklern angelegt wird, können sie immer leicht sagen, ob eine Story den Höchstwert (z. B. von einem Entwickler binnen einer Woche zu schaffen) übersteigt oder nicht. Diese Aussage hilft schon, die Karten besser einzuordnen.

Welches Vorgehen kann hier als zusätzliche konkrete Hilfe angeboten werden? Zum einen gibt es ja tatsächlich fachliche Abhängigkeiten: So können die Anwender beispielsweise eine Einsatzplanung nicht vornehmen, wenn das System noch keine Autos, keine Personen oder keine Aufträge kennt. Andererseits wird dafür nur ein kleiner Ausschnitt aus Auto, Person und Auftrag gebraucht und keinesfalls alles, was später dazu im System vorhanden sein wird. Vielleicht reicht für das Auto das Kennzeichen, für die Person der Name, und beim Auftrag wird zunächst nur die Adresse gebraucht.

Fachliche Abhängigkeiten

Ein Abhängigkeitsgraph für die Storys ist also hilfreich. Wobei wir später genau betrachten müssen, was wirklich an Abhängigkeit besteht und ggf. erst einmal anders oder reduziert gelöst werden kann.

Abhängigkeitsgraph

Aber selbst mit dieser Unterstützung kann immer noch ein viel zu umfangreiches System für diese eine Iteration herauskommen. Für dieses Problem gibt es den Ansatz, nach den schnellen Gewinnen (Quick Wins) oder leicht zu erreichenden Zielen (Low-Hanging-Fruits) zu schauen: Was würde dem Auftraggeber schnell ein Problem lösen, einen Nutzen bringen, und das ohne viel Aufwand in der Implementierung. Diese Fragen zu stellen ist insbesondere dann zu empfehlen, wenn vorhandene Systeme ersetzt werden, weil sonst lange der alten Funktionalität nachprogrammiert wird und so nur schwer Akzeptanz bei den Anwendern erreicht werden kann.

Quick Wins – Low-Hanging-Fruits

Schließlich kann man neben der bloßen Abhängigkeit noch Features oder vielleicht eher Feature-Sets mit der Fragestellung in Beziehung zueinander setzen: »Wenn ich dieses Feature hätte, auf welches andere Feature hätte es positiven Einfluss?« In diesem Fall kann »positiv« bedeuten: Lässt sich das Feature dadurch leichter, besser, sinnvoller

Abhängigkeiten von Feature-Sets

bedienen oder umsetzen. Daraus entsteht wiederum ein Graph, den das Entwicklungsteam zusammen mit dem Auftraggeber für die Entscheidungsfindung verwenden kann (siehe Abb. 6–1).

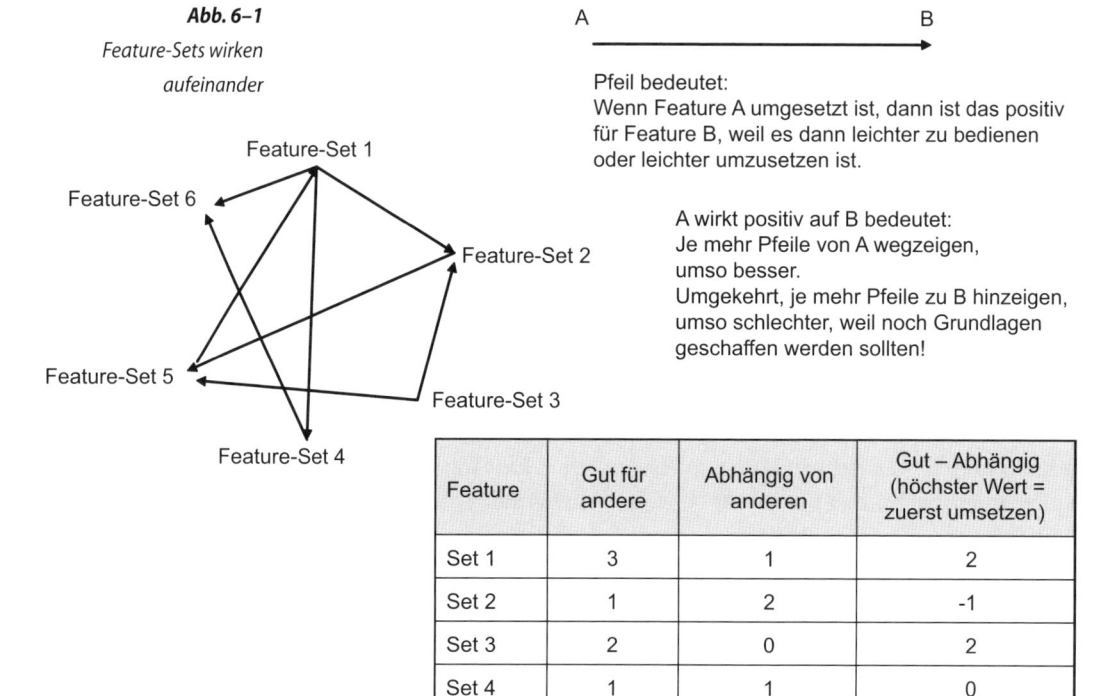

Abb. 6–1
Feature-Sets wirken aufeinander

A ──────────────► B

Pfeil bedeutet:
Wenn Feature A umgesetzt ist, dann ist das positiv für Feature B, weil es dann leichter zu bedienen oder leichter umzusetzen ist.

A wirkt positiv auf B bedeutet:
Je mehr Pfeile von A wegzeigen, umso besser.
Umgekehrt, je mehr Pfeile zu B hinzeigen, umso schlechter, weil noch Grundlagen geschaffen werden sollten!

(Feature-Set 1, Feature-Set 2, Feature-Set 3, Feature-Set 4, Feature-Set 5, Feature-Set 6)

Feature	Gut für andere	Abhängig von anderen	Gut – Abhängig (höchster Wert = zuerst umsetzen)
Set 1	3	1	2
Set 2	1	2	-1
Set 3	2	0	2
Set 4	1	1	0
Set 5	1	2	-1
Set 6	0	2	-2

Es bleibt letztlich ein gemeinsam zwischen Entwicklern und Auftraggebern zu lösendes Problem. Dabei sollte man dem Auftraggeber zutrauen, dass er es mit ein wenig Hilfe lösen kann.

Technische Storys?

Neben den vom Kunden zu verantwortenden fachlichen Storys arbeiten viele Teams auch mit technischen Storys, die sich z.B. auf Umstrukturierungen (Refactorings) bestimmter Quelltextteile oder andere technische Aufgabenstellungen (Build-Systeme etc.) beziehen. Sie sehen dann meist für jeden Entwicklungsabschnitt (Iteration) ein bestimmtes begrenztes Budget für solche Karten vor, damit neben den fachlichen Anforderungen auch technische Anforderungen umgesetzt werden.

6.3 Bezüge zu anderen agilen Praktiken

Wesentlich für die Managementtätigkeit, Anforderungen für eine Iteration auszuwählen, ist es, dass zuerst Storys geschrieben werden. Lesen Sie in Kapitel 5 *Management: Wie schreiben wir Anforderungen auf?* über Storys.

Um den Umfang einer Iteration klein zu halten und die Aufwände zu addieren, müssen die Aufwände für jede Story feststehen. Erfahren Sie in Kapitel 4 *Management und Team: Wie schätzen wir Aufwände?* mehr über das Schätzen von Aufwänden.

Wie es mit den Storys für eine Iteration weitergeht, lesen Sie in Kapitel 7 *Management: Wie organisieren wir uns zeitlich?*, in dem das Vorgehen bei einer Iteration beschrieben wird.

6.4 Übungsaufgaben

Sie haben für unser praktisches Anwendungsbeispiel bereits einen Satz Storys geschrieben und diese Storys mit Aufwänden versehen. Dies dient als Grundlage für diese Aufgaben (ggf. fertigen Sie diese Unterlagen erst noch an).

1. Bringen Sie die Storys in eine Anordnung, in der Sie die Abhängigkeiten untereinander erkennen können! Notieren Sie diese Abhängigkeiten angemessen. (Zeitbedarf ca. 30–45 Minuten)
2. Treten Sie in Kontakt mit einem (virtuellen) Auftraggeber und priorisieren Sie die vorliegenden Storys! Bringen Sie die Storys in eine Reihenfolge, die sowohl die Prioritäten als auch die Abhängigkeiten berücksichtigt. (Zeitbedarf ca. 45 Minuten)
3. Bestimmen Sie zusammen mit dem (virtuellen) Auftraggeber den minimalen Satz von Storys, die für die kommende Iteration benötigt werden, um einen erkennbaren Geschäftswert zu erzielen! (Zeitbedarf ca. 30–60 Minuten)
4. Versuchen Sie für die eben definierte Iteration weniger Aufwände einzuplanen, indem Sie einige durch Abhängigkeiten hineingekommene Anforderungen durch pragmatische Lösungen ersetzen (s. o. Stammdatenverwaltung)! (Zeitbedarf ca. 30–60 Minuten)

7 Management: Wie organisieren wir uns zeitlich?

Generell gibt es unterschiedliche Arten, wie sich ein Entwicklungsteam zeitlich organisieren kann. Dabei entspricht es der agilen Sichtweise, dass nicht die gesamte Projektlaufzeit als eine einzige Zeiteinheit verstanden wird. Dies ist schon alleine deswegen wichtig, um frühe Rückkopplungen zu organisieren, die allen Projektbeteiligten Hinweise liefern, ob getroffene Annahmen bzgl. des Zeitbedarfs für das Projekt realistisch waren oder korrigiert werden müssen.

7.1 Agile Sichtweise

Auf der einen Seite sollten in einem agilen Projekt möglichst kleine Zeiteinheiten angestrebt werden, um frühe Rückkopplung zu erhalten. Auf der anderen Seite ergeben zu klein gewählte Einheiten keinen Sinn, weil sie nichts liefern, was dem Anwender schon einen Nutzen bringt. In diesem Spannungsfeld haben agile Methoden das Ziel, die kleinstmögliche Zeitspanne zu wählen, in der noch ein Nutzen erzielbar ist.

Diese kleinste Entwicklungseinheit, die nach außen sichtbar ist, wird Iteration genannt, und es wird angestrebt, dass sie eine oder wenige Wochen lang ist. Wenn das Ergebnis der Iteration nicht produktiv eingesetzt wird, so soll es trotzdem vom Kunden betrachtet und beurteilt werden. *Iteration*

Auf der nächstgröberen Ebene werden Releases geplant, die Iterationen zusammenfassen, die gemeinsam eine an die Anwender auslieferbare (möglichst kleine) Einheit darstellen. *Release*

7.2 Agile Lösung

Alternativen

Es gibt bei den agilen Methoden zwei wesentliche Unterschiede bzgl. der zeitlichen Planung von Projekten: Die meisten Methoden (beispielsweise eXtreme Programming und Scrum) setzen auf feste Zeiteinheiten (Timeboxing), Feature Driven Development beruht auf einem anderen Verfahren, das in diesem Kapitel ebenfalls vorgestellt wird. Feste Zeiteinheiten bedeuten dabei, dass sie immer gleich viele Arbeitstage lang sind. Das heißt, dass wir z. B. jede Iteration – mit Rücksicht auf Feier- oder Urlaubstage – mit gleich vielen Arbeitstagen planen.

Feste Zeiteinheiten (Timeboxing)

Zuerst sollen die festen Zeiteinheiten betrachtet werden. Sie können an vielen Stellen zur zeitlichen Organisation eingesetzt werden. Beispielsweise kann das Projektteam einen Wochentakt für die Iterationen und einen Monatstakt für Releases festlegen. In beiden Fällen profitieren die Teammitglieder davon, dass sie mit jedem abgelaufenen Takt etwas für den nächsten Takt lernen, weil sie genau beim Übergang von einem zum nächsten Takt das Resultat betrachten können. Dies ist dann der Zeitpunkt, die inhaltliche Planung für den nächsten Zeittakt zu überdenken, wenn sich große Abweichungen ergeben haben.

Abbildung 7-1 zeigt eine schematische Darstellung des Timeboxings. Auf der X-Achse ist der Zeitverlauf dargestellt. Man erkennt, dass die Einheiten (hier Iterationen) immer gleich lang bleiben. Eine wechselnde Anzahl von Iterationen wird dabei zu Releases zusammengefasst.

Abb. 7–1
Timeboxing schematisch dargestellt

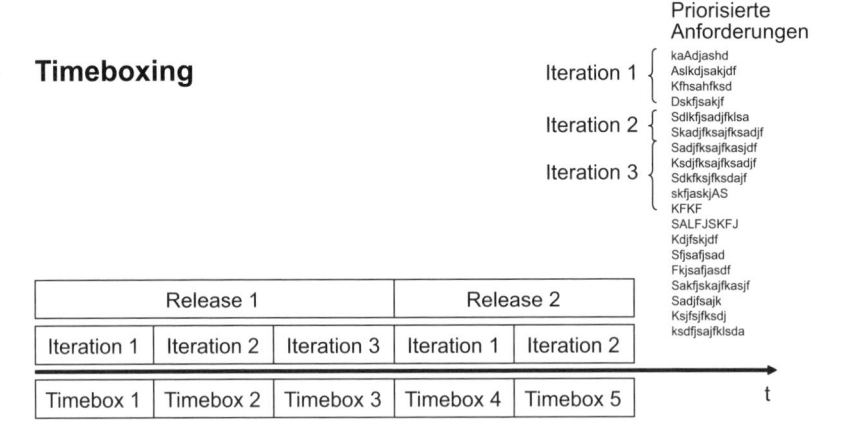

Timeboxing

Iteration 1 { kaAdjashd / Aslkdjsakjdf / Kfhsahfksd / Dskfjsakjf
Iteration 2 { Sdlkfjsadjfklsa / Skadjfksajfksadjf / Sadjfksajfkasjdf
Iteration 3 { Ksdjfksajfksadjf / Sdkfksjfksdajf / skfjaskjAS

Priorisierte Anforderungen

KFKF
SALFJSKFJ
Kdjfskjdf
Sfjsafjsad
Fkjsafjasdf
Sakfjsajfkasjf
Sadjfsajk
Ksjfsjfksdj
ksdfjsajfklsda

Release 1			Release 2	
Iteration 1	Iteration 2	Iteration 3	Iteration 1	Iteration 2
Timebox 1	Timebox 2	Timebox 3	Timebox 4	Timebox 5

t

Fachliche Priorisierung statt Zeitplanung

Generell gilt, dass die Termine fix bleiben, zu denen Software ausgeliefert wird. Dafür ist der Inhalt variabel, der zu diesem Zeitpunkt abgeliefert wird. Dies erlaubt bei guter fachlicher Priorisierung immer eine pünktliche Auslieferung mit einem sinnvollen Funktionsumfang.

Im Gegensatz dazu wird in vielen anderen Projekten der Termin so lange verschoben, bis alles oder zumindest ein bestimmter festgelegter Funktionsumfang fertiggestellt ist. Dies hat den Nachteil, dass die bereits fertiggestellten Teile noch nicht produktiv sind (und damit noch nicht Nutzen generieren). Außerdem ist es so schwieriger, Rückschlüsse über die Teamproduktivität zu gewinnen und diese für die Planung der weiteren Releases zu verwenden. Denn bei diesem Modell werden Abweichungen meist als eine Menge unvorhersehbarer Sonderereignisse aufgefasst, die nur dieses Mal auftraten und für die Zukunft nicht mehr von Relevanz wären. Dies entspricht ganz und gar nicht der agilen Sichtweise von der Schätzung anhand der Betrachtung der Vergangenheit (zum Wetter-von-gestern-Prinzip siehe Kap. 16 *Management: Wie wird Projektfortschritt ehrlich messbar?*).

Das Team bekommt nicht nur für sich ein besseres Vertrauen in seine Möglichkeiten und Kapazitäten je Timebox, sondern es baut auch gegenüber dem Kunden ein gutes Vertrauensverhältnis auf. Der Kunde kann sich auf das Team verlassen, das immer pünktlich zum vereinbarten Termin Funktionalität ausliefert. Auch wenn nicht immer die komplette Funktionalität erreicht wurde, wird in jedem Fall etwas ausgeliefert.

Timeboxing schafft Vertrauen

Ein anderer, unangenehmer Effekt der festen Termine mit festem Funktionsumfang ist, dass das Team in Versuchung gerät, Qualität für die Terminerreichung zu opfern. Das wird mit kurzfristigem Erfolg belohnt (Termin und Umfang erreicht), aber teuer mit Folgefehlern und schlechterer Erweiterbarkeit für zukünftige Weiterentwicklung bezahlt.

Qualität vor Funktionalität

Die Besprechung, in der die Zuordnung der Storys oder Features auf die Iterationen erfolgt, heißt Iterationsplanung. Dabei planen viele Projekte durchaus einige Iterationen im Voraus, überprüfen aber jeweils, ob der Plan noch umsetzbar ist, wenn die ersten geplanten Iterationen stattgefunden haben und die konkrete Geschwindigkeit des Entwicklungsteams und die Genauigkeit der bisherigen Planung bekannt sind. Die Iterationsplanung wird gemeinsam vom Entwicklungsteam und dem Kunden durchgeführt. Der Kunde geht nach seiner fachlichen Priorisierung und einer fachlich möglichst sinnvollen Gruppierung vor. Die Entwickler steuern die Schätzungen der einzelnen Storys oder Features bei.

Iterationsplanung

Dies gilt auf der nächsthöheren Ebene für die Releaseplanung genauso, nur wird sie eben entsprechend in gröberen Zeitabständen durchgeführt. Die Releaseplanung ist für den Kunden eine große Herausforderung, weil er je Release die Storys und Features zusammenstellen muss, die den Anwendern des Systems wieder einen Zusatznut-

Releaseplanung

zen im System bieten. Weil das nicht immer möglich ist, gibt es in manchen Projekten Releases, die nicht produktiv geschaltet werden, sondern nur zum Testen verwendet werden.

Überplanung von Iterationen und Releases

Sowohl bei der Iterations- wie auch bei der Releaseplanung ist es in manchen Teams üblich, dass nicht exakt anhand der gemessenen oder erwarteten Geschwindigkeit des Teams geplant wird. Stattdessen wird leicht überplant, damit bei der Entwicklung kein Leerlauf entsteht. Um trotzdem zu wissen, womit als Ergebnis der Iteration oder des Release gerechnet werden kann, bietet sich eine Priorisierung in zwei Kategorien für die zu erledigenden Storys bzw. Features an: zwingend und optional. Für die Planung von Releases aus mehreren Iterationen muss gut überlegt werden, ob die optionalen Teile der Iteration ebenfalls für das Release optional sind oder ob jeweils die nicht erledigten Storys bzw. Features einer Iteration automatisch in die Planung der nächsten Iteration einfließen.

Gefahr der Überplanung

Die Überplanung birgt die Gefahr, dass das Team unter Druck gesetzt wird, mehr als die eigentlich vereinbarten Storys bzw. Features abzuarbeiten. Vielleicht möchte das Team dies und ist durch die zusätzlichen Storys motiviert. Dies kann aber zulasten der Qualität gehen. Deswegen gibt es Teams, die bewusst keine Überplanung betreiben und ggf. verbleibende Entwicklungszeit für die Qualitätsverbesserung des Quelltextes und damit für die Verbesserung der Wartbarkeit des Systems verwenden.

Slackstories

Eine gute Alternative zur Überplanung sind sogenannte »Slackstories«. In diesem Fall plant das Team für eine Iteration die genau passende Menge und überlegt sich anschließend zusammen mit dem Kunden, welche Storys noch sinnvoll wären, falls weitere Kapazität zur Verfügung steht. Diese Storys werden als »Slackstories« in die folgende Iteration gepackt. Wenn keine Arbeit mehr in der aktuellen Iteration zu erledigen ist, können diese Storys herangezogen werden. Da sie ordnungsgemäß geplant wurden und mit dem Kunden abgesprochen sind, gibt es dazu auch keinen weiteren Abstimmungsbedarf.

Releaseplanung bei FDD

Beim Feature Driven Development (FDD, siehe Kap. 23.3 *Feature Driven Development*) werden keine festen Zeittakte vereinbart. Allerdings erfolgt eine Planung nur für maximal ein halbes Jahr im Voraus. Eine Planung darüber hinaus ist nach FDD unrealistisch. Bei FDD gibt es eine Anfangsaktivität, die zu einem groben fachlichen Modell des Anwendungsbereichs führt. Diese Aktivität zur Planung der folgenden maximal 6 Monate Entwicklung dauert nie länger als 2 Wochen. Die Anforderungen an das System werden in Form von FDD-Features notiert, die feingranular sind und sich deshalb gut schätzen lassen. Features werden zu Gruppen zusammengefasst, die fachlich sinnvolle

Einheiten zur Auslieferung an die Anwender enthalten. Die Planung erfolgt für diese Gruppen, und im Voraus legt der Projektleiter bei FDD in seiner Planung anhand der Aufwände der Features fest, in welchem Kalendermonat so eine Feature-Gruppe abgeschlossen wird. Dabei wird nicht genauer als auf der Ebene des Monats geplant, egal ob die Feature-Gruppe am 1. oder am 31. eines Monats erledigt sein wird. Somit ließe sich für die frühe Auslieferung anhand der monatlich zu erwartenden Feature-Gruppen eine Planung der auslieferbaren Funktionalität vornehmen. Außerdem lässt sich zumindest monatlich erkennen, ob das Projekt bzgl. der Produktivität noch im Plan ist, diesen übererfüllt oder hinter den Erwartungen zurückbleibt.

Abbildung 7–2 zeigt, wie sich Feature-Sets auf der horizontalen Zeitachse anordnen. Diese können sich dabei überlappen und dauern nicht zwingend gleich lang.

Featuregetrieben

```
                    ┌──────────────┐
                    │ Feature-Set 2│
      ┌──────────┐  └──────────────┘
      │Feature-Set 1│  ┌────────────────────┐
      └──────────┘  │   Feature-Set 3      │
                    └────────────────────┘
  ──────────────────────────────────────────▶
                                             t
```

Abb. 7–2
Schematische Darstellung der featuregetriebenen Planung

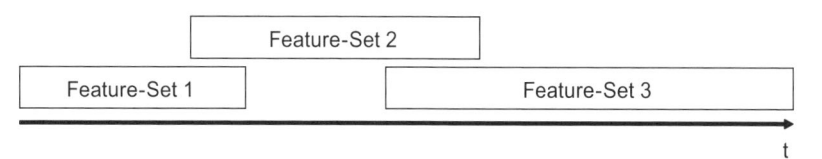

Die Maximalzeiten von 2 Wochen für die Anfangsaktivitäten und 6 Monaten für ein Entwicklungsprojekt stellen deshalb keine Timeboxes dar, weil es sich nicht um genau diese Zeiträume handelt, sondern um Maximalzeiten. Der Clou an Timeboxes ist ja, dass sie exakt diese Dauer haben, also sozusagen minimal wie maximal.

Maximalzeiten sind keine Timeboxes

7.3 Bezüge zu anderen agilen Praktiken

Wesentlich für die zeitliche Planung sind Aufwandsschätzungen. Lesen Sie dazu mehr in Kapitel 4 *Management und Team: Wie schätzen wir Aufwände?*.

7.4 Übungsaufgaben

Lösen Sie folgende Aufgaben, am besten in kleinen Gruppen:

1. Erstellen Sie für Ihr Projekt einen Plan für zwei Releases und mehrere Iterationen. (Zeitbedarf ca. 60–120 Minuten)
2. Erstellen Sie für dasselbe Projekt mit denselben Anforderungen einen Plan nach Feature-Sets wie bei FDD. Fassen Sie dazu ggf. im

Vorhinein Anforderungen zu Feature-Sets zusammen. (Zeitbedarf ca. 90–150 Minuten)
3. Vergleichen Sie die beiden Planungen. (Zeitbedarf ca. 45 Minuten)
4. Überlegen Sie sich, was Sie von einer agilen Zeitplanung erwarten, und schreiben Sie diese Ziele auf. (Zeitbedarf ca. 60 Minuten)
5. Untersuchen Sie die hier vorgestellten Zeitplanungsinstrumente und beschreiben Sie, ob und womit die Ziele jeweils erreicht werden. Wie könnten ggf. zusätzliche Ziele erreicht werden? (Zeitbedarf ca. 60–120 Minuten)

8 Management: Wer entscheidet beim Kunden?

Bei agilen Methoden werden nicht alle Anforderungen zu Anfang des Projektes geklärt. Das schafft einerseits den Freiraum, frühzeitig anzufangen und Software zu entwickeln. Andererseits erfordert es von den Projektbeteiligten, nach dem Projektbeginn immer wieder mit dem Kunden in Kontakt zu treten und neu aufkommende Fragen zu klären.

Bei jeder Ausgestaltung und Umsetzung einer Anforderung und bei neu aufkommenden Fragen wird eine Vielzahl von Entscheidungen getroffen. Da das Entwicklungsteam das technische Know-how hat, wird es die technischen Entscheidungen treffen oder vorbereiten. Der Kunde ist für die fachliche Sicht zuständig und muss außerdem bei im Umfang stark abweichenden technischen Alternativen auswählen. Nun gibt es aber in der Kundenorganisation viele Personen mit unterschiedlichen Qualifikationen und Zuständigkeiten. Damit stellt sich die Frage, wer für den Kunden entscheidet, denn nicht alle Personen aus der Kundenorganisation können gleichermaßen zu allen Gebieten Entscheidungen treffen.

Viele Entscheidungen

Dabei steht außer Frage, dass wesentliche Entscheidungen im Projekt vom Kunden getroffen werden. Aber die Entwickler haben es in einem Softwareentwicklungsprojekt mit einer Reihe von Personen zu tun, die aus der Kundenorganisation kommen. Sie müssen also herausfinden, welche Person bei einer Fragestellung kompetent und welche entscheidungsberechtigt ist, damit sie nicht womöglich in eine ungewünschte Richtung geschickt werden. Das Entwicklungsteam braucht verbindliche Entscheidungen für den Projektfortschritt.

Verbindliche Entscheidungen

Je nach Größe des Entwicklungsteams und Größe der Kundenorganisation können viele Kommunikationsstränge entstehen, bei denen die Beteiligten nicht alle anderen informieren können. Das kann zu unterschiedlichen Aussagen führen. Es gibt Situationen, in denen der Kunde nicht mit einer Stimme spricht, weil z.B. viele unterschiedliche Bereiche von der Software betroffen sind. Für diese Situation braucht

Klarer Entscheidungsprozess

das Entwicklungsteam einen Entscheidungsprozess, der es beiden Seiten möglich macht, die Entscheidungen einfach, transparent und rasch zu treffen. Nur so kann die Softwareentwicklung zügig vorankommen.

8.1 Agile Sichtweise

Ansprechpartner nötig — Das Entwicklungsteam braucht einen Ansprechpartner für fachliche Nachfragen, der Entscheidungen treffen kann. Vom Entwicklungsteam werden immer wieder Alternativen im Kleinen für ein Feature angeboten. Diese sollten bestenfalls schnell bewertet werden, sodass eine Entscheidung für den Fortschritt der Implementierung getroffen werden kann.

Es geht dabei nicht darum, neue Features zu beauftragen oder die Prioritäten von Features zu ändern. Beides erfolgt nur bei der Iterationsplanung.

Die auftraggebende Organisation muss ein Interesse daran haben, dass sie die fachliche Ausrichtung in ihrem Sinne beeinflussen kann. Die fachliche Projektplanung (welche Features in welcher Reihenfolge und ggf. in welchen Releases) obliegt im optimalen Fall der Kundenseite.

8.2 Agile Lösung

Die agile Lösung für dieses Entscheidungsproblem gestalten wir, indem wir zwei weitere Rollen in unserem Entwicklungsprojekt einführen: den *Produktmanager* und den *Kunden vor Ort*.

Produktmanager — Der Produktmanager ist für die Projektplanung und allgemeine Entscheidungen zum Entwicklungsprozess zuständig. Die Rolle des Produktmanagers liegt (im optimalen Falle) auf der Seite der auftraggebenden Organisation. Der Produktmanager ist der Visionär und trifft generelle Entscheidungen für Iterationen und Releases wie insbesondere die Auswahl und Priorisierung der Anforderungen. Damit bestimmt er maßgeblich, wann was zur Nutzung verfügbar sein wird.

Wie er die Informationen beschafft, ist ihm erst einmal alleine überlassen. Er kann z.B. in Workshops mit späteren Anwendern Anforderungen ermitteln oder wie ein klassischer Produktmanager in Produktentwicklungsabteilungen Entscheidungen selbst treffen und vertreten.

Wesentlich ist, dass sich Teammitglieder an diesen Produktmanager mit ihren Anliegen wenden. Dafür machen sie ihm ihren Entwicklungsprozess transparent. Ihm ist also bekannt, welche Storys in der aktuellen Iteration bearbeitet werden und welche Storys für die Zukunft bereits vorliegen.

Wenn das Entwicklungsteam keinen Produktmanager in der auftraggebenden Organisation genannt bekommt, kann es sinnvoll sein, ersatzweise einen Produktmanager aufseiten des Entwicklungsteams einzurichten. Das wird natürlich eine Reihe von Problemen mit sich bringen, denn Teammitglieder haben nicht denselben Einblick in die Organisation. Trotzdem vereinfacht es vieles für das Team, weil es einen Ansprechpartner hat, der mit den unterschiedlichen Leuten beim Kunden spricht.

Ersatzweise interner Produktmanager

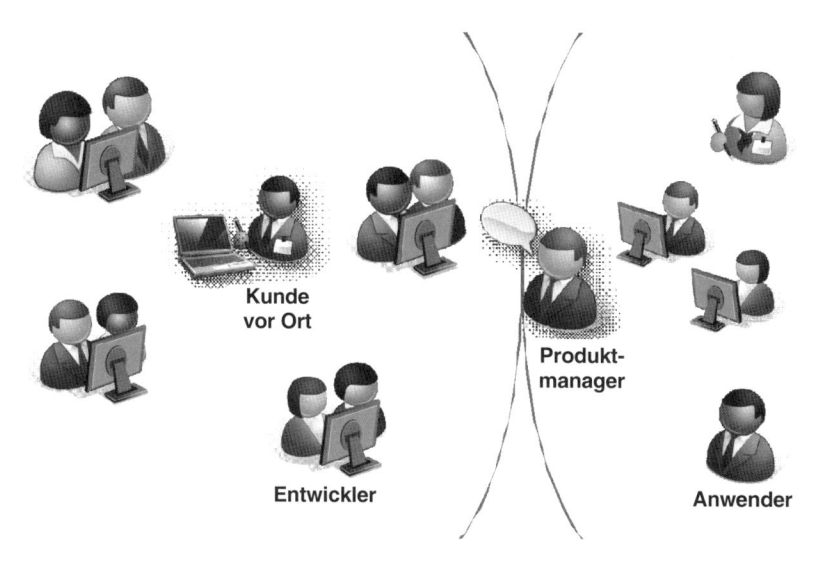

Abb. 8–1
Produktmanager und Kunde vor Ort bei Entscheidungen im Entwicklungsprojekt

Bei größeren Projekten können wir nicht davon ausgehen, dass wir nur einen Ansprechpartner beim Kunden haben, der als Produktmanager alleinverantwortlich tätig ist. In vielen Firmen ist eine Gruppe von Personen zu konsultieren, wenn Entscheidungen für die neu zu erstellende Software zu treffen sind. In diesem Fall müssen die anstehenden Fragen gesammelt und dem Team vorgelegt werden.

Größere Projekte

Ein Entscheiderteam bzw. ein Product Owner Team wird dann regelmäßig zusammenkommen und sich mit den vorliegenden Fragen beschäftigen. In diesem Team werden die Fragen entschieden oder sie werden an andere verwiesen, die die Frage entscheiden sollen. Bei diesem Prozess wird schnell klar, dass die Geschwindigkeit stark abnimmt, wenn Entscheidungen nicht mehr von einer Person getroffen werden können. Erst einmal muss auf das nächste Treffen des Entscheiderteams gewartet werden und dann kann es passieren, dass Entscheidungen vertagt und deshalb noch später getroffen werden.

Entscheiderteam Product Owner Team

Diese Situation zeigt anschaulich, dass es möglichst vermieden werden sollte, mit hierarchischen Entscheiderteams zu arbeiten. Vielmehr sollte sich ein Arbeitsstil etablieren, bei dem in einem solchen Entscheiderteam jede Person alleine Entscheidungen treffen kann und sie dann an die anderen Mitglieder kommuniziert. Nur bei kurzfristigem Widerspruch wird sich dann das ganze Team damit beschäftigen.

Kunde vor Ort (On-Site-Customer)

Der Kunde vor Ort (On-Site-Customer) ist für fachliche Rückfragen und fachliche Rückkopplung zuständig. Während entwickelt wird (je nach Fachlichkeit durch eine Gruppe von Personen), können die Beteiligten auf eine Person zurückgreifen, die schnell mit Wissen aus der Anwendungsdomäne zur Seite steht. Damit können fachliche Fragen kurzfristig geklärt werden, entweder indem Entwickler vor der Bearbeitung einer Story mit dem Kunden vor Ort sprechen oder indem sie erste Umsetzungen mit ihm diskutieren und erkunden, ob diese angemessen sind.

Grenzen

Der Kunde vor Ort ist nicht in der Position, neue Features zu fordern. Seine Rolle besteht in der Klärung bereits eingeplanter Anforderungen. Trotzdem können neue Features, die im Gespräch entstehen, aufgenommen werden. Sie können dann ggf. für spätere Iterationen und weitere Aufträge verwendet werden.

8.3 Bezüge zu anderen agilen Praktiken

Grundlage für die gesamte Prozessplanung sind Anforderungen. Kapitel 5 *Management: Wie schreiben wir Anforderungen auf?* zeigt, wie Storys erhoben und aufgeschrieben werden. Wesentlich für die Rolle des Produktmanagers ist die Release- und Iterationsplanung. Erfahren Sie in Kapitel 7 *Management: Wie organisieren wir uns zeitlich?* mehr über die Projektplanung. Lesen Sie in Kapitel 10 *Team: Wie transportieren wir Wissen zwischen allen Teammitgliedern?* über die Kommunikation im Projekt.

8.4 Übungsaufgaben

Lösen Sie folgende Aufgaben in Ihrem Team:

1. Benennen Sie eine Person, die als Produktmanager in Ihrem Projekt handeln wird. Definieren Sie Anforderungen vonseiten des Entwicklungsteams an den Produktmanager. (Zeitbedarf ca. 30–60 Minuten)

2. Benennen Sie einen *Kunden vor Ort* in Ihrem Projekt. Klären Sie, welche Form der Zusammenarbeit möglich ist (Nähe, Zeiten, Qualifikation usw.). (Zeitbedarf ca. 30–60 Minuten)
3. Lassen Sie Ihr Entwicklungsprojekt einige Iterationen laufen und reflektieren Sie nun über die Rollen *Produktmanager* und *Kunde vor Ort*. Welche Entscheidungen wurden jeweils getroffen, wie häufig wurde kommuniziert, welche Arten von Kommunikation waren vorherrschend? (Zeitbedarf ca. 60 Minuten)

9 Management: Wie können Details geklärt werden?

Während der Softwareentwicklung treten immer wieder Detailfragen auf. Diese müssen geklärt werden, um nicht gebremst zu werden und erfolgreich für den Kunden angemessene Software entwickeln zu können. In diesem Kapitel geht es dabei um die fachlichen Details, d.h. um Fragen zum Anwendungskontext. Zu der Klärung technischer Details lesen Sie bitte mehr in Kapitel 15 *Entwicklung: Wie können technische Details geklärt werden?*.

Fachliche Details müssen immer wieder geklärt werden, weil die Softwareentwickler meist nur Spezialisten in ihrem Gebiet sind (und selbst dort häufig nur auf einem Teilgebiet). Im Anwendungskontext gibt es deshalb unzählige Details, die für das Fachgebiet oder sogar für das auftraggebende Unternehmen spezifisch sind. Welche Details das für das jeweilige Entwicklungsteam sind, ist vorher unbekannt. Das Projektmanagement muss sich deshalb darum kümmern, einen dafür passenden Entwicklungsprozess zu gestalten. Der Entwicklungsprozess muss es den Entwicklern erlauben, unklare Details zu erkennen, diese zu klären und die Ergebnisse in die Entwicklung einzubringen.

9.1 Agile Sichtweise

Theoretisch könnten alle Details im Vorhinein, d.h. vor Beginn des Entwicklungsprojektes, geklärt werden. Dies wird beispielsweise mit einem ausführlichen Pflichtenheft in vielen Fällen versucht. Allerdings entstehen in Zusammenhang mit dem vorsorglichen Klären meistens drei Probleme:

Vorher klären ist problematisch

1. Das erste Problem ist, dass es substanziell Zeit kostet, die fachlichen Detailfragen zu klären. Damit ist aber noch keine produktive Software entstanden. Es muss also von irgendjemandem eine signifikante Investition getätigt werden, bevor programmiert wer-

Zeitaufwand

den kann. Zu dieser Investition muss jemand bereit sein auch wenn die Rendite der Investition erst bei Einführung der Software ausgezahlt wird.

Was weiß der andere?
2. Das zweite Problem ist das Dilemma, dass man nicht weiß, was der andere nicht weiß. Gerade die für Fachexperten total selbstverständlichen Details können den Entwicklern unbekannt sein. Beim Beschreiben der Anforderungen könnten also entweder wesentliche Details fehlen oder viel zu viele Details genannt sein.

Änderungen
3. Das dritte Problem ist, dass sich während des Entwicklungsprozesses Anforderungen und Details ändern können (bspw. gesetzliche Bestimmungen oder Organisationsformen), denn es verstreicht eine größere Zeitspanne. Dementsprechend müssen ggf. Fragen erneut geklärt werden. Daraus ergibt sich, dass ein Teil der getätigten Investition keine Rendite abwerfen wird.

Verzicht auf Detaillierung im Vorwege
Im Sinne von Einfachheit wird deshalb bei agilen Methoden auf den Anspruch der vollständigen Detaillierung im Vorwege verzichtet. Im Gegenzug muss aber explizit festgelegt werden, wann und wie Details zu klären sind. Ein agiler Weg damit umzugehen wird in diesem Kapitel vorgestellt.

9.2 Agile Lösung

Direkt und kurzfristig
Bei einem agilen Vorgehen werden Details von den Entwicklern möglichst direkt und möglichst dann, wenn die Frage nach den Details beim Entwickeln entsteht, geklärt.

Lösung soll gültig sein
Die Entwickler klären die Details erst dann, wenn sie sie konkret in Software umsetzen, um eine aktuell gültige Antwort zu bekommen. Je kurzfristiger sie die offene Frage vor der Implementierung stellen, umso sicherer können sie sein, dass die Antwort und damit ihre Lösung beim Einsatz der Software noch gültig ist.

Investition soll sich schnell bezahlt machen
Der Kunde (die auftraggebende Organisation) und die Entwickler (die entwickelnde Organisation) investieren in die Softwarelösung. Diese Investition soll sich für die Entwickler lohnen, indem sie Entwicklungsleistung bezahlt bekommen. Für den Kunden soll sich die Investition von Zeit und Geld in einer Unterstützung lohnen, die zu zusätzlichem Geschäftswert führt.

Abbildung 9–1 zeigt, was es wirtschaftlich bedeutet, eine Anforderung zu unterschiedlichen Zeitpunkten umzusetzen.

- Die 1. Möglichkeit (durchgezogene Linie)
  Die Entwicklungsorganisation investiert heute und bekommt die Investition erst in einem Jahr bezahlt, weil die Funktionalität erst

dann gebraucht wird. Dadurch verliert die Entwicklungsorganisation mindestens den Zinsgewinn für das eingesetzte Kapital, denn dieses steht nicht mehr zur Verfügung. Es gibt zusätzlich das Risiko, dass die Umsetzung später nicht in der realisierten Form oder gar nicht gebraucht wird. Diesem Risiko für das Entwicklungsteam und den Kunden geht man aus dem Weg, indem möglichst kurzfristig Details geklärt und Anforderungen umgesetzt werden.

- Die 2. Möglichkeit (gestrichelte Linie)
Das Kapital wird nicht gebunden und steht, bis kurz bevor die Funktionalität abgefragt wird, zur Verfügung. Erst dann wird es eingesetzt. Kurz darauf erfolgt die Realisierung des Gewinns durch den Einsatz im Produktivbetrieb.

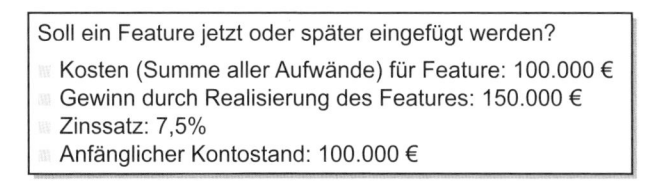

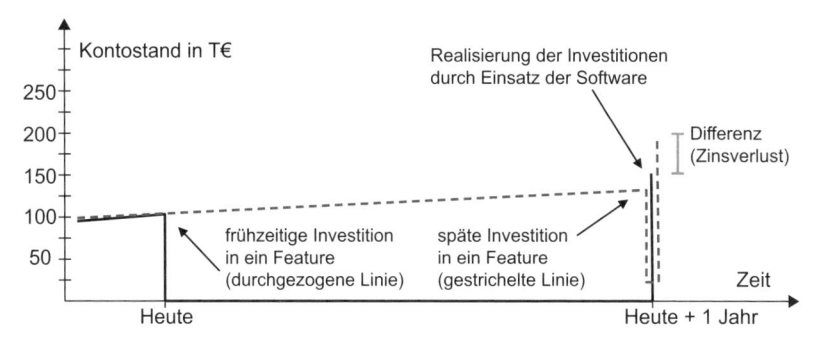

Soll ein Feature jetzt oder später eingefügt werden?
- Kosten (Summe aller Aufwände) für Feature: 100.000 €
- Gewinn durch Realisierung des Features: 150.000 €
- Zinssatz: 7,5%
- Anfänglicher Kontostand: 100.000 €

Abb. 9–1
Kapitalentwicklung über die Projektlaufzeit

Bei agiler Softwareentwicklung steht man auf dem Standpunkt, dass nur der Kunde (oder sein Vertreter ggf. auch zukünftige Anwender oder Fachexperten) Detailfragen zu Anforderungen beantworten kann. Softwareentwickler besitzen Qualifikationen im Bereich der Konstruktion von Software. Es wird nicht zwingend erwartet, dass sie Fachwissen in der Kundendomäne vorweisen können. Dies ist zwar hilfreich und wünschenswert, denn es erleichtert das Gespräch mit dem Kunden. Aber dennoch soll gerade der Kunde Entscheidungskompetenz ausüben, denn die Software soll seine Wünsche umsetzen.

Kunde beantwortet Detailfragen

Das Entwicklungsteam sollte also Vertreter des Kunden immer im Zugriff haben, um Detailfragen kurzfristig klären zu können, damit die Entwicklung nicht verzögert wird. Am besten sitzt diese Person bei

Kunde muss vor Ort sitzen

den aktiv entwickelnden Personen im selben Raum. Gegebenenfalls reicht es aber, wenn die Person einfach nur möglichst nah ihren Arbeitsplatz hat (beispielsweise auf demselben Flur oder zumindest im selben Gebäude). Für den Fall, dass die Fachexperten aus ihren Abteilungen nicht weggehen können, müssen alternativ die Entwickler zu den Fachexperten gehen und sich dort beim Entwickeln unterstützen lassen. Die Entwicklungsorganisation richtet dann ein Entwicklungsbüro beim Kunden ein. Damit erzielen sie den zusätzlichen Vorteil, dass die Entwickler beim Kunden die Arbeitsatmosphäre und -kultur mitbekommen. Das sind häufig wesentliche, aber informelle Faktoren, die helfen können, die Anforderungen besser zu verstehen.

Direkte Kommunikation

Der wichtigste agile Weg zur Klärung von Detailfragen im fachlichen Bereich ist die direkte Kommunikation, also das direkte Gespräch zwischen Menschen. Weil schon geringe Gründe Menschen davon abhalten, persönlich miteinander zu sprechen, ist es das Ziel, dies so einfach wie möglich zu machen. Dadurch, dass die beteiligten Personen möglichst nah beieinander sitzen, lernen sie sich kennen und Hürden werden abgebaut.

Erkenntnisse sichern ...

Ist eine Detailfrage geklärt, muss die dabei gewonnene Erkenntnis für das Projekt gesichert werden. Dafür werden die Informationen am besten in Form von Tests festgehalten. Tests sind gegenüber Dokumentation vorzuziehen, weil sie aktiv bei jeder Entwicklung eine Verletzung einer gemachten Annahme signalisieren.

... in Akzeptanztests

Das geht beispielsweise, indem ein Akzeptanztest geschrieben wird, der die Anforderung widerspiegelt. Es wird dann gegen diesen Test programmiert, um die Anforderung umzusetzen. Schlägt der Test später fehl, ist klar, dass gegen eine geklärte fachliche Anforderung verstoßen wird.

... im Quelltext

Nicht immer kann eine Erkenntnis aus dem Klärungsprozess direkt in einen Test umgesetzt werden. Oder es ist nicht sinnvoll, einen Test dafür zu schreiben, aber es leitet sich dafür ein bestimmtes technisches Design ab. Dann wird das Detail dokumentiert, indem es im Quelltext vermerkt wird. Damit ist für später verständlich, warum bestimmte Implementationsvarianten gewählt wurden.

9.3 Bezüge zu anderen agilen Praktiken

Wesentlich für das Klären von Details ist es, dass die Beteiligten in räumlicher Nähe zueinander sitzen. Lesen Sie in Kapitel 10 *Team: Wie transportieren wir Wissen zwischen allen Teammitgliedern?* über die Gestaltung des Arbeitsplatzes und in Kapitel 11 *Team: Wie und wo setzt sich ein Team zusammen?* über die Zusammensetzung des Teams.

Um Akzeptanztests für die Sicherung der Ergebnisse zu nutzen, müssen Sie eine Kultur des Testens aufbauen. Erfahren Sie in Kapitel 20 *Entwicklung: Wie halten wir die Qualität im Sinne von Wartbarkeit hoch?* mehr über das Testen im Entwicklungsprozess.

Wie ganz allgemein Anforderungen aufgeschrieben werden, lesen Sie in Kapitel 5 *Management: Wie schreiben wir Anforderungen auf?*, in dem Storys und Tasks im Entwicklungsprozess beschrieben werden.

In Kapitel 15 *Entwicklung: Wie können technische Details geklärt werden?* werden die Entwicklungsaspekte zur Klärung technischer Fragen dargestellt.

9.4 Übungsaufgaben

Sie haben für unser praktisches Anwendungsbeispiel bereits einen Satz Storys geschrieben. Dieser dient als Grundlage für einige dieser Aufgaben (ggf. fertigen Sie diese Unterlagen erst an).

1. Identifizieren Sie für Ihr Projekt, wie leicht Sie mit dem Kunden bzw. einem Vertreter des Kunden oder einem Kunden vor Ort Kontakt aufnehmen können. Schreiben Sie für die nächsten fünf fachlichen Detailfragen, die Sie haben, auf, was Sie unternehmen mussten, um die Fragen zu klären, und wie lange es gedauert hat, bis Sie eine Antwort hatten. (Zeitbedarf ca. 30–45 Minuten)
2. Setzen Sie in Ihrem Projekt Erkenntnisse aus der Klärung von Detailfragen mithilfe von Akzeptanztests um. (Dies ist meist nicht so einfach. Suchen Sie nach pfiffigen Lösungen.) (Zeitbedarf ca. 60–90 Minuten)
3. Beschreiben Sie Fälle, bei denen es nicht möglich ist, Akzeptanztests zur Sicherung von Erkenntnissen zu verwenden. Bewerten Sie die Fälle. (Zeitbedarf ca. 30–60 Minuten)
4. Entwickeln Sie eine Form bzw. Konvention im Projekt, wie Sie Erkenntnisse aus der Klärung von Detailfragen in Form von Designentscheidungen im Quelltext festhalten können (beispielsweise unter Verwendung von JavaDoc). Dokumentieren Sie diese und setzen Sie sie um. (Zeitbedarf ca. 30–90 Minuten)

10 Team: Wie transportieren wir Wissen zwischen allen Teammitgliedern?

Kommunikation und Lernen sind wichtige Vorgänge in Entwicklungsprozessen. Es geht dabei um projektrelevantes Wissen über Anforderungen, Vereinbarungen, Organisation und zu einem großen Teil um die verwendete Technologie, die Architektur, das Design und die Tools. Dieses Wissen muss sich im Team verbreiten, alle müssen möglichst viel über diese relevanten Gebiete wissen. Das Wissen muss zumindest im Überblick vorhanden sein.

Die in der Softwareentwicklung gesammelten Erfahrungen zeigen, dass es besser ist, wenn alle Teammitglieder über möglichst vieles – wenn nicht alles – informiert sind. Denn nur so kann jedes einzelne Teammitglied die Vielzahl an Entscheidungen, die im Entwicklungsprozess täglich getroffen werden, vor dem Hintergrund der aktuellen Informationslage und der untereinander und mit dem Auftraggeber gemachten Vereinbarungen treffen. Außerdem ist es nur dann eine faire Situation, wenn bei Teamentscheidungen alle auf dem gleichen Kenntnisstand sind. Es wird damit erreicht, dass möglichst viele Entscheidungen im Einklang mit der aktuellen Projektsituation getroffen werden. Dadurch laufen Aktivitäten koordinierter, denn die Teammitglieder handeln informierter.

10.1 Agile Sichtweise

In Bezug auf technisches Wissen ist das Entwicklungsteam dafür verantwortlich, informiert zu sein. Das Entwicklungsteam muss sich um alle projektrelevanten Technologien kümmern und neue technische Anforderungen ggf. durch Fortbildung ergänzen. Es wird angestrebt, dass alle Teammitglieder über alle Technologien Bescheid wissen.

Verantwortung des Entwicklungsteams

Bestenfalls kennen sich alle in allen technischen Gebieten gleich gut aus, dies ist allerdings selten erreichbar. Es wird aber explizit vermieden, Spezialisten für einzelne technische Felder herauszubilden.

Vermeiden, Spezialisten herauszubilden

Verantwortung des Kunden

Für fachliches Wissen ist der Kunde in der Pflicht. Die Softwareentwickler können das Fachwissen der Anwendungsdomäne nicht besitzen. Sie müssen im Dialog mit dem Kunden herausfinden, welche fachlichen Konzepte es gibt und wie diese technisch unterstützt werden können.

Wissen persönlich vermitteln

Am besten wird Wissen persönlich vermittelt. Insbesondere Details kommen in dieser Kommunikationsform am besten ans Licht. Erstens sind Menschen eher bereit, im persönlichen Gespräch Informationen weiterzugeben. Und zweitens ist persönliche, direkte Kommunikation reichhaltiger. Missverständnisse in der Formulierung können sofort beseitigt werden, und Unklarheiten werden durch Nachfragen ausgeglichen. Für Überblicke sind auch andere Techniken nützlich.

10.2 Agile Lösung

Programmieren in Paaren, Paar-Rotation

Es wird angestrebt, dass bei der Softwareentwicklung immer zwei Personen gemeinsam arbeiten. Das Programmieren in Paaren (Pair Programming) und die Paar-Rotation (Pair Rotation) verbreitern das Detailwissen im Team, sowohl technisch als auch fachlich; der Kunde vor Ort (siehe Kap. 8 *Management: Wer entscheidet beim Kunden?*) steht zur Verfügung und hat das Wissen jederzeit abrufbereit; der informative Arbeitsplatz (Informative Workspace) gibt ständigen Überblick über aktuelle und erledigte Aufgaben, Probleme, Risiken und aktuelle Entwürfe etc.

Ablauf von Programmieren in Paaren

Beim Programmieren in Paaren arbeiten immer zwei Personen an einem Rechner zusammen. Die eine Person hat Maus und Tastatur in der Hand, und die zweite Person sitzt daneben bzw. dahinter und begleitet die Arbeit. Ziel ist es, dass die erste Person erklärt, was sie gerade macht, und die zweite nachvollzieht, korrigiert, hinterfragt oder ergänzt. Dadurch lernen beide, in der Erledigung der Aufgabe zu kooperieren. Sie schaffen ein gemeinsames Ergebnis. Sie teilen sich dabei ihre Designentscheidungen mit, beziehen ihr Vorwissen mit ein und sammeln gemeinsam Erfahrungen.

Paar-Findung

Zwei Personen aus einem Team für das Programmieren in Paaren zu finden, sollte sich nach folgenden Gesichtspunkten richten: Das Wissensgefälle zwischen den beiden Personen sollte nicht (dauerhaft) zu groß sein. Zwar ist es für die wissendere Person zuerst ganz angenehm, wenn sie im Vorteil ist. Dies kann aber nach einiger Zeit umschlagen und zu einer nervenden Belastung werden. Trotzdem profitieren immer beide: Die wissende Person lernt, Wissen zu vermitteln; die lernende Person bekommt neue Inhalte angeboten.

Abb. 10–1
Zwei Entwickler beim Programmieren in Paaren

Um den Austausch im Team aktiv im Fluss zu halten, ist es wichtig, dass die Paare von Zeit zu Zeit gewechselt werden. Erstens sollen Teammitglieder, die nicht so gut miteinander zurechtgekommen sind, eine Alternative haben, und zweitens ist es schlicht notwendig zu wechseln, um das Gelernte weiterzugeben und Neues zu lernen.

Innerhalb eines Paares ist der Rollenwechsel ganz wesentlich. Das bedeutet, dass nicht während der gesamten Arbeit eine Person an der Tastatur und eine daneben sitzt, sondern diese Rollen wiederholt gewechselt werden. Für einige ist es anstrengender, an der Tastatur zu sitzen, auf Anweisungen zu reagieren, Nachfragen zu beantworten usw. Für andere ist es anstrengender, Dinge zu beschreiben und das gewollte Handeln verbal zu artikulieren. Außerdem haben die Rollen ein unterschiedliches Tempo. Über etwas zu reden geht schlicht schneller, als es umzusetzen. Dies sollen beide Personen ebenfalls in der gemeinsamen Arbeit lernen.

Wechsel im Paar

Mit dem Programmieren in Paaren werden verschiedene Dinge erreicht. Es gibt als erstes Ergebnis immer zwei Personen, die über eine Implementierung Bescheid wissen. Darüber hinaus wird während des Programmierens ein Informationsgefälle an einigen Stellen sichtbar, und die beiden Teammitglieder klären die Fragen direkt. Außerdem werden handwerkliche Fähigkeiten kommuniziert: Wie nutzt man die Entwicklungsumgebung effektiv? Welche Eingaben erleichtern mir die Arbeit? Usw.

Vorteile, Nachteile

Problem: Einlassen auf Zusammenarbeit

Bisher wurden schwerpunktmäßig die Vorteile des Programmierens in Paaren vorgestellt. Diese Praktik hat aber auch weniger günstige Eigenschaften. Zuerst muss erwähnt werden, dass sie nur mit Menschen funktioniert, die sich auf Zusammenarbeit einlassen. Es gibt Teams, in denen Einzelarbeit die einzige akzeptierte Arbeitsform ist. Dann ist Programmieren in Paaren kontraproduktiv.

Problem: Doppelte Arbeitszeit

Zweitens wird von außen gerne angeführt, dass diese Form des Programmierens doppelt so viel Arbeitszeit benötigt. Das stimmt auf den ersten Blick, heißt aber nicht, dass das Teamergebnis am Ende doppelt so teuer ist. Denn Programmieren in Paaren umfasst weit mehr als Programmieren. Es ist gleichzeitig ein »Training on the Job«, teilweiser Ersatz für technische Besprechungen, Ersatz für Quelltextdurchsicht und schließt gemeinsame Fehlersuche mit ein. Außerdem beschleunigt Programmieren in Paaren den Rückkopplungszyklus und hilft somit zu vermeiden, dass Probleme über längere Zeit unbemerkt bestehen.

Problem: Wissensgefälle

Ein dritter Aspekt von Programmieren in Paaren ist das Wissensgefälle zwischen Mitarbeitern. Programmieren in Paaren funktioniert am besten, wenn dieses Gefälle nicht zu groß ist. Kurzzeitig lässt sich ein höheres Gefälle kompensieren, aber langfristig sollten die Qualifikationen der Teammitglieder auf ähnlichem Niveau sein, damit produktiv gearbeitet werden kann. Dieses Problem ist nicht ein spezielles von Programmieren in Paaren. Es wird allerdings dabei besonders offensichtlich.

Alternativen zum Programmieren in Paaren

Selbst wenn Teams gerne in Paaren programmieren würden, so ist dies in manchen Kontexten nicht durchsetzbar. Manche Teams wollen es aber einfach nicht. Deshalb ist es hilfreich, dass es Alternativen gibt, die angewendet werden können:

Architekturtreffen und Codereviews

Wenn die direkte Kommunikation wie beim Programmieren in Paaren nicht möglich ist, dann brauchen Teams stattdessen andere Möglichkeiten, Entscheidungen über Architektur und Design zu treffen sowie Feedback über den entstandenen Code einzuholen. Dies können zum einen explizite Architekturtreffen sein, zum anderen Codereviews, bei denen ein Entwickler seinen Kollegen im Team seinen erstellten Quelltext präsentiert und dafür Rückkopplung erhält. So kann sich jeder Entwickler verbessern, das Team lernt den Quelltext kennen und es kann bei dieser Gelegenheit auch auf die Einhaltung von Codierungsstandards geachtet werden.

Wenn man sich allerdings klarmacht, dass diese Treffen, ihre Vor- und Nachbereitung auch erhebliche Aufwände produzieren, so erscheint der vermeintliche Mehraufwand beim Programmieren in Paaren in einem neuen Licht.

Das Konzept »informativer Arbeitsplatz« ergänzt die direkte Kommunikation zwischen den Mitgliedern des Entwicklungsteams. Es besagt, dass am Arbeitsplatz alle Informationen leicht zugänglich vorhanden sein sollen, die bei der täglichen Arbeit gebraucht werden. Jedes Mitglied soll sich schnell einen Überblick darüber verschaffen können, wo das Projekt aktuell steht. Damit ist sowohl der aktuelle Stand der technischen Diskussion gemeint wie auch der Fortschritt im geplanten Projektverlauf.

Informativer Arbeitsplatz (Informative Workspace)

Allgemein sollte der Arbeitsplatz genügend Raum für alle Teammitglieder bieten, sodass sie sich »auf Zuruf« verständigen können. Er sollte so gestaltet sein, dass alle praktischen Belange umgesetzt werden können, und das Team sollte ermuntert werden, den Arbeitsplatz nach eigenen Wünschen und Vorlieben einzurichten.

Wesentliches Gestaltungsziel für den informativen Arbeitsplatz ist, dass ein Außenstehender alleine durch Betreten des Raums und Betrachten der sichtbaren Informationen eine allgemeine Idee über den Zustand des Projektes in weniger als einer Minute bekommen sollte (vgl. [Beck 2004]).

Gestaltungsziel

Dafür werden große Grafiken angefertigt, die Ziele, Planungsinformationen (Termine und Inhalt von Releases, Sprints oder Iterationen) wiedergeben. Dazu kommen Eintragungen über den Fortschritt, die aktuellen Ergebnisse der Tests und natürlich die technische und fachliche Modellierung. Wichtiger Punkt beim Anfertigen dieser Grafiken ist, dass sie leicht zu lesen und leicht zu erstellen sein sollten. Die wesentlichen Informationen sollten sofort erfassbar sein. Dabei ist zwischen automatisch generierbaren Informationsanzeigen und händisch zu pflegenden Informationen zu unterscheiden.

Eine Wandtafel mit den Storys und Tasks (der aktuellen Iteration) ist z.B. eine zu pflegende Information (Näheres zu Taskboards findet sich in Kapitel 13 *Team: Wer macht eigentlich gerade was?*). Die Karten werden von den Teammitgliedern angeordnet und während der Arbeit verschoben. Dabei repräsentiert die Anordnung den Status der Story (bspw. noch nicht zugeordnet, in der aktuellen Iteration, erledigt). Das Team kann bestimmte Farbmarkierungen festlegen, mit denen es zusätzliche Informationen an den Karten notiert. Wenn es darum geht, kurzfristig Informationen zu präsentieren, haben sich Flipcharts oder Weißwandtafeln bewährt. Zur Darstellung des Projektfortschritts finden sich weitere Informationen in Kapitel 16 *Management: Wie wird Projektfortschritt ehrlich messbar?*.

Zu pflegende Informationen

Besonders leicht lassen sich automatisch generierbare Informationen einsetzen, um dem Team im informativen Arbeitsplatz einen guten Überblick über den Projektverlauf zu geben. Meistens sind dies einfa-

Automatisch generierbare Informationen

che Informationen, die schnell Rückmeldung über den kurzfristigen Projektverlauf geben. Dazu gehören Übersichten über die Tests, die vom Integrationsserver generiert werden können. Einfachster Fall ist dabei ein Bildschirm, auf dem in regelmäßigen Abständen eine Liste mit Testergebnissen aktualisiert wird. Fehlgeschlagene Tests fallen sofort rot markiert ins Auge. Beliebte Geräte für diese Information sind Ampeln oder Lava-Lampen. Die Ampel kann während des Ausführens der Tests »Gelb« anzeigen und dann in »Grün« oder »Rot« übergehen, wenn der Build-Prozess beendet ist. Bei den Lava-Lampen nimmt man eine rote und eine grüne [Hunt et al. 1999].

In den folgenden Abbildungen sind einige Beispiele für informative Arbeitsplätze aus echten Projekten wiedergegeben.

Abb. 10–2
Beispiel 1 zum informativen Arbeitsplatz mit Taskboard

Abb. 10–3
Beispiel 2 zum informativen Arbeitsplatz mit Taskboard

10.3 Bezüge zu anderen agilen Praktiken

Wesentlich für die Teampraktik des Programmierens in Paaren ist, dass die Teammitglieder sich gegenseitig achten und zu Wort kommen lassen. Lesen Sie in Kapitel 11 *Team: Wie und wo setzt sich ein Team zusammen?* über die Teambildung.

Zur Information am Arbeitsplatz trägt darüber hinaus der Kunde vor Ort bei, siehe Kapitel 8 *Management: Wer entscheidet beim Kunden?*.

Die Darstellung des aktuellen Projektfortschritts ist Bestandteil jedes informativen Arbeitsplatzes. Dazu findet sich mehr in Kapitel 16 *Management: Wie wird Projektfortschritt ehrlich messbar?*.

Noch konkreter bezogen auf die nächsten Tätigkeiten findet sich in Kapitel 13 *Team: Wer macht eigentlich gerade was?* ein Abschnitt zu Taskboards.

10.4 Übungsaufgaben

Bilden Sie eine Gruppe von mindestens vier Personen (für die Übung ist eine gerade Anzahl wünschenswert) und lösen Sie folgende Aufgaben:

1. Finden Sie sich in einem Paar zum Programmieren zusammen, wählen Sie einen Task aus und programmieren Sie nach Programmieren in Paaren. Wechseln Sie dabei während des Tasks mehrfach, z.B. nach 15 bis 20 Minuten, die Plätze. (Zeitbedarf ca. 60–120 Minuten).
2. Teilen Sie sich in Paare auf und entwickeln Sie in jedem Paar an einem Task (Programmieren in Paaren). Wählen Sie die Tasks etwa gleich groß und wechseln Sie nach dem ersten Task, sodass sich neue Paare bilden (Paar-Rotation). (Zeitbedarf ca. 60–120 Minuten)
3. Schreiben Sie Ihre Erfahrungen zum Programmieren in Paaren und der Paar-Rotation auf. Betrachten Sie insbesondere die Ebenen
    Kommunikation,
    Wissenstransfer,
    Lernen und
    Kooperation.
    (Zeitbedarf ca. 20 Minuten)
4. Wenn Sie die Möglichkeit haben, zeichnen Sie sich selbst beim Programmieren in Paaren auf Video auf. Arbeiten Sie dazu an einer besonders kleinen Aufgabe und wechseln Sie während der Zusammenarbeit. Schauen Sie sich die Videos danach gegenseitig an und werten Sie sie dahingehend aus, wie gemeinsam am Rechner

gearbeitet wurde (Zeigen auf den Bildschirm, Arbeit an der Tastatur/Maus etc.). (Zeitbedarf ca. 60 Minuten für das Programmieren in Paaren und ca. 180 Minuten für die Auswertung)

11 Team:
Wie und wo setzt sich ein Team zusammen?

Softwareentwicklung erfolgt heute so gut wie immer in Teams. Das hat unterschiedliche Gründe: So soll zum einen die Entwicklung beschleunigt werden, zum anderen erhofft man sich von der Teamarbeit, dass das Team mehr leistet, als die einzelnen Mitglieder aufsummiert in der Lage wären zu leisten. Dieser Mehrwert von Teams steckt im gemeinsamen Wissen und im wechselseitigen Lernen und Anregen der Teammitglieder untereinander. Bezahlt wird der Mehrwert mit einem gewissen Mehraufwand an Kommunikation.

In diesem Kapitel können nicht erschöpfend alle Themen der Teambildung bei der Softwareentwicklung behandelt werden, es sollen aber zumindest einige Themen von einer agilen Sichtweise aus betrachtet werden: Teamzusammensetzung, Verantwortung im Team und Kommunikation im Team.

11.1 Agile Sichtweise

Für die agile Softwareentwicklung sind Teams gesucht, in denen die Kommunikation gut funktioniert, in denen sich die Teammitglieder ergänzen und befruchten und voneinander lernen können. Dabei werden einfache Strukturen und möglichst wenig unterschiedliche Rollen gesucht, um das Beziehungsgeflecht in den Teams einfach zu halten.

Kommunikation im Team

Agile Teams übernehmen nicht nur Aufgaben, sondern auch Verantwortung. Es ist deshalb wichtig, dass die Teammitglieder das Team vor ihre eigenen Interessen stellen. Der Erfolg eines Softwareprojektes wird an der entstandenen Software gemessen und gebührt dem gesamten Team, nicht einzelnen Personen.

Teamverantwortung

Softwareentwicklung ist eine große Herausforderung. Diese kann von einem Team nur dann zufriedenstellend gelöst werden, wenn dieses sich ganz auf die Aufgabe konzentrieren kann und die Unterstützung bekommt, die es benötigt. Hierzu gehört es insbesondere, dass

Konzentration und Kontinuität

Qualifikation und Spezialisten

die Teammitglieder möglichst kontinuierlich an der Aufgabe des Projektes arbeiten.

Zur Erledigung anspruchsvoller Aufgaben bedarf es meist unterschiedlicher Qualifikationen. Teams brauchen in der Summe alle benötigten Qualifikationen, aber nicht jedes Teammitglied muss alle erforderlichen Qualifikationen aufweisen. Andererseits sind Teams aus reinen Spezialisten mit wenig überschneidenden Wissensgebieten nur schwer arbeitsfähig, weil der Abstimmungsbedarf untereinander hoch ist und dem anderen das Verständnis jeweils nicht leicht fällt.

11.2 Agile Lösung

Kleine Teams

Für die agile Softwareentwicklung werden möglichst kleine Teams angestrebt. Kleine Teams haben den Vorteil, dass sie schlagkräftiger sind, flexibler reagieren können, mit weniger Abstimmung auskommen, weniger Overhead (Verwaltungsaufwand) benötigen und die Teammitglieder leichter miteinander kommunizieren können. Wenn aber kleine Teams angestrebt werden, bedeutet das nicht, dass mit agilen Methoden nur kleine Projekte umgesetzt werden könnten. Als angenehme Größe für agile Teams gelten vier bis neun Personen. Wenn sich eine Aufgabe nicht mit so wenigen Mitarbeitern lösen lässt, dann können mehrere Teams gebildet werden. Diese sollten klar voneinander abgegrenzte Aufgabenbereiche bekommen.

Zu 100% im Projekt

Alle Teammitglieder sollten dem Projekt zu 100% zugeordnet sein. Das bedeutet nämlich für die Teammitglieder weniger Kontextwechsel, effektivere und effizientere Arbeit. Außerdem wird Overhead vermieden, und kleinere Teams werden ermöglicht.

Keine Fluktuation

Softwareentwicklungsprojekte werden schnell kompliziert und komplex. Das bedeutet insbesondere, dass die Einarbeitung für neue Teammitglieder aufwendig und teuer ist. Außerdem finden die wesentlichen Erkenntnisgewinne und das Lernen im Projekt in den Köpfen der Teammitglieder statt. Wenn diese wechseln, droht immer ein Stück dieses Wissens verloren zu gehen. Verantwortung können überdies Teams nur in einer stabilen Zusammensetzung übernehmen. Wie soll sich ein Team auf einen Termin oder die Erledigung bestimmter Aufgaben festlegen, wenn die Teammitglieder ständig wechseln?

Nah beieinander sitzen

Die Teammitglieder sollten möglichst nah beieinander ihre Büros haben oder gleich ein gemeinsames (Großraum-)Büro teilen. So können sie auf kürzestem Wege miteinander kommunizieren und die Gelegenheit nutzen, am Rande mitzubekommen, worüber die anderen im Team sprechen. Dies ergibt einen kontinuierlichen Überblick über das

Projektgeschehen ohne großen Overhead. Außerdem kann jeder jedem anderen schnell helfen oder sich helfen lassen.

Dies gilt gleichermaßen für die Nähe zum Kunden bzw. den Anwendern. Mit ihnen ist ebenfalls viel Kommunikation nötig und ständige Rückkopplung erwünscht. Kurze Wege fördern dies. Zudem wächst bei den Entwicklern so zusätzlich das Verständnis für die Arbeit der Anwender, weil sie deren Umfeld besser kennenlernen.

Auch nah beim Kunden

Alle benötigten Qualifikationen sollten im Team vorhanden sein, denn wir wollen bei agiler Softwareentwicklung ständig arbeitsfähig sein und nicht weit im Voraus planen, wann welche Person mit welcher Qualifikation benötigt wird. Dies würde uns in der Flexibilität stark einschränken. Wenn während des Projektes auffällt, dass zusätzliche Qualifikationen benötigt werden, so lassen sich diese mit Schulungen oder Coaching einbinden, in dem »echtes« Wissen transferiert wird. Letztlich ist selbst bei Spezialthemen für ein Projekt nur ein bestimmter Ausschnitt relevant, den sich das Team meist relativ leicht aneignen kann.

Alle Qualifikationen im Team

Für agile Teams sind eher Generalisten als Spezialisten nützlich. Jeder macht alles im Team, selbst wenn sicherlich einige für bestimmte Themen- oder Aufgabenbereiche besser qualifiziert sind. Das erforderliche Wissen für das Projekt soll sich im Team verbreiten, denn das schafft Flexibilität und erleichtert die Aufgaben-/Einsatzplanung, weil nicht nur bestimmte Leute bestimmte Anforderungen bearbeiten können (z. B. der Datenbankspezialist).

Eher Generalist als Spezialist

11.3 Bezüge zu anderen agilen Praktiken

Alle anderen Teampraktiken haben Querbezüge zu den hier beschriebenen agilen Lösungen.

Lesen Sie in Kapitel 13 *Team: Wer macht eigentlich gerade was?* darüber, wie Teams sich so organisieren können, dass alle einen guten Überblick darüber haben, wer an was arbeitet.

Wie man das Wissen zwischen den Teammitgliedern am besten transportieren kann, ist in Kapitel 10 *Team: Wie transportieren wir Wissen zwischen allen Teammitgliedern?* beschrieben.

11.4 Übungsaufgaben

Bilden Sie eine Gruppe von mindestens drei Personen, mit denen Sie in einem Arbeitskontext zusammenarbeiten, und lösen Sie folgende Aufgaben:

1. Beschreiben Sie, was passieren würde, wenn Sie um den Faktor 10 mehr Personen wären und dafür um den Faktor 10 weniger Zeit zur Aufgabenerledigung hätten. Bringen Sie ggf. Erfahrungen ein. (Zeitbedarf ca. 30–45 Minuten)
2. Arbeiten Sie an einem Tag an verteilten Orten und am nächsten Tag in einem Raum. Welche Unterschiede stellen Sie fest? Welche Vor- und Nachteile haben die jeweiligen örtlichen Verteilungen? (Zeitbedarf ca. 60 Minuten)
3. Wenn Sie Erfahrungen mit dem Einbinden von Spezialisten haben, beschreiben Sie diese. (Zeitbedarf ca. 30 Minuten)
4. Untersuchen Sie Ihre Teamzusammensetzung und den Arbeitsort für das aktuell laufende Projekt. Beschreiben Sie, wie gut sich damit agil arbeiten lässt. Benennen Sie Schritte, mit denen sich dies verbessern lässt, und stellen Sie dafür einen Plan auf. (Zeitbedarf ca. 45–90 Minuten)

12 Entwicklung: Wer darf an welchem Quelltext Änderungen vornehmen?

Quelltext wird von Menschen geschrieben. Diese können das, was sie geschrieben haben, als etwas Eigenes betrachten. Andere wiederum, die diesen Quelltext nicht geschrieben haben, sehen ihn als etwas Fremdes. Nun wissen wir, dass Software ständigen Änderungen unterliegt. Deshalb müssen wir den Quelltext immer wieder anfassen, um ihn anzupassen. Betrachten wir den Quelltext aber als Eigentum einzelner Personen, dann bedeuten viele Änderungen, die sich durch den gesamten Quelltext ziehen, das Einbeziehen vieler Menschen.

Ist eine Person Urheber eines Quelltextes und wird dieser nur von dieser einen Person bearbeitet, dann entsteht im Entwicklungsteam schnell ein Gefühl von »Eigentum« an diesem Quelltext. Nur diese Person darf den Quelltext ändern, nur diese Person versteht den Quelltext vollständig usw.

Das ist aus verschiedenen Perspektiven nicht wünschenswert: Fällt diese eine Person aus irgendwelchen Gründen aus, werden Entwicklungsvorhaben womöglich aufgeschoben. Bedarf es Änderungen an Quelltexten, die von unterschiedlichen Personen als »Eigentum« betrachtet werden, müssen diese mühsam eingebunden werden. Im Entwicklungsteam breitet sich über den Quelltext kein Wissen aus, weil die jeweiligen »Eigentümer« als Spezialisten im Team agieren.

12.1 Agile Sichtweise

In einem Projekt, bei dem nach agilen Grundsätzen vorgegangen wird, gehört der gesamte Quelltext des Projektes allen Projektbeteiligten. Es gibt keine Bereiche, die nur von einigen verwaltet werden. Softwareentwicklung ist eine gemeinsame Aktivität und verfolgt ein gemeinsames Ziel. Zusammenarbeit ist ein wichtiges Element. Daraus folgt, dass der Quelltext von allen Teammitgliedern verändert werden darf.

Wichtig dabei ist, dass alle Teammitglieder verantwortungsvoll und informiert vorgehen. Um Informationen über den Quelltext zu verbreiten, werden verschiedene agile Praktiken eingesetzt, die implizite und explizite Kommunikation fördern. Darüber hinaus wird technische Kompetenz als eine wichtige Voraussetzung für das Ändern im Quelltext bei allen Beteiligten gefordert.

12.2 Agile Lösung

Gemeinsamer Besitz des Quelltextes

Projekte, die agil Vorgehen, streben an, dass jedes Teammitglied in allen Teilen des Quelltextes Änderungen machen kann. Deshalb vereinbaren alle Mitglieder des Entwicklungsteams gemeinsamen Besitz am Quelltext. Dieser gemeinsame Besitz bedeutet, dass jedes Teammitglied an einem Quelltext etwas ändern darf, den andere Mitglieder geschrieben haben. Der gemeinsame Besitz bedeutet darüber hinaus, dass jedes Mitglied die Verantwortung trägt, guten und leserlichen Quelltext zu schreiben, weil dieser ebenfalls für andere geschrieben wird.

Konsequenz

Der gemeinsame Besitz hat u. a. zur Konsequenz, dass jede Person, die im Quelltext Probleme, Fehler oder Missstände entdeckt, diese behebt oder Sorge dafür trägt, dass diese geplant behoben werden.

Leserlichkeit: Quelltextkonventionen

Guten und leserlichen Quelltext zu schreiben ist nicht einfach. Es gibt eine Reihe von Grundprinzipien bei der Gestaltung des Quelltextes, aber viele Regeln sind Vereinbarungssache: Wie viele Leerzeichen zum Einrücken verwendet werden oder ob ein Tabulator benutzt wird. Ob Bezeichner in Deutsch oder Englisch gewählt werden. Wo die Blockklammern stehen usw. Hierzu gibt es unterschiedliche Meinungen und in vielen Fällen kein richtig oder falsch. Wesentlich für den Projektfortschritt ist lediglich, dass es einheitlich und zur verwendeten Entwicklungsumgebung passend gemacht wird. Deshalb sollten frühzeitig Quelltextkonventionen im Projekt etabliert werden. Geeignete Werkzeuge können die Einhaltung dann beispielsweise unterstützen.

Änderungen am Quelltext kommen aus verschiedenen Anlässen vor. Meistens sind es neue Funktionalitäten, die implementiert werden sollen, oder es werden Erweiterungen in Bereichen benötigt, an denen bisher jemand anderes gearbeitet hat.

Komponententests zur Absicherung

Um die Änderung sicher auszuführen, ist es notwendig, dass das Verhalten automatisiert geprüft werden kann. Hierzu kommen Komponententests zum Einsatz. Vor dem Ändern am Quelltext wird das gesamte System übersetzt, und alle Tests müssen erfolgreich durchlaufen werden. Dann wird eine Änderung durchgeführt, und nach einem erneuten Übersetzen müssen alle Tests weiterhin erfolgreich absolviert werden.

Eine wichtige Voraussetzung für das Ändern im gesamten Quelltext sind einigermaßen homogene Teams. Damit ist gemeint, dass die Qualifikation und Fähigkeit aller Teammitglieder möglichst ähnlich sein soll, damit alle gegenseitig den Quelltext verstehen, in dem sie Änderungen durchführen oder an dem sie Ergänzungen vornehmen. *Homogene Teams*

Wenn es kleinere Bereiche gibt, für die Spezialwissen notwendig ist, dann ist es sinnvoll, nur diese explizit auszuklammern und als solche zu kennzeichnen. Für den Rest des Quelltextes sollte aber gemeinsamer Besitz vereinbart werden. *Wie geht man mit Spezialwissen um?*

Hintergrund für dieses Vorgehen ist, dass wir im Team vermeiden möchten, dass jeweils einzelne Personen zum »Eigentümer« eines bestimmten Quelltextbereichs werden. Dies hätte zweierlei zur Folge: Erstens würden so signifikant unterschiedliche Stile im Quelltext entstehen, die es anderen schwierig machen, den gesamten Quelltext zu verstehen. Wir wollen aber den gemeinsamen Austausch im Projekt. Zweitens müssten alle Änderungen mit dieser Person abgesprochen werden. Dadurch träten Verzögerungen in der Weiterentwicklung auf. Diese Verzögerungen könnten sogar das Projekt spürbar behindern, wenn die Person aus irgendeinem Grund (Schulung, Urlaub, Krankheit etc.) abwesend ist. *Keine Eigentümerschaft*

Deshalb wird in agilen Projekten mit dem Truckfaktor gearbeitet. Der Truckfaktor besagt, wie groß die Wahrscheinlichkeit ist, dass das Projekt scheitert, wenn eine Person von einem Laster (Truck) überfahren wird. Ist der Truckfaktor null, so schadet es dem Projekt nicht. Ist der Truckfaktor eins, wird das Projekt mit Sicherheit scheitern. Das Entwicklungsprojekt sollte so gestaltet werden, dass es in der Nähe von null bewertet wird. Dabei geht es nicht darum, diesen Truckfaktor auf einige Nachkommastellen zu berechnen. Er soll vielmehr den Teammitgliedern ein Gefühl dafür geben, wie wichtig es ist, das Wissen über die Implementierung in ihrem Projekt mit möglichst vielen Teammitgliedern zu teilen. *Truckfaktor*

Das ist Teil einer Strategie zur Risikominimierung. Das Team erzeugt auf der Ebene von Know-how bewusst Redundanz. Damit können verschiedene zusammenwirkende Ziele erreicht werden. Alle Personen können Erweiterungen am System einbauen, weil sie es sich zutrauen, den Quelltext anzufassen. Fällt eine Person aus, können die restlichen Teammitglieder große Teile der Arbeit übernehmen. *Risikominimierung*

Neben der Risikominimierung ergibt sich aus dem gemeinsamen Quelltextbesitz der Vorteil, dass bei der Planung der Aufgaben ausschließlich nach fachlichen Kriterien entschieden werden kann. *Planen nach Wichtigkeit*

Schließlich kann jede Aufgabe von jedem Entwickler bearbeitet werden. Es müssen nicht Aufgaben für jemanden gesucht werden, der leider nur etwas ganz Spezifisches kann. Stattdessen arbeiten alle an den gerade wichtigsten Aufgaben.

Kultur des Lernens

Wichtige Voraussetzungen für den gemeinsamen Quelltextbesitz sind eine Offenheit und eine Kultur des Lernens. Die Teammitglieder sollten gegenüber anderen Stilen und Meinungen der jeweils anderen offen sein und in gemeinsamer Aushandlung vorteilhafte Elemente in ihre gemeinsame Arbeit aufnehmen. Wichtig dabei ist, dass keine Kultur des Anklagens entsteht, denn keiner mag gerne hören, dass der von ihm geschriebene Quelltext »ganz großer Mist« ist. Zuerst müssen die Teammitglieder lernen, ihre Kritik so zu äußern, dass sie für das Fortkommen genutzt werden kann (Stichwort »konstruktive Kritik«). Darüber hinaus müssen die Teammitglieder Kritik an sich heranlassen (Kritikfähigkeit) und aus der Kritik lernen.

Der hier vorgestellte Ansatz für die Zusammenarbeit im Team hat allerdings Beschränkungen in Bezug auf die Teamgröße. Aus Erfahrung ist bekannt, dass diese Form der Zusammenarbeit nicht für beliebige Teamgrößen skaliert. Bei Teams von ca. sechs bis acht Personen sollte Schluss sein. Für Softwareentwicklung in größeren Teams bietet sich die Bildung von Subteams dieser Größe an. Diese Subteams sollten fachlich abgegrenzte Bereiche mit abgrenzbarem Quelltext erhalten und diesen dann wieder gemeinsam als Team besitzen.

12.3 Bezüge zu anderen agilen Praktiken

Wesentlich für das freie Ändern am gesamten Quelltext ist die Existenz von Komponententests für das gesamte Projekt. Lesen Sie in Kap. 20 *Entwicklung: Wie halten wir die Qualität im Sinne von Wartbarkeit hoch?* über Komponententests.

Um allgemeines Know-how über das Softwaresystem im Team weiterzugeben, kann man Programmieren in Paaren nutzen. Erfahren Sie dazu mehr in Kap. 10 *Team: Wie transportieren wir Wissen zwischen allen Teammitgliedern?*.

12.4 Übungsaufgaben

Die folgenden Aufgaben sollen Ihnen ein Gefühl dafür geben, was es bedeutet, einen Quelltext zu ändern, den man nicht selbst geschrieben hat. Wir gehen dabei davon aus, dass Sie auf Quelltext von anderen zugreifen können. Entweder arbeiten Sie dieses Buch in einem Kurs oder einer Schulung durch, in der andere Teams bereits Quelltext erstellt haben. Greifen Sie dann auf diesen zurück. Oder Sie arbeiten in einem Unternehmen, bei dem beispielsweise eine andere Abteilung Quelltext zur Verfügung stellen kann. Oder Sie arbeiten allein, dann empfehlen wir Ihnen, den Quelltext eines Open-Source-Projektes herunterzuladen.

1. Setzen Sie sich mit einem anderen Teammitglied zusammen. Stellen Sie sich gegenseitig Quelltext von sich selbst zur Verfügung. Machen Sie sich Notizen, sodass Sie im Anschluss Folgendes diskutieren können: Was ist Ihnen unklar? Was hätten Sie anders gemacht? (Versuchen Sie dabei bitte immer zuerst einmal, den anderen bzw. seine Idee zu verstehen.) (Zeitbedarf ca. 20–30 Minuten)
2. Nehmen Sie sich einen Teil eines/des Systems vor, an dem Sie bisher noch nicht entwickelt haben. Machen Sie sich Notizen über Dinge, die Sie am Quelltext wünschenswert finden, aber nicht vorgefunden haben. Betrachten Sie nun zuerst einen Quelltext, den Sie selbst geschrieben haben. Ergänzen Sie zuerst hier die von Ihnen gewünschten Dinge. Ergänzen Sie diese Informationen nun am zuerst untersuchten Quelltext. (Zeitbedarf ca. 60–120 Minuten)
3. Wir wollen als Nächstes am »fremden« Quelltext Änderungen durchführen. Vergewissern Sie sich zunächst, dass ausreichend Komponententests für den herausgegriffenen Bereich vorhanden sind. Ergänzen Sie ggf. fehlende Komponententests. Führen Sie nun ein Refactoring durch. Stellen Sie sicher, dass immer noch alle Tests des Systems laufen. (Zeitbedarf ca. 60 Minuten)

13 Team:
Wer macht eigentlich gerade was?

Arbeit im Team heißt, dass eine Gruppe von Menschen an demselben Ziel arbeitet. Viele Tätigkeiten sind nötig, um dieses Ziel zu erreichen. Teamarbeit heißt aber ebenso, dass nicht alle Teammitglieder an derselben Tätigkeit beteiligt sind. Es gibt ein Spannungsfeld zwischen gemeinsamer Arbeit und der Frage, wie der Informationsfluss zwischen den Teammitgliedern sichergestellt werden kann. Arbeiten alle zusammen an derselben Tätigkeit, wissen alle, was jeder macht. Es geht dabei aber langsam voran. Teilen sich die Teammitglieder auf und jeder geht einzeln einer anderen Tätigkeit nach, ist dies zuerst zwar maximal effektiv, die Teammitglieder wissen aber nicht, was die jeweils anderen tun. Nach kurzer Zeit entstehen Koordinationsprobleme, Tätigkeiten werden doppelt erledigt, stören sich oder sind widersprüchlich.

Agile Methoden streben eine fruchtbare Teamarbeit an, bei der sinnvoll arbeitsteilig vorgegangen wird und Teammitglieder dafür sorgen, dass alle über den Ablauf des Projektes informiert sind.

13.1 Agile Sichtweise

Es wird im Team gearbeitet, um die Vorteile von Zusammenarbeit nutzbar zu machen. Deshalb werden die Personen eines Teams nicht als eine Ansammlung von Menschen betrachtet, die einzeln arbeiten. Diese Form der Teamarbeit, bei der Aufgaben auf einzelne Teammitglieder verteilt werden, die dann separat voneinander arbeiten, nutzt zu wenig das Potenzial eines Teams aus.

Die Ideen, Erfahrungen und Einschätzungen möglichst vieler Teammitglieder sollen genutzt werden. Entscheidungen sollen gemeinsam getroffen werden, damit alle Teammitglieder hinter diesen Entscheidungen stehen, und alle Teammitglieder müssen dafür gut informiert sein. Deshalb ist es ein Ziel, mit möglichst geringem Aufwand den Informationsfluss im Team aufrechtzuerhalten.

13.2 Agile Lösung

Programmieren in Paaren

Im Kleinen wird mit Programmieren in Paaren die Kommunikation zwischen jeweils zwei Personen umgesetzt. Hier geht es um Wissenstransfer auf den Ebenen Technik, Programmieren, fachliche Interpretation usw. Wenn Paare in Abständen wechseln, verbreitet sich dieses Wissen kontinuierlich im ganzen Team.

Standup-Meeting Daily Scrum

Es bleibt das Problem, dass ein Paar somit nicht erfährt, was andere Teilgruppen des Teams machen. Die agile Lösung für dieses Kommunikationsproblem ist das Standup-Meeting bzw. das Daily Scrum. Damit wird ein tägliches Treffen aller Teammitglieder bezeichnet, das zum knappen Informationsaustausch dient. Das Treffen findet in einer Runde statt und wird im Stehen abgehalten, beispielhaft zu sehen in Abbildung 13–1. Das Stehen ist wichtig, um die Kürze des Treffens sicherzustellen. Besprechungen, die im Sitzen abgehalten werden, dauern länger. Für bis zu zwölf Teammitglieder sind 15 Minuten Zeit für ein Standup ausreichend. Bei größeren Teams erfolgt in der Regel eine Unterteilung der Teams. Die Teams koordinieren sich dann ggf. mit einem sogenannten Scrum of Scrums, also einem Standup-Meeting, an dem aus jedem Team ein Mitglied teilnimmt und aus seinem Team zusammenfassend berichtet (und umgekehrt zusammenfassend aus dem Scrum of Scrums in seinem Team-Standup später berichtet).

Abb. 13–1 Entwickler beim täglichen Standup (aus Platzgründen im Flur vor ihren Büros)

Drei einfache Fragen beantworten!

Wesentlich für das Standup-Meeting oder Daily Scrum ist, dass drei Fragen beantwortet werden:

- Was habe ich seit dem letzten Standup getan?
- Was werde ich bis zum nächsten Standup tun?
- Was behindert mich?

Dabei sind keine Diskussionen während des Standup erlaubt, nur Verständnisrückfragen. Primäres Ziel des Treffens ist es, Informationen zu verteilen. Ergibt sich daraus Diskussions- oder Gesprächsbedarf, wird dafür ein Termin außerhalb des Standup vereinbart.

Die Idee eines Standup ist, dass sich jeder bei dem, was er von den anderen hört, überlegt, ob er dazu etwas beitragen kann.

> **Beispiel 1**
>
> »Ich habe heute Vormittag am Modul X gearbeitet und dort die Erweiterung ABC eingebaut«, dann könnte man **anschließend** an das Standup zu der Person gehen und sagen: »Da war ich neulich auch dran. Hast Du bedacht, dass Y auftreten kann?«
>
> **Beispiel 2**
>
> »Ich werde bis morgen das Refactoring am Modul Z abgeschlossen haben«, auch hier kann man dann wieder einhaken und ergänzen oder nachfragen, für welche Lösung man sich entschieden hat, wenn es einen interessiert (auch wieder **anschließend** an das Standup).
>
> **Beispiel 3**
>
> »Mich behindert, dass der Integrationstest so lange läuft.« In diesem Fall könnte man dann ggf. mit Hilfe einsteigen (auch wieder **anschließend**).

Generell sollte also die Kommunikation einfach, standardisiert und ritualisiert im Team ablaufen; danach soll aber persönliche Kommunikation möglich sein. Damit soll verhindert werden, dass lange diskutiert wird über Dinge, die nicht jeden interessieren oder nicht so wichtig sind. Es ist Konsens, dass Informationsaustausch in einer Besprechung wichtig ist, es ist aber auch bekannt, dass Besprechungen unbeliebt sind, wenn sie regelmäßig stattfinden und zu lange dauern. Das beschriebene Vorgehen stellt dafür eine pragmatische und praktikable Lösung dar.

Standardisierte Kommunikation

Aus einem Standup entstehen vielfach Designdiskussionen, die mit den Einschränkungen nicht unterdrückt werden sollen. Sie gehören aber nicht in das Standup, sondern dort wird ein extra Termin dafür vereinbart. Damit haben alle Personen, die sich nicht für den Inhalt interessieren (müssen), die Gelegenheit, mit ihrer geplanten Arbeit fortzufahren. Für Designdiskussionen wird in diesem Buch eine geeignete Form unter dem Namen »Quick Design Session« in Kapitel 14 *Team: Wo, wann und wie diskutieren wir Design und Architektur?* vorgestellt.

Visualisierung der Aufgaben auf einem Taskboard

Fast alle agilen Teams arbeiten mit einem Taskboard, auf dem die Aufgaben der aktuellen Iteration mit ihrem jeweiligen Zustand abgebildet sind. Im einfachsten Fall sind dies die folgenden Informationen:

eingeplant	in Arbeit	erledigt

Zu Beginn der Iteration befinden sich alle Aufgabenkarten (Tasks) in der Spalte *eingeplant*. Sobald ein Entwickler (oder ein Entwicklerpaar) mit einer Aufgabe beginnt, hängt er die Karte in die Spalte *in Arbeit*. In manchen Teams wird dabei die Karte mit dem Namenskürzel des Entwicklers versehen, damit alle wissen, wer mit welcher Aufgabe beschäftigt ist. Erst wenn die Aufgabe erledigt ist, wird sie in die Spalte *erledigt* umgehängt. Fotos von Taskboards finden sich in Kapitel 10 *Team: Wie transportieren wir Wissen zwischen allen Teammitgliedern?*.

Meist kann man schon am Taskboard erkennen, wie gut das Team mit seinen Aufgaben in der aktuellen Iteration vorankommt. Ebenso lassen sich Blockaden oft früh erkennen, weil dann mehr Aufgaben in der Spalte *in Arbeit* hängen, als das Team Entwickler (oder Paare) hat. Wenn Aufgaben noch weitere Zustände durchlaufen, dann hat das Taskboard entsprechend weitere Spalten. Dies kann z.B. für das Testen oder das Oberflächendesign der Fall sein.

13.3 Bezüge zu anderen agilen Praktiken

Wesentlich für die Teampraktik des Standup-Meetings bzw. des Daily Scrum ist, dass die Teammitglieder sich gegenseitig achten und zu Wort kommen lassen. Lesen Sie in Kapitel 11 *Team: Wie und wo setzt sich ein Team zusammen?* über die Teambildung. Fragen, die nicht im Standup geklärt werden sollten, wie z.B. Designfragen, können unter Umständen in der Quick Design Session angegangen werden. Erfahren Sie mehr darüber in Kapitel 14 *Team: Wo, wann und wie diskutieren wir Design und Architektur?*.

Um Informationen im Team weiterzugeben, nutzen wir einen informativen Arbeitsplatz (Informative Workspace). Dazu findet sich mehr in Kapitel 10 *Team: Wie transportieren wir Wissen zwischen allen Teammitgliedern?*.

13.4 Übungsaufgaben

Nehmen Sie ein aktuelles Softwareentwicklungsprojekt mit mehr als vier Personen (für diese Aufgaben sollten mehr als zwei Paare existieren) und setzen Sie folgende Aufgaben um:

1. Etablieren Sie Standup-Meetings im Entwicklungsteam. Vereinbaren Sie dazu einen regelmäßigen täglichen Termin, an dem Sie nach oben beschriebener Art vorgehen. Sorgen Sie dafür, dass mindestens fünf solcher Termine stattfinden. (Zeitbedarf ca. 15 Minuten zzgl. Standup-Meeting-Zeit)
2. Werten Sie Ihre Erfahrungen mit Standup-Meetings aus. Schreiben Sie dazu kurz nach jedem Termin auf, wann dieser stattgefunden hat und wie lange er dauert. Notieren Sie, welche Informationen angesprochen wurden, wie relevant diese für Sie waren und ob aus dem Standup weitere Gespräche erfolgt sind. (Zeitbedarf ca. 30 Minuten)

14 Team:
Wo, wann und wie diskutieren wir Design und Architektur?

Design und Architektur sind wichtige Themen in einem Softwareentwicklungsprojekt. Eine grobe Design- und Architekturvorstellung wird im gesamten Team gebraucht, um nicht bei parallel arbeitenden Teilgruppen auseinanderzulaufen. Außerdem müssen ständig Design- und Architekturentscheidungen bei der Entwicklung getroffen werden. Das agile Vorgehen im Team muss dies berücksichtigen.

14.1 Agile Sichtweise

Design und Architektur sind wesentliche Aspekte der Softwareentwicklung, die bei agilem Vorgehen zu unterschiedlichen Zeitpunkten thematisiert werden. Eine Differenzierung dieser beiden Begriffe im Kontext von Softwareentwicklung findet sich im nachfolgenden Kasten.

> Zwischen Architektur und Design soll in diesem Buch wie folgt unterschieden werden:
>
> **Design**
>
> Design ist ein allgemeiner Begriff. Mit Design kann im Kontext von Software auf eine Reihe von Ebenen Bezug genommen werden. Mit Design können die Gestaltung einer Benutzungsschnittstelle und die damit verbundenen Regeln gemeint sein. Es kann aber ebenso auf der Ebene einer Klassenschnittstelle angewendet werden und letztlich die Signatur von Operationen betreffen. Im Kontext von Datenbanken kann Design das Zusammenspiel von Tabellen und den darin abgelegten Daten meinen u.v.m.
>
> Wird in diesem Text von Design gesprochen, dann ist damit die Gestaltung von Software auf der Ebene von Modulen (Packages), Klassen, der Schnittstelle oder einem Algorithmus gemeint. →

> **Architektur**
>
> Unter einer Architektur (Softwarearchitektur) werden die Anordnung und die Beziehungen zwischen Elementen des Softwaresystems verstanden. Die Elemente sind beispielsweise Klassen, Module oder Packages. Als Beziehungen treten in modernen objektorientierten Systemen vorwiegend Benutzung, Vererbung und Enthaltensein auf. Die Architektur ist dann die Gesamtheit aus den Elementen und den erlaubten und verbotenen Beziehungen.

Informierte Teammitglieder

Grundsätzlich ist wichtig, dass alle Teammitglieder gut über den aktuellen Stand der Diskussion von Architektur und Design informiert sind. Nur unter dieser Voraussetzung können sie ihre aktuelle Entwicklungstätigkeit mit bester Qualität durchführen. Denn bei fast jeder Implementierung werden neue Teile des Systems geschaffen oder bestehende verändert. Dies soll immer in Einklang mit der gewünschten Architektur geschehen und sich an dem etablierten Design orientieren.

Entscheidungen kommunizieren

In einem agilen Entwicklungsprozess ist es besonders wichtig, dass Teammitglieder alle Entscheidungen kommunizieren, die, während das Projekt fortschreitet, getroffen werden. Wenn sie die Architektur im Projektverlauf kontinuierlich den Anforderungen anpassen, dann müssen sie allerdings diese Anpassungen auch gegenüber allen Teammitgliedern kontinuierlich kommunizieren. Besser noch: Relevante Teammitglieder sollten in den Entscheidungsprozess einbezogen werden.

Relevante Personen an Entscheidungen beteiligen

Architekturentscheidungen sind wesentliche Entscheidungen bei der Softwareentwicklung und beeinflussen das gesamte Projekt. Es ist deshalb wichtig, dass diese Entscheidungen vom gesamten Team getragen werden. Aus diesem Grund sollten relevante Personen bei Architekturdiskussionen beteiligt werden. Dadurch wird erreicht, dass unterschiedliche Perspektiven berücksichtigt werden. Infolge dessen tragen automatisch mehr Teammitglieder die Entscheidung mit und setzen sie direkt um. Faktisch bedeutet das für viele Teams, dass alle Teammitglieder die Entscheidungen gemeinsam treffen.

Keine Technologie auf Vorrat

Wesentlich für die Architektur und das Design des Systems ist, dass sie immer die aktuellen Anforderungen widerspiegeln. Das Team baut keine Architektur auf Vorrat, d. h. eine Architektur, die Probleme löst, die noch nicht relevant sind. Das Team richtet seine Architekturentscheidungen an den aktuellen Anforderungen aus und strebt für die Architektur und das Design Einfachheit an (im Sinne von Abschnitt 2.2 *Werte hinter agiler Softwareentwicklung*).

Dies ist in der Softwareentwicklung keinesfalls selbstverständlich, und viele Entwickler schaffen zu früh Abstraktionen und Funktionalitäten, die noch gar nicht gefordert wurden. Sie hoffen, dadurch später Aufwände zu sparen. Stattdessen werden aber mehr Elemente und damit mehr Quelltext zu pflegen sein, bis es tatsächlich zur Nutzung kommt. Das heißt, es werden unnötige Klassen gebaut und in die Architektur integriert oder es werden Schnittstellen aufwendiger gestaltet als notwendig. In vielen Fällen kommt es aber nicht zu dieser gedachten Nutzung. Dann war der Ursprungsaufwand für mehr Design und Quelltext völlig unnötig. Entwickeln Sie also lieber immer genau das, was aktuell benötigt wird, in einer Form, die später änderbar und anpassbar bleibt – insbesondere bzgl. Design und Architektur.

14.2 Agile Lösung

Grundsätzlich versuchen wir das Design nach den Designprinzipien »Don't repeat yourself«, »Speaking Code Principle«, »Separation of Concerns« und »Tell, don't ask« zu gestalten (siehe dazu den Kasten auf S. 97).

Designprinzipien

Wie bereits in anderen Bereichen ist die generelle Idee hinter der agilen Lösung, Entscheidungen so spät wie möglich zu treffen. Dafür sprechen Kosten und die Erfahrung, dass sich Anforderungen über den Projektverlauf ändern. Das heißt, es werden während des Projektes neue Anforderungen aufkommen, die ggf. zurückliegenden Anforderungen widersprechen, weil sich unter Umständen Rahmenbedingungen geändert haben. Die Architektur soll also nur alle bis dato notwendigen Entscheidungen reflektieren.

Entscheidungen spät treffen

Immer dann, wenn Teammitglieder eine Anforderung umsetzen, die sich mit der aktuellen Architektur nicht optimal implementieren lässt, müssen sie die Architektur anpassen. Ein anderer Grund für eine Architekturanpassung ist, dass etwas Neues gebaut werden muss, was sich nicht mit den bisher etablierten Mustern realisieren lässt.

Es gibt dabei (zumindest) die folgenden drei agilen Praktiken, um Architektur- und Designentscheidungen zu treffen, die auch kombiniert werden können:

1. Quick Design Sessions
2. Testgetriebener Entwurf
3. Feature Driven Development

Diese sollen in den folgenden Abschnitten genauer betrachtet werden.

> **Keine Technologie auf Vorrat**
>
> »You aren't gonna need it« nennt sich auf Englisch dieses Prinzip, abgekürzt YAGNI. Es geht darum, dass viele Entwickler dazu neigen, mehr zu machen, als in Anforderungen steht. So werden z.B. von manchen überall, wo man etwas hinzufügen kann, auch schon Methoden vorgesehen, mit denen es wieder entfernt werden kann. Ein anderes häufig anzutreffendes Vorgehen sind zu viele Abstraktionen: Nicht an allen Stellen im Code, an denen man sich auch eine andere Strategie der Lösung vorstellen kann, ist es sinnvoll, ein Strategiemuster anzuwenden. Denn wenn bisher nach den Anforderungen nur eine Strategie gefordert wurde, dann lässt es sich leicht implementieren und führt zu einer einfacheren und verständlicheren Lösung, wenn auch nur genau dies implementiert wird.
>
> Agile Softwareentwickler vermeiden die Entwicklung von Code und Technologie auf Vorrat, denn sie haben verstanden, dass sie die Anforderungen von morgen nicht ausreichend kennen, um abschätzen zu können, ob dieser Code oder diese Abstraktionen benötigt werden. Außerdem wissen sie, dass sie mit den Mitteln des Refactorings die Umbauten auch später noch vornehmen können.
>
> Es ist unwirtschaftlich, im Voraus Code zu produzieren, der mitgepflegt, gewartet und an neue Randbedingungen angepasst werden muss und der dabei letztlich nicht produktiv zum Einsatz kommt. Solcher Code kostet Geld in der Erstellung, macht sich aber nur spät oder meist gar nicht bezahlt.

14.2.1 Quick Design Sessions

Bedarf für Designentscheidung vortragen

Wann immer im Team jemand ein Entwurfsproblem oder eine mögliche Entwurfsentscheidung diskutieren möchte, trägt er dies vor, und das ganze Team vereinbart, wie damit umgegangen wird. Das tägliche Standup oder Daily Scrum ist ein guter Ort, um auf den Bedarf nach Designklärung hinzuweisen. Ein separat vereinbartes Treffen außerhalb des Standup und außerhalb der täglichen Implementierungsarbeit im Paar eignet sich gut, um Design- oder Architekturentscheidungen zu diskutieren.

Quick Design Session

Ein solches Treffen wird nach XP als Quick Design Session bezeichnet. (Bitte beachten Sie, dass das englische »Design« hier allgemein im Sinne von »gestalten« zu verstehen ist. Es geht also darum, in diesem Treffen einen Aspekt des Systems zu gestalten.) Wesentlich ist, dass ein solches Treffen bei Bedarf kurzfristig einberufen wird. Es soll keine Verzögerung für das Projekt auftreten. Beteiligt sind all die Personen, die aus Sicht des Projektteams sinnvoll zu den Entscheidungen beitragen können und möchten. Das Treffen selbst läuft wenig formal ab, und das Ergebnis ist beispielsweise ein Flipchart mit der Architekturskizze, die das Team gemeinsam erarbeitet und auf die es sich geeinigt hat.

Designprinzipien: DRY, SCP, SoC, TDA

Neben den in diesem Kapitel beschriebenen Vorgehensweisen gibt es eine Reihe von hilfreichen Designprinzipien, die sich (nicht nur agile) Entwickler aneignen sollten. Wir beschreiben hier nur ganz knapp und kurz einige dieser Prinzipien und empfehlen unseren Lesern eine Literaturrecherche für Details und weitere Prinzipien.

DRY – Don't repeat yourself

Ursprünglich hieß dieses Prinzip auch »Once and only once«, da es aber sein eigenes Postulat bereits im Namen verletzte, wird es heute meist als DRY bezeichnet. Es geht darum, dass eine Entwurfsentscheidung sich an genau einer Stelle im Code wiederfinden soll, nicht an mehreren. Denn nur so ist gewährleistet, dass bei Änderungen an diesem Konzept nur genau eine Stelle angepasst werden muss.

SCP – Speaking Code Principle

Der Code soll seinen Zweck kommunizieren und verständlich sein, auch ohne Dokumentation und Kommentare. Dies wurde bei eXtreme Programming zum Teil so weit getrieben, dass es hieß, es wäre besser, den Code umzuschreiben, damit er seinen Zweck kommuniziert, als Dokumentation zu schreiben. Ob dies immer sinnvoll gelingt, ist fraglich, weswegen wir mit agilem Pragmatismus sagen würden: Lieber mit Kommentar verständlich als ohne unverständlich.

SoC – Separation of Concerns

»Jeder soll sich um seinen Kram kümmern.« Jede Klasse soll für ihre Aufgabe zuständig sein, aber eben für ihre **eine** Aufgabe. Dieses Prinzip fordert, dass wir die Aufgaben und Zuständigkeiten im Code so organisieren, dass jedes technische Konstrukt (wie eben eine Klasse) nicht für unterschiedliche Zwecke verantwortlich ist, sondern jedem benötigten Zweck genau ein Konstrukt zugeordnet werden kann.

TDA – Tell, don't ask

In vielen Programmen finden sich Stellen im Code, an denen eine Vielzahl von Abfragen auf abhängigen Klassen vorgenommen wird. Auf Grundlage dieser Ergebnisse erfolgt eine logische Bearbeitung und schließlich wieder Aufrufe an abhängige Klassen. Statt dieser Vorgehensweise fordert TDA auf, dass man abhängigen Klassen sagt, was man von ihnen will, statt sie nur nach irgendwelchen Werten zu fragen. Man fragt also z.B. nicht nach dem Mehrwertsteuersatz, sondern fordert zur Berechnung der Mehrwertsteuer auf.

TDA steht in einem gewissen Spannungsfeld zu SoC: Wenn man nämlich einem Objekt sagt, was es für einen tun soll, statt es nur nach »seinem Kram« zu befragen, so gewinnt zwar die aufrufende Klasse an Klarheit, aber die Verantwortlichkeiten in der aufgerufenen Klasse können sich dadurch mit der aufrufenden vermischen. Es ist also zwischen diesen Prinzipien ein möglichst guter Mittelweg einzuschlagen.

Ergebnisse bekannt machen

Das Ergebnis der Quick Design Session wird dem Team bekannt gemacht. Eine einfache Lösung ist z. B. die Schnittstellenbeschreibung einer Klasse oder die Architekturskizze auf einem Flipchart-Bogen. Das Dokument wird im Sinne eines informativen Arbeitsplatzes (siehe Kap. 10 *Team: Wie transportieren wir Wissen zwischen allen Teammitgliedern?*) am Arbeitsplatz aufgehängt und kurz allen im Team erklärt. Natürlich sind aufwendigere Arten der Dokumentation denkbar.

Sollte es dauerhaft zu Konflikten bei den Quick Design Sessions kommen und das Team sich nicht oder nur schwer und aufwendig einigen, so ist dies ein Thema für die nächste Retrospektive (siehe Kap. 3 *Management, Team, Entwicklung: Wie lernen wir kontinuierlich?*).

Grenzen

Die Quick Design Session ist nur dann effektiv, wenn alle Beteiligten einen guten Überblick über die relevante Architektur haben und konstruktiv zur Problemlösung beitragen können. Es ist außerdem wichtig, dass die diskutierenden Teammitglieder ihre Grenzen kennen. Sie sollten rechtzeitig die Diskussion beenden, wenn das Design größere Auswirkungen hat, und dann mit anderen aus dem Projekt in Kontakt treten.

14.2.2 Testgetriebener Entwurf

Testgetriebener Entwurf ist die Übersetzung von »test-driven design« (TDD). Das Akronym TDD wird zuweilen mit test-driven development, also testgetriebener Entwicklung, übersetzt. Diese TDD-Interpretation ist in diesem Zusammenhang aber zu schwach, weil gerade der Entwurfsaspekt des testgetriebenen Vorgehens wesentlich ist.

Tests gestalten Schnittstelle

TDD nutzt die Tatsache aus, dass die Schnittstellen von Programmartefakten durch das zeitlich vorangestellte Schreiben von Tests in eine bestimmte Richtung entwickelt werden. Das Design ergibt sich dabei aus den vorher erstellten Tests nahezu automatisch. Dem liegt die Vorstellung zugrunde, dass etwas, was sich für einen Test öffnet, d. h. leicht zu testen ist, grundsätzlich eine bessere Gestalt für die weitere Verwendung im System hat. Zumindest lässt sich aber so gewährleisten, dass sich alle Systemteile testen lassen.

Testgetriebener Entwicklungsrhythmus

Bei testgetriebenem Entwurf geht man dabei nach dem sogenannten *testgetriebenen Entwicklungsrhythmus* vor:

1. Es wird eine Liste von Tests für die zu entwickelnde Einheit zusammengestellt.
2. Ein Test aus der Liste wird für die Implementierung ausgewählt.
3. Der Test wird geschrieben.
4. Der Quelltext wird wahrscheinlich nicht kompiliert werden können, weil er Operationen referenziert, die an der zu testenden Einheit noch nicht geschrieben sind. Jetzt wird mit so wenig Aufwand wie möglich der Quelltext ergänzt, sodass er kompiliert werden kann.
5. Der Test kann nun ausgeführt werden. Er wird allerdings fehlschlagen (roter Balken[1]).
6. Nun wird so viel an produktivem Quelltext geschrieben, dass der Test erfolgreich durchläuft (grüner Balken).
7. Der Quelltext wird jetzt so restrukturiert, dass er kompakt und einfach formuliert ist.
8. Die Tests werden erneut ausgeführt, um sicherzugehen, dass die Restrukturierung nichts kaputt gemacht hat.

Danach beginnt man wieder bei Schritt 2 und fährt in einer Schleife so lange fort, bis alle Anforderungen implementiert sind.

Die Kurzvariante dieser Vorgehensweise wird bei TDD »Test-Code-Refactor« genannt und läuft folgendermaßen ab: Zuerst den Test schreiben (der zunächst fehlschlägt), dann den eigentlichen Quelltext schreiben (bis der Test nicht mehr fehlschlägt), dann alles vereinfachen und insbesondere Redundanzen entfernen (wobei immer noch alle Tests erfolgreich durchlaufen müssen). Abbildung 14–1 gibt einen Überblick über diese Kurzvariante.

Test-Code-Refactor

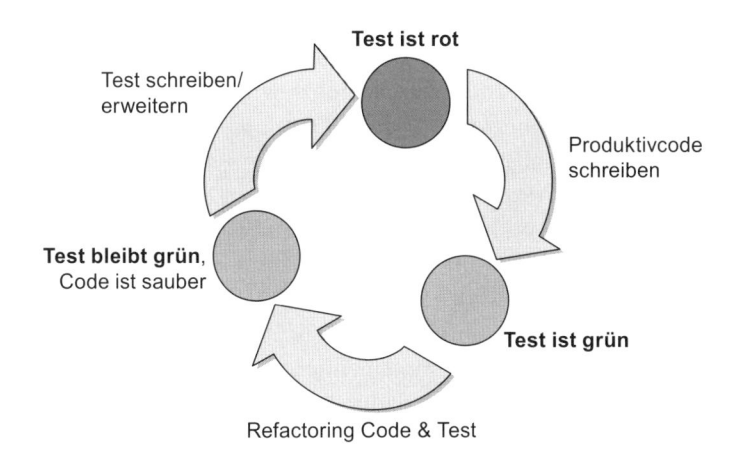

Abb. 14–1
Test-Code-Refactor im Überblick

---

1. Bei JUnit läuft ein grüner Balken im Sinne einer Prozentanzeige beim Ablaufen aller Komponententests durch, um zu signalisieren, dass die Tests erfolgreich sind. Er färbt sich rot, sobald ein Test fehlschlägt.

Charakter der Schnittstelle

Wesentlich für diese Vorgehensweise ist, dass die Schnittstelle der Programmartefakte dadurch einen bestimmten Charakter bekommt (s.o.). Um die Tests umfassend bauen zu können, müssen die Programmartefakte beispielsweise mit einer Reihe sondierender Operationen ausgestattet werden. Um die Tests leichter realisieren zu können, werden die zustandsverändernden Operationen kleiner geschnitten. Insgesamt führt TDD zu einem leichter testbaren und damit leichter verständlichen Design von Programmartefakten.

Einordnung und Grenzen

Dieser Ansatz lässt sich gut in Kombination mit anderen Praktiken einsetzen. TDD hilft beim Programmieren im Kleinen (Algorithmen etc.), während beispielsweise Quick Design Sessions bei Entscheidungen im Großen (Architektur etc.) unterstützen. TDD lässt allerdings die Schnittstelle eines Programmartefakts emergieren, d.h., es gibt überhaupt keine Regeln für den Aufbau der Schnittstelle und den Schnitt von Operationen vor. Hier ist das Team gefordert, Regeln aufzustellen. Es reicht nicht aus, sich auf den Prozess von TDD zu verlassen, um gute Softwarequalität zu erhalten (beispielsweise im Sinne eines konsistenten Designs).

14.2.3 Design und Architektur bei Feature Driven Development

Stärker strukturierter Entwicklungsprozess

Feature Driven Development strukturiert den Entwicklungsprozess stärker, als es die anderen agilen Vorgehensweisen machen. Der Chefarchitekt ordnet die einzelnen Verantwortlichkeiten bestimmten Personen zu. Entwickler besitzen bestimmte Klassen (engl. »Class owner«) in dem Sinne, dass sie für das Design und die kontinuierliche Entwicklung verantwortlich sind.

Entwurf je Feature

Eine Möglichkeit ist, dass der Entwurf im Verlauf des Entwicklungsprozesses pro Feature durchgeführt wird (Entwurf je Feature, siehe Abschnitt 23.3 *Feature Driven Development*). Damit ist nicht der Chefarchitekt hauptverantwortlich, sondern die Personen, die alle relevanten Klassen für dieses Feature betreuen. Diese Personen setzen sich zusammen und bilden das Feature-Team. Dieses hat ggf. für jedes zu implementierende Feature eine andere Zusammensetzung. Der Entwurf erfolgt in einer initialen Diskussion unter den Teammitgliedern. In der Diskussion werden die Zuständigkeiten unter den Klassenverantwortlichen verteilt. Diese implementieren dann unabhängig voneinander. Agil wird dieser Prozess dadurch, dass sich die Beteiligten nach kurzer Zeit (beispielsweise 2 bis 3 Tagen) wieder treffen und ihren Entwurf gegenseitig rückkoppeln (in einem Designreview). Dann werden Entscheidungen ggf. revidiert.

Wesentliches Element dieses Vorgehens ist der gemeinsame Entwurf eines Features durch die Klassenverantwortlichen. Streng genommen handelt es sich dabei zwar um Upfront-Design, dieses erfolgt aber nur im Kleinen und ist durch die kurz darauf stattfindende Rückkopplung kein Problem. Das Designreview ist nötig, weil bei FDD eben nicht in Paaren programmiert wird und somit dieser Schritt der Qualitätssicherung fehlt.

Gemeinsamer Entwurf

Voraussetzung für die feste Zuordnung von Entwicklern zu Klassen und damit die Bildung von Feature-Teams für das Design im Kleinen ist ein Gesamtmodell, wie es bei Feature Driven Development zu Beginn des Projektes erstellt wird. Diese Aktivität hat neben der Erstellung eines fachlichen Gesamtmodells (keine technischen Betrachtungen!) vor allem den Zweck, dass die Fachlichkeit von Chefarchitekten gemeinsam mit Fachanwendern erarbeitet und verstanden wird. Dabei wird für ca. ein halbes Jahr Entwicklungsarbeit eines Teams maximal zwei Wochen lang an diesem Gesamtmodell gearbeitet. Ein ganz kleines Beispiel für einen Ausschnitt aus einer solchen Modellierung gibt Abbildung 14–2 wieder.

Erstelle Gesamtmodell

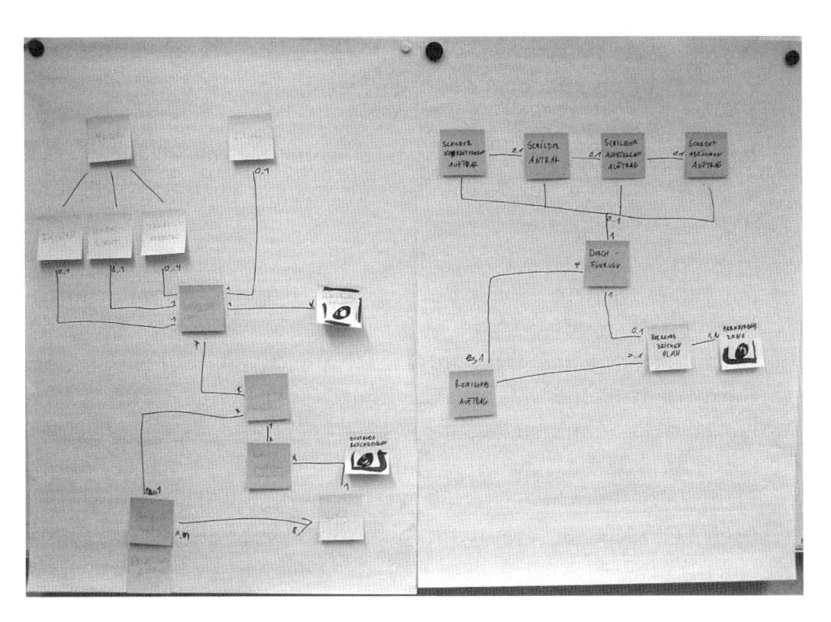

Abb. 14–2
Beispielhafte Modellierung mit Farben (Modeling in Color) – hier leider nur in Schwarz-Weiß zu sehen

Das Gesamtmodell enthält alle fachlichen Konzepte in Form von Klassen und ihre Zusammenhänge. Es werden ggf. schon Verantwortlichkeiten der Klassen im Sinne wesentlicher Methoden notiert. Das Gesamtmodell dient im folgenden Entwicklungsprozess bei FDD der Orientierung für alle Entwickler. Wie bereits sonst für das agile Vorgehen beschrieben, können spätere Erkenntnisse zu Änderungen am

Gesamtmodell führen. Durch das vorher erstellte Modell ist aber klar, worauf sich die Änderungen auswirken.

14.3 Bezüge zu anderen agilen Praktiken

Um Informationen im Team weiterzugeben, nutzen wir einen informativen Arbeitsplatz (siehe Kap. 10 *Team: Wie transportieren wir Wissen zwischen allen Teammitgliedern?*). Über die Einordnung von Tests in den Entwicklungsprozess erfahren Sie mehr in Kapitel 20 *Entwicklung: Wie halten wir die Qualität im Sinne von Wartbarkeit hoch?*.

14.4 Übungsaufgaben

Lösen Sie folgende Aufgaben im Team:

1. Versuchen Sie die nächsten drei Probleme in jeweils einer Quick Design Session zu lösen. Halten Sie sich dabei möglichst an das oben skizzierte Vorgehen (Einberufen, Ergebnisfinden, Kommunizieren). Schreiben Sie am Schluss kurz Ihre Erfahrungen auf und bewerten Sie danach gemeinsam, wie Sie das Vorgehen in Ihrem Projekt nutzen können. (Zeitbedarf jeweils ca. 30–45 Minuten)
2. Nachdem Sie an mehreren Quick Design Sessions teilgenommen haben, versuchen Sie eine Bewertung, für welche Probleme sich diese Art gut und für welche sie sich weniger gut eignet. (Zeitbedarf ca. 40–60 Minuten)
3. Wählen Sie sich zwei Programmieraufträge aus und führen Sie sie nach dem testgetriebenen Entwicklungsrhythmus im Paar durch. (Zeitbedarf ca. 40–60 Minuten)
4. Bewerten Sie gemeinsam Ihre Erfahrungen mit testgetriebenem Entwurf. Benennen Sie die Vor- und Nachteile. Charakterisieren Sie dazu die Schnittstelle des geschriebenen produktiven Quelltextes. (Zeitbedarf ca. 20–30 Minuten)
5. Haben Sie ein Schema fachlicher Klassen modelliert, können Sie nach FDD Klassenverantwortliche benennen und diese je Feature einen Entwurf machen lassen. Wählen Sie ein möglichst kleines Feature und binden Sie mindestens einen Rückkopplungszyklus mit Implementierung ein. (Zeitbedarf ca. 3–6 Tage)
6. Reflektieren Sie das Vorgehen mittels Entwurf je Feature, indem Sie zumindest die Aspekte Verantwortlichkeit, Kommunikation, Schnittstelle und Interaktion der Klassen untersuchen. (Zeitbedarf ca. 30–60 Minuten)

15 Entwicklung: Wie können technische Details geklärt werden?

Software zu bauen bedarf in letzter Konsequenz technischer Tätigkeiten. Softwareentwickler müssen mit existierender Technik in Form von Hard- und Software umgehen und dafür diese Technik beherrschen. Insbesondere im Bereich der Softwareentwicklung sollen aber nicht nur bereits bekannte Dinge umgesetzt, sondern auch neue bisher noch nicht erreichte Lösungen und Integrationen bereitgestellt werden.

Das stellt ein Entwicklungsteam immer wieder vor technische Herausforderungen: Fremde Bibliotheken müssen verwendet, neue technische Geräte müssen angeschlossen werden, und nicht alle externen Komponenten funktionieren auf Anhieb oder lassen das erwartete Verhalten erkennen.

In einem Softwareentwicklungsprojekt ist das Team deshalb immer wieder mit der Situation konfrontiert, dass es technische Details klären muss. Sei es, dass ein unerwartetes Problem aufgetreten ist und die Ursache dafür ermittelt werden muss oder dass eine neue Technologie in das Projekt eingeführt werden soll und deren Eigenschaften vorab geklärt werden müssen.

15.1 Agile Sichtweise

Bestimmend für agiles Vorgehen ist, dass das Team sein Risiko minimieren will. Dazu gehört beispielsweise, dass es

Risiko minimieren

- die Anzahl der Technologien so gering wie möglich hält,
- keine Dinge selbst implementiert, wenn sie gleichwertig von Drittherstellern geliefert werden können,
- schwierige technische Probleme erst dann angeht, wenn sie direkt gebraucht werden,
- Technologien erst dann einführt, wenn es sie wirklich braucht.

Risiko abwägen

Die hier formulierte Haltung lässt das Team so spät wie möglich die Investition in eine Technologie machen. Damit investiert es erst dann die Arbeitszeit, wenn es nötig ist. Mit diesem Vorgehen investieren die Entwickler zwar so spät wie möglich, es erwächst aber das neue Risiko, dass sie Hindernisse durch Technologien erst spät kennenlernen. In diesem Spannungsfeld müssen sie also Projektentscheidungen treffen.

Technologiestudien

Deshalb werden in agilen Projekten zu Projektbeginn ggf. Technologiestudien durchgeführt. Diese sind notwendig, damit die Teammitglieder wissen, ob bestimmte Fragestellungen überhaupt mit angemessenem Aufwand bearbeitet werden können. Das Team muss seinem Kunden eine fundierte Entscheidung zu Projektbeginn liefern können, ob das Beauftragte in der erwarteten Form technisch umgesetzt werden kann. Im Zweifelsfall werden die Technologiestudien in dem Projekt explizit gemacht und in eine oder mehrere Iterationen des Projektes eingebaut.

Isolierte Betrachtungen

Um technische Probleme bewerten zu können, werden die Probleme so isoliert wie möglich betrachtet. Vergleichbar mit Teststrategien ist hier ebenfalls die Haltung vorherrschend, durch Reduzieren auf kleine Einheiten das technische Problem einzugrenzen.

15.2 Agile Lösung

Technische Prototypen

Die agile Lösung für das Klären von technischen Details beruht auf dem Anfertigen von isolierten Prototypen, sogenannten Experimentalprototypen (Spike Solutions). Mithilfe dieses Vorgehens stellen wir sicher, dass wir eine technische Frage adressieren können, ohne den produktiven Quelltext zu beeinflussen. Gleichzeitig erleichtern wir uns die Arbeit, indem wir noch nicht alle Zusammenhänge in unserer Implementierung berücksichtigen müssen.

Prototyping

Bei der Softwareentwicklung können verschiedene Arten des Prototypings unterschieden werden. Nützlich für die Beschreibung des Prozesses ist die Einteilung in experimentelles, evolutionäres und exploratives Prototyping [Floyd 1984]. Für die Gestalt des Prototyps hat sich eine Unterscheidung in vertikel und horizontal etabliert.

Exploratives Prototyping hilft beim Erkunden eines (technisch) unsicheren Gebiets. Der Prototyp und seine Erstellung sollen ein unbekanntes Gebiet einschätzen helfen. Experimentelles Prototyping fokussiert auf einer gewählten Technologie und deren Einsatz im Projektkontext. Evolutionäres Prototyping wird häufig im Bereich von Pilotsystemen eingesetzt, bei denen schrittweise der Prototyp in eine Richtung weiterentwickelt wird.

Vertikaler Prototyp | **Horizontaler Prototyp**

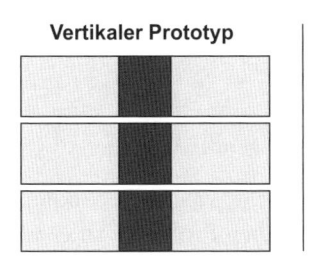

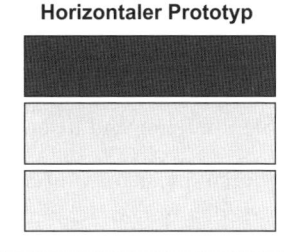

Abb. 15-1
Unterscheidung zwischen vertikalem und horizontalem Prototyp

Unter einem vertikalen Prototyp wird ein System verstanden, bei dem nur eine Funktionalität – diese aber über mehrere Ebenen – implementiert ist. Unter einem horizontalen Prototyp verstehen wir ein Stück Software, das lediglich auf einer Ebene (bspw. Benutzungsoberfläche) implementiert ist, um deren Realisierung vorzustellen.

Ein Experimentalprototyp ist ein mit Absicht besonders einfach gehaltenes Programm, mit dem eine mögliche Lösung untersucht wird. Das Team baut damit ein kleines System, das nur das zu betrachtende Problem bearbeitet. Dabei werden explizit alle anderen Querbezüge ignoriert. Aus diesem Grund ist das Ergebnis eines Experimentalprototyps vielfach nicht gut genug, um es in den produktiven Quelltext zu übernehmen. Es dient lediglich als Studie. Die Ziele, die damit verfolgt werden, sind:

Experimentalprototypen (Spike Solutions)

1. Das technische Gebiet näher zu erkunden und das damit verbundene Risiko zu reduzieren.
2. Die Zuverlässigkeit der Schätzungen von Storys zu verbessern.

Das Vorgehen mit Prototypen und speziell Experimentalprototypen eignet sich besonders gut, wenn ein unerwartet auftretendes Problem den Fortschritt des Projektes gefährdet. Es lohnt sich dann, ein Paar oder ein kleines Team von Entwicklern mit einem Experimentalprototyp an die Erforschung des Problems zu setzen.

15.3 Bezüge zu anderen agilen Praktiken

Experimentalprototypen sind ein guter Ausweg, wenn eine Designentscheidung nicht im Rahmen einer Quick Design Session getroffen werden konnte. Lesen Sie in Kapitel 14 *Team: Wo, wann und wie diskutieren wir Design und Architektur?* mehr über Quick Design Sessions.

15.4 Übungsaufgaben

Arbeiten Sie im Team und lösen Sie folgende Aufgaben:

1. Orientieren Sie sich in Ihrem Projekt, welche Technologien eingeführt werden und welche technischen Probleme zu erwarten sind. Konzipieren Sie klare Aufgaben für Technologiestudien. (Zeitbedarf ca. 20–30 Minuten)
2. Arbeiten Sie im Paar und wählen Sie sich eine Technologiestudie aus, die sie bearbeiten. Setzen Sie sich ein klares Ziel und grenzen Sie die Studie scharf ab. (Zeitbedarf ca. 1 Tag)
3. Reflektieren Sie über die Technologiestudie, indem Sie explizit Dinge benennen, die Sie ausgeklammert haben. Bewerten Sie die Aussagekraft der Studie. (Zeitbedarf ca. 30–60 Minuten)

16 Management: Wie wird Projektfortschritt ehrlich messbar?

Für das Management ist die Frage erheblich, wo ein Projekt aktuell wirklich steht. Da nützt es meist nichts, bei einem 40-Wochen-Projekt nach 20 Wochen zu behaupten, man wäre bei der Hälfte angelangt, denn das gilt vermutlich nur für die verbrauchte Zeit auf dem Kalender (und selbst das könnte bei ungünstiger Verteilung der Urlaubszeiten der Teammitglieder nicht stimmen).

Genauso möchten die Mitglieder des Entwicklungsteams wissen, wo sie im Projekt stehen. Ob sie das Notwendige erreicht haben, ob sie gleichmäßig schnell vorwärtskommen, wie weit sie zurückliegen und ob der Zeitplan noch einzuhalten ist oder wie weit man vorgearbeitet und sich damit im Zeitplan eine Lücke verschafft hat.

Neben den absoluten Zahlen (»Wo stehen wir?«) kann das Projektmanagement außerdem Informationen aus den Geschwindigkeiten ablesen (wie viel wurde innerhalb verschiedener gleich langer Zeitabschnitte erreicht). Geschwindigkeitsabweichungen können Hinweise auf Probleme oder für das Gelingen einer geänderten Vorgehensweise sein. Sie helfen also, Veränderungen des Vorgehens oder von Projektbedingungen zu bewerten.

Für das Projektmanagement wird also etwas Sinnvolles gebraucht, das gemessen werden kann, um den Projektfortschritt zu ermitteln.

16.1 Agile Sichtweise

Den Projektfortschritt allen sichtbar zu machen ist wesentlich für ein agiles Softwareentwicklungsprojekt. Dabei geht es darum, einen realistischen Fortschritt zu dokumentieren. Einzig auf die verstrichene Zeit zu setzen hat sich nicht bewährt. Genauso wenig ist es informativ, nur die erledigten Arbeitspakete zu zählen, denn diese besitzen in Projekten meist im Umfang stark voneinander abweichende Aufwände.

Projektfortschritt muss sichtbar sein

Die agile Sichtweise setzt darauf, dass alle Projektbeteiligten gemeinsam die Aufwände schätzen. Der Projektfortschritt ist eine Dokumentation dieser Schätzungen und des relativ dazu erreichten Fortschritts.

16.2 Agile Lösung

Maßeinheit Gesucht ist also eine sinnvolle Einheit zur Messung: Es bieten sich fachliche Anforderungen an, denn diese werden in der Kommunikation mit dem Kunden genutzt. Sie sind außerdem die Grundlage für die Iterationsplanung.

Fachliche Anforderungen werden im Projekt mithilfe von Storys dokumentiert. Storys werden ggf. in Tasks heruntergebrochen. Aufwände, die für Tasks geschätzt werden, werden über alle Tasks einer Story summiert und dieser zugeordnet.

Die fachlichen Anforderungen müssen für die Planung auf eine bestimmte Art und Weise beschaffen sein. Wenn das Team Storys für die Aufwandsplanung einsetzen will, dann müssen diese eine möglichst kleine Aufwandsschätzung der Entwickler (weniger als 5 Personentage) besitzen. Außerdem muss entweder die Story so geschrieben sein, dass sie direkt umgesetzt werden kann, oder jeder Task, der mit der Story verknüpft ist, muss sich direkt umsetzen lassen. Das Kriterium für die Umsetzbarkeit ist, dass Programmierer durch Lesen der Beschreibung bereits wissen, was sie handwerklich tun müssen. Nur dann können sie den Aufwand bestimmen. Gibt es Unklarheiten, ist die Beschreibung nicht ausreichend.

Fünf Personentage Die obere Grenze für den Aufwand einer Story ist keine harte Festsetzung. Wir raten zu einem möglichst kleinen Aufwand, denn je kleiner eine Story gestaltet ist, desto weniger kann eine Aufwandsschätzung abweichen. Außerdem ist dadurch der Zeitraum begrenzt, in dem man sich mit einer thematischen Einheit beschäftigt. Als Erfahrungswert hat sich eine Obergrenze von ca. fünf Personentagen (PT) herauskristallisiert.

Klein ist außerdem gut, weil das Ende schneller erreicht ist oder die Entwickler früher merken, dass der Umfang unterschätzt wurde und sie noch reagieren können. Bei großen Storycards können die Entwickler zu lange vermuten, dass sie bald fertig sind, und das relative Verschätzen von 50% oder 100% tut bei einer großen Karte absolut mehr weh.

Manche Storys sind dabei leichter als andere. Wir empfehlen, in einem Projekt mit einer relativen Gewichtung zwischen 1 und 5 Aufwandspunkten für Storys zu arbeiten.

Dafür gibt es eine Reihe von Gründen:

1. Entwickler haben unterschiedliche Leistungsfähigkeit. Manche sind bis zu zehnmal schneller als andere. In der relativen Gewichtung macht das aber keinen Unterschied.
2. Wenn Entwickler eine Story übernehmen und dann merken, dass sie statt zwei PT mindestens vier PT brauchen, erzeugt das Frust. Wenn sie statt zwei PT nach einem PT fertig sind, glauben sie, dass sie etwas vergessen haben und entwickeln weiter. Beides ist für das Projekt nicht wünschenswert.
3. Warum gerade fünf Abstufungen? Das hat sich so ergeben: 1 ist sehr wenig, 5 fast zu viel und immer eine Frage wert, ob die Story aufgeteilt werden sollte. Außerdem können die Entwickler dann mit fünf Fingern ein Sching-Schang-Schong-Schätzen im Team machen (siehe hierzu auch den Kasten auf S. 32).

Wenn das Team konsequent so vorgeht, dass es notiert, welche Storys erledigt sind, dann kann es bereits messen, wie viele Storys aller Storys einer Iteration bisher bearbeitet sind (relativ gewichtet). Dann kann sich zu einem Zeitpunkt nach 20 von 40 Wochen beispielsweise herausstellen, dass das Projekt einen Erledigungsgrad von 80% hat. Das hat eine viel größere Aussagekraft!

Um darzustellen, welche Features die Teammitglieder bereits erledigt haben, können sie eine Feature-Burndown-Grafik verwenden. In dieser Grafik wird auf der Y-Achse die Anzahl der Features/Storys/Aufwandspunkte (AP) angezeigt, die noch ausstehen. Das heißt beispielsweise, dass das Team eine Skala von 0 bis 500 aufträgt, wenn in seinem Projekt ca. 400 Features erstellt werden. Auf der X-Achse wird die Zeit eingetragen. Im Koordinatenursprung ist der Startzeitpunkt des Projektes. Nach rechts geht es wochenweise vorwärts.

In Abbildung 16–1 kann man erkennen, wie viele Features noch zu erledigen sind. Zuerst stehen noch alle Features aus. Dann werden einige erledigt, und die Kurve in der Grafik geht langsam nach unten.

Feature-Burndown-Grafik

Abb. 16–1
Beispiel einer Feature-Burndown-Grafik

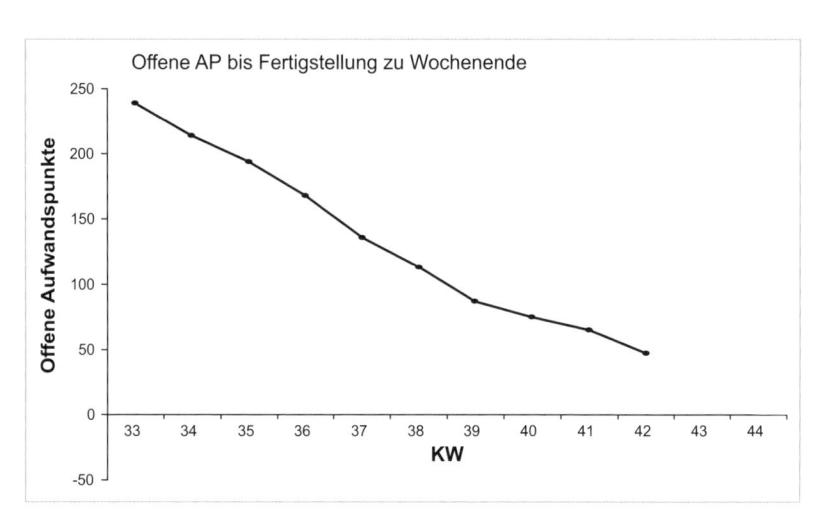

Offene AP bis Fertigstellung zu Wochenende

Problem: Neue Features hinzufügen

Problematisch an dieser Form der Grafik ist, dass immer dann, wenn neue Features hinzukommen, die in der ursprünglichen Planung nicht berücksichtigt wurden, die Linie wieder nach oben geht. Hier ist es wichtig, dass dies vom Projektmanagement nicht sofort eingetragen wird. Ansonsten würden sich Erledigungen und neue Features aufheben, und die Teammitglieder würden das Gefühl vermittelt bekommen, sie kämen nicht vorwärts. Neu hinzukommende Features sollten deshalb immer erst nach der Bilanz (z.B. einer Woche) als vertikale Linie eingetragen werden. So wird sichtbar, dass Features hinzugekommen sind.

Wesentlich für ein agiles Vorgehen ist, dass nur Dinge als erledigt betrachtet werden, die produktiv eingesetzt sind. Bisher haben wir von der Erledigung durch das Team gesprochen. Das ist auch unser alltäglicher Bezugsrahmen.

Der Kunde entscheidet, was erledigt ist

Darüber hinaus muss aber geschaut werden, was in den Augen des Kunden fertig ist. Denn der Kunde entscheidet in letzter Instanz, was als laufende Software angesehen wird. Daher sollte diese Messung nicht nur für das Gesamtprojekt vorgenommen werden, sondern vor allem auch für die Iterationen oder Releases. Dies könnte ergeben, dass zwar 80% implementiert, aber erst 20% im Einsatz und aktuell nur weitere 20% im (Akzeptanz-)Test sind. Erfolg und Fortschritt im Projekt sind relativ.

Außerdem ergibt sich eine Verzögerung. Der Kunde bekommt seine einsetzbare Softwareversion erst nach einer abgeschlossenen Iteration. Das heißt, Rückmeldung über die Software kann letztendlich erst dann erfolgen und ggf. zu neuen Storys und anderen Korrekturen führen.

Wenn das Team in seinem Softwareentwicklungsprozess mit der ersten Iteration beginnt, dann ist diese Iteration im Zustand »in Bearbeitung«. Weitere geplante Iterationen sind noch im Zustand »nicht begonnen«. Am Ende der Entwicklung für die erste Iteration geht diese in den Zustand »entwickelt« über, und es liegt eine Softwareversion vor. Diese wurde regelmäßig gegen die Komponententests überprüft und kann nun abschließend mit Integrations-, System- und Akzeptanztests für die Nutzung durch den Kunden freigegeben werden. Dann ist die Softwareversion dieser Iteration im Einsatz und der Zustand somit »produktiv«.

Beispiel: Verlauf einer Iteration

Außerdem passiert es, dass bereits als erledigt markierte Storys doch nicht erledigt sind oder neue hinzukommen. Eine Story muss wieder in den Zustand »bearbeiten« gesetzt werden, wenn das Team feststellt, dass nicht alle Tasks umfassend erledigt sind. Dadurch sinkt der Erledigungsgrad. Dies kann auf zwei unterschiedliche Arten reflektiert werden: Entweder eine bereits als erledigt markierte Story wird wieder als unerledigt markiert (und die fehlenden Anforderungen werden zusätzlich notiert) oder es wird eine neue Story mit den neuen Anforderungen erstellt. Letzteres führt zu einer Erhöhung der insgesamt abzuarbeitenden Storys/Features der Iteration, sofern die Story der aktuellen Iteration zugeordnet wird. (Sie könnte und sollte ggf. besser der nächsten Iteration zugeschlagen werden.) Ganz allgemein kann gesagt werden, dass Entwickler oder Kunden manchmal etwas auf dem Weg lernen, was dazu führt, dass eine bereits abgeschlossene Tätigkeit wieder aufgenommen wird, um das Gelernte zu berücksichtigen.

Gelerntes auf dem Weg

Deshalb bietet sich das Feature-Burnup an, das die Bewegung/Veränderung der Anforderungslinie zeigt. In dieser Form der Fortschrittsgrafik wird an der Y-Achse die Anzahl der erledigten Features/Storys/Aufwandspunkte (AP) aufgetragen. An der X-Achse wird wiederum die Zeit nach rechts fortgeschrieben. Darüber hinaus gibt es eine Summenlinie aller Features, die sich der Gesamtlinie annähert. Werden Features hinzugefügt, dann ändert sich diese Linie sprunghaft. An dem eingetragenen Fortschritt ändert sich hingegen nichts.

Feature-Burnup

Abb. 16–2
Beispiel einer Feature-Burnup-Grafik

RTDF: Running-Tested-Documented-Features

— Feature-Burnup Stand: 16.08.2006
— Gesamt-Feature-AP

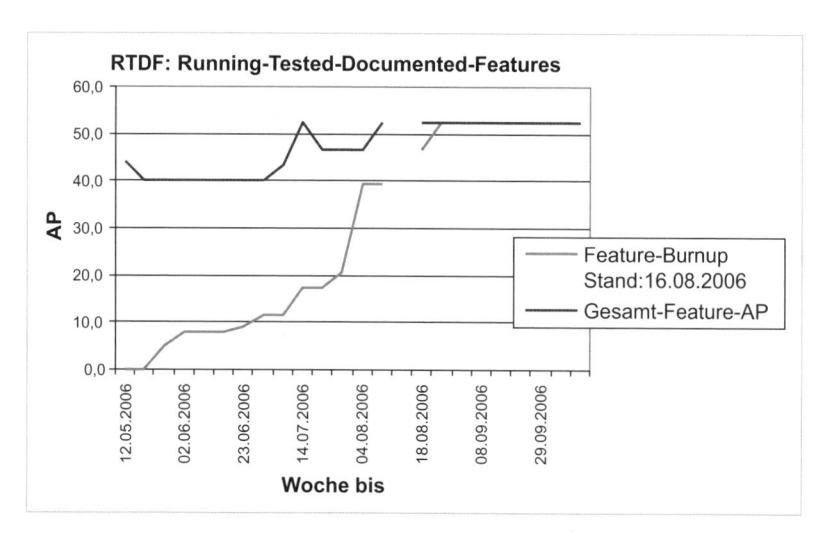

Yesterday's Weather Principle

Messen ist aber nur die halbe Miete, das Team will damit noch mehr für das Projektmanagement erreichen und beispielsweise Prognosen treffen oder auf besondere Situationen reagieren können. Hier hilft als Rückkopplung ausschließlich: Erst ein Stück messen, dann auf Basis dieser Messung hochrechnen. Das wird das Prinzip des »*Wetters von gestern*« (»Yesterday's Weather Principle«) genannt. Es hat sich nämlich gezeigt, dass bei Wettervorhersagen das aktuelle bzw. gestrige Wetter eine relativ gute Aussage über das nächste zu erwartende Wetter bietet. Wetter verändert sich zu einem Großteil graduell. Diese Eigenschaft kann man ebenfalls bei der Arbeit von Projektteams beobachten, weswegen das Prinzip für das Management agiler Entwicklungsprojekte angewendet wird.

Nach einiger Zeit kann das Projektmanagement die Kurve in einer der beiden Grafiken entsprechend der Geschwindigkeit des Fortschritts mit einer gestrichelten Linie fortsetzen, um zu sehen, wann das Iterationsende erreicht werden wird. Jetzt sind die oben gezeigten Grafiken jeweils noch mit einer Prognose versehen.

Wie anfangen?

Das wirft die Frage auf: Wie fängt man an? Die realistische Antwort ist, dass das Team entweder mindestens eine Woche abwarten sollte oder schätzen müsste (und deutlich machen sollte, dass es eine Schätzung ist). Ohne eine empirische Grundlage kann niemand über Teamarbeit eine verlässliche Aussage machen.

Messen der Geschwindigkeit

Neben dem Fortschritt wird also zusätzlich die aktuelle Geschwindigkeit gemessen, und das Team kann für sein Projekt daraus etwas lernen, denn Geschwindigkeitsveränderungen können ganz unterschiedliche Gründe haben.

Ein Projekt ist

- langsamer, weil ein Entwickler fehlt;
- schneller, weil ein Entwickler im Urlaub ist, der eigentlich stört;
- schneller, weil ein Refactoring geholfen hat;
- schneller, weil die neuen Schätzungen besser waren;
- schneller, weil die großen fachlichen Zusammenhänge jetzt verstanden werden;
- langsamer, weil das System nicht mehr gut wartbar/veränderbar ist;
- langsamer, weil ein fachliches Feature total unterschätzt wurde;
- langsamer, weil die Fachlichkeit nicht verstanden wird;
- langsamer, weil die Technologie nicht beherrscht wird;
- langsamer, weil so viele neue Leute im Team sind.

Wichtig ist, dass das Projektmanagement für Prognosen nicht solche Effekte vorausnimmt (»Ach, wir werden schon noch schneller, wenn nächste Woche alle eingearbeitet sind«). Das kann man hoffen, und man wird es ja sehr bald (nächste Woche) vielleicht schon im Tracking sehen (oder eben leider auch nicht). Das Tracking ist sinnvollerweise häufig ein Gesprächsthema in Retrospektiven: Manchmal, um sich zu fragen, warum es Veränderungen gegeben hat. Ein anderes Mal, um Auswirkungen von Veränderungen zu belegen.

Wir können aus Erfahrung berichten, dass jedes Projektteam seine eigenen speziellen Fähigkeiten hat. Deswegen ist es eine verlässliche Basis, mit den eigenen in der ersten Zeit erhobenen Daten weiterzuplanen. Erfahrungen aus anderen Teamzusammensetzungen können zu falschen Schätzungen führen.

Jedes Team ist anders

Die Geschwindigkeit sollte mindestens im Iterationstakt gemessen werden. Wenn dieser allerdings vier Wochen beträgt, dann kann es gut sein, dass ein Team früher erkennen möchte, in welche Richtung sich die Geschwindigkeit entwickelt. Dann ist evtl. ein wöchentlicher Takt für die Geschwindigkeitsmessung sinnvoll. Häufigere Messungen ergeben meist wenig Sinn.

Wie häufig die Geschwindigkeit messen?

Bei den agilen Methoden Kanban und Feature Driven Development (siehe Kap. 23 *Ausgewählte agile Methoden*) werden in der Regel neben der Entwicklung noch weitere Tätigkeiten explizit unterschieden. Dies kann aber auch für Projekte nach anderen Methoden der Fall sein. Typische Beispiele sind Analyse, UI-Design oder Testen. Im Cumulative Flow Diagram werden für jeden Prozessschritt die bereits erledigten Aufgaben gezählt. Die Aufgaben werden dabei typischerweise mit ihrem Aufwand gewichtet.

Cumulative Flow Diagram

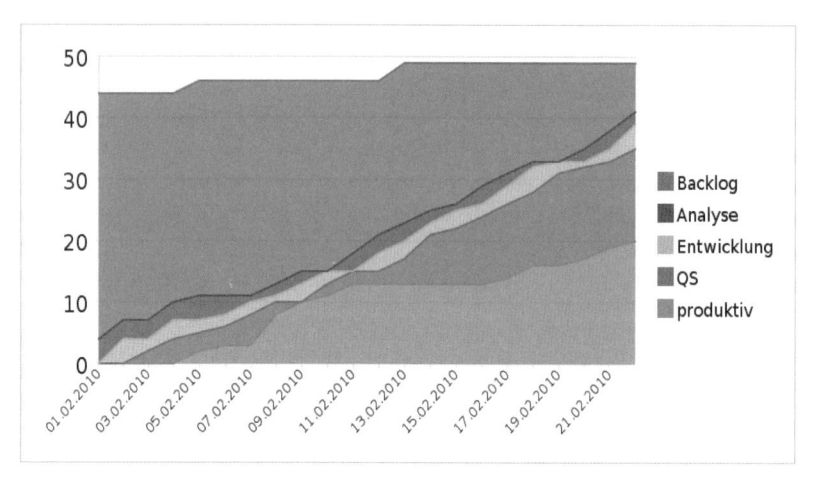

Abb. 16–3
Beispiel für ein Cumulative Flow Diagram

Wo hakt es im Prozess?

Im Beispiel können wir erkennen, dass Analyse und Entwicklung zwar Schwankungen unterliegen, aber im Großen und Ganzen kontinuierlich Aufgaben abarbeiten. Bei der Qualitätssicherung (QS) hingegen wird ab ca. der Hälfte des untersuchten Zeitraumes kein Fortschritt mehr erzielt. Solche Betrachtungen sind ein großer Vorteil von Cumulative Flow Diagrams.

16.3 Bezüge zu anderen agilen Praktiken

Wesentlich für das agile Fortschrittsmanagement ist, dass die Teammitglieder Storys und Tasks ehrlich mit Aufwänden bewerten. Lesen Sie in Kapitel 4 *Management und Team: Wie schätzen wir Aufwände?* mehr über die Aufwandsschätzung.

Die Grafiken Feature-Burndown und Feature-Burnup tragen zur Information im Team bei. Sie sind deshalb Bestandteil des informativen Arbeitsplatzes (Informative Workspace), siehe Kapitel 10 *Team: Wie transportieren wir Wissen zwischen allen Teammitgliedern?*.

16.4 Übungsaufgaben

Wir gehen an dieser Stelle davon aus, dass Sie für Ihr Projekt Storys und Tasks erstellt haben. Lösen Sie nun folgende Aufgaben:

1. Nehmen Sie für Ihr Projekt die notwendigen Tasks aus den Storys. Bewerten Sie die Tasks mit Aufwänden. Fertigen Sie daraus eine Feature-Burndown- und eine Feature-Burnup-Grafik an. (Zeitbedarf ca. 30-60 Minuten)
2. Pflegen Sie die beiden Grafiken über den Projektfortschritt. (Zeitbedarf je Woche ca. 5-10 Minuten)

17 Management: Wann ist eine Anforderung erledigt?

Für das agile Softwareentwicklungsprojekt hat das Team die Anforderungen in Form von Storys und ggf. auch Tasks vorliegen und arbeitet diese entsprechend der Priorisierung im Rahmen einer Iteration ab. Allgemein betrachtet ist eine Anforderung umgesetzt, wenn die entsprechende Karte für diese Anforderung erledigt wurde. Aber fast jede Anforderung hat Querbezüge zum Rest des Systems. Die Gesamtqualität des Systems soll durch die umgesetzte Anforderung steigen.

Aus Managementsicht ist es deshalb wichtig, dass nicht nur eine Karte umgesetzt wird. Implizit verlangt sind Tätigkeiten im Bereich der Dokumentation und der Quelltextrestrukturierung. Das Umsetzen einer Karte erfordert insofern vom Entwickler einen Blick auf das Gesamtsystem.

17.1 Agile Sichtweise

Die Maxime bei der agilen Softwareentwicklung ist, dass zu jedem Zeitpunkt ein lauffähiges und auslieferbares System vorliegt. Dies gilt nicht nur am Ende einer Iteration, sondern praktisch auch nach der Umsetzung jeder einzelnen Anforderung. Dementsprechend müssen die Teammitglieder bei der Umsetzung einer Anforderung vorgehen und eine hohe Qualität vorhalten. Wenn ein Entwickler also mit der Umsetzung einer Anforderung fertig ist, dann müssen daneben mindestens folgende Aspekte berücksichtigt worden sein: Tests, aufgeräumter Quelltext und die Benutzerdokumentation.

Umsetzung einer Anforderung muss Qualität des Gesamtsystems erhalten

Wesentlich für die Bewertung, ob eine Anforderung erfüllt ist, ist die Aussage des Kunden, dass er die Umsetzung akzeptiert. Für die meisten Anforderungen können die Entwickler also einen Akzeptanztest schreiben, der aus einer Kundenperspektive das System überprüft. Ein Akzeptanztest ist damit ein automatisch ausführbarer Test, der eine Anforderung überprüft. Die mit dem Akzeptanztest verbundene

Akzeptanztests

Aussage lautet: Das System erfüllt diese eine Anforderung entsprechend den vereinbarten Parametern.

Testabdeckung — Wesentlich für die Qualität des Gesamtsystems ist eine hohe Testabdeckung im Bereich der Komponenten-, System- und Integrationstests. Nur so kann jeder einzelne Entwickler gegenüber anderen Teammitgliedern sicherstellen, dass sie bei Änderungen am Gesamtsystem eine Rückmeldung darüber erhalten, ob sie andere Teile beeinflussen. Eine Anforderung sollte natürlich darüber hinaus auch einen Akzeptanztest erfüllen.

Aufgeräumter Quelltext — Bei der Umsetzung einer Anforderung geht es nicht nur darum, funktionierende Features abzuliefern. Jedes Erweitern des Quelltextes kann Umstrukturierungen notwendig machen, die den Quelltext einfacher, kürzer und leichter verständlich hinterlassen. Hier steht der Entwickler in der Pflicht, dies als Abschluss seiner Arbeit zu leisten.

Benutzerdokumentation — Viele Anforderungen, die umgesetzt werden, bieten den Anwendern zukünftig weitere Funktionalität. Dies muss sich in der Benutzerdokumentation niederschlagen. Einerseits, damit die Funktionalität überhaupt gefunden und genutzt werden kann, und andererseits, damit klar ist, in welcher Art und welchem Umfang die Funktionalität zur Verfügung steht.

Diszipliniertes Vorgehen ist notwendig — Hier ist Disziplin notwendig, denn alle Punkte stellen Arbeit dar, die sich nicht in weiteren Karten ausdrückt. Sie ist aber notwendig, um die Qualität des Ergebnisses kontinuierlich hoch zu halten.

»RTDF« — Aus diesem Grund nennen viele Teams den Stapel für erledigte Karten auch nicht nur »erledigt«, sondern z. B. auch »RTDF« (running tested documented/deployed feature – laufende, getestete, dokumentierte/ausgelieferte Funktionalität), um auszudrücken, dass zum Erledigtsein mehr gehört, als nur die Funktionalität auf der Karte abzuhaken.

Definition of Done — Wichtig ist in diesem Zusammenhang, dass es ein gemeinsames Verständnis davon gibt, was »erledigt« oder »fertig« bedeutet. Sonst kommt es zu Situationen, in denen einerseits Nacharbeiten für die tatsächliche Fertigstellung anfallen und andererseits Vorhersagen und Prognosen nicht mehr zutreffen, weil die Aufgaben gar nicht erledigt waren. Deshalb geben sich agile Teams eine *Definition of Done*, in der sie festlegen, welche Tests, welche Integration, welche Bereitstellung auf welchem Server, welche Dokumentation und welche Qualitätsstandards etc. für erledigte Aufgaben gelten.

Zusammenspiel — Als weitere Ebene kommt neben der lokalen Implementierung einer Anforderung das Zusammenspiel mit dem Rest des Quelltextes, die Auswirkungen auf andere Systemteile und die Funktionsfähigkeit im Gesamtkontext hinzu. Diese Ebene lässt sich zum Teil durch die automatisierten Tests angehen. Diese Tests geben dem Entwickler beim Implementieren der Anforderung die Sicherheit, dass keine anderen Teile des Systems negativ beeinflusst werden. (Ein weiterer Grund, weswegen der Entwickler für seinen Teil ebenfalls Tests schreiben muss, denn damit kann er sicherstellen, dass andere Entwickler nicht, ohne es zu merken, seine Leistung negativ beeinflussen.) Erst wenn dies geprüft wurde, ist eine Anforderung umgesetzt.

Eine wesentliche Tätigkeit beim Abschließen einer Anforderung ist die Restrukturierung des Quelltextes (wenn dies notwendig ist). Dazu gehören u.a. das Aufräumen des Quelltextes und das Entfernen von unnötigen Redundanzen. Beide Tätigkeiten fallen unter den Begriff Restrukturierung (engl. Refactoring). Nachdem die Funktionalität eingebaut wurde, ist der Quelltext meistens nicht optimal gestaltet. Es existieren aber in jedem Fall Tests dafür, die erfolgreich durchlaufen. Die Entwickler nutzen nun diese Tests als sichere Basis, um den Quelltext zu vereinfachen (im Sinne von Wartbarkeit). Mehrfach wird der Quelltext in kleinen Schritten umgebaut, um ihn einfacher zu strukturieren, ohne dass sich aber die Funktionalität ändert. Erst dann ist eine Anforderung umgesetzt.

Restrukturierung/ Refactoring

> **Refactoring/Restrukturierung**
>
> Wenn sich die Architektur entwickelt, dann bedeutet das, dass einmal getroffene Architekturvorstellungen wieder geändert werden und damit am bestehenden Quelltext Umbauten erforderlich werden. Solche Umbauten, die funktional keine Erweiterungen darstellen, nennt man Refactorings.
>
> Martin Fowler schreibt in [Fowler 1999]:
>
>> »Refactoring is the process of changing a software system in such a way that it does not alter the external behaviour of the code yet improves its internal structure. It is a disciplined way to clean up code that minimizes the chances of introducing bugs. In essence when you refactor you are improving the design of the code after it has been written.«
>
> Es geht beim Refactoring also um die Verbesserung der Codestrukturierung mit dem Ziel, weniger Fehler bei Erweiterungen des Codes zu machen.
>
> Um einen Eindruck zu vermitteln, geben wir hier ohne Anspruch auf Vollständigkeit ein paar typische Refactoring-Arten an:
>
> - Umbenennungen von Packages, Klassen, Methoden, Variablen
> - Verschieben von Methoden in andere Klassen
> - Verschieben von Methoden in Ober- oder Unterklassen
> - Verschieben von Klassen in andere Packages
> - Auslagerung von Quelltext in eine eigene Methode

> Eine wichtige Voraussetzung für Refactorings ist eine gute Testabdeckung, weil sonst eine große Gefahr besteht, dass ein Refactoring unerwünschte Seiteneffekte hervorruft und damit die Software Fehler bekommt. Man könnte zum Zusammenhang zwischen Tests und Refactoring sagen, dass Refacorings ohne Tests sich wie Autofahren ohne Anschnallgurt verhalten.
> Weiterführende Lektüre zu diesem Thema bietet beispielsweise [Roock & Lippert 2004].

Anwender entscheidet beim Einsatz

Letztlich entscheidet aber vor allem der Anwender im Test bzw. beim Einsatz der Software, ob ein Feature wirklich fertig ist. Das heißt, die Komponententests und Akzeptanztests, die das Team immer wieder nutzt, dienen im Wesentlichen dazu, ihm eine peinliche Begegnung mit den Anwendern zu ersparen, denn die Entwickler wollen vor dem Treffen sicher sein, dass sie ein stabiles und den Anforderungen genügendes System haben. Sie wollen beim Anwender das abgegebene Versprechen einhalten, dass die mit ihm abgesprochenen Storys einer Iteration nutzbar umgesetzt sind. Das erreichen sie am besten dadurch, dass die von ihnen ausgelieferten Versionen aus verschiedenen Perspektiven getestet sind, sodass sie beim Arbeiten mit der neuen Version keinen Frust erzeugen.

17.2 Agile Lösung

Mit dem Kunden abgestimmte Anforderungsbeschreibung

Die agile Lösung für das Managementproblem, ob und wann eine Anforderung erledigt ist, wird an Storys festgemacht. Eine Story bietet eine mit dem Kunden abgestimmte Anforderungsbeschreibung. Je nach Schwerpunktsetzung arbeitet das Team ausschließlich mit Storys oder aber fasst mit einer Story eine Sammlung von Tasks zusammen. Entweder die Story oder aber jeder einzelne Task bietet eine angemessene Beschreibung der Anforderung, auf die sich Kunde und Entwickler einigen konnten.

Beschreibung der Erledigung

Die Entwickler notieren nun an der Story oder jedem einzelnen Task eine nachvollziehbare Beschreibung, wann diese Anforderung erledigt ist. Hierbei ist ganz wichtig, dass nicht nur ein Haken gemacht wird, sondern auch mehr Informationen bereitgestellt werden. Wer hat die Anforderung implementiert? Wurde eine spezielle Umsetzung gewählt? Stellen sich Konsequenzen für den weiteren Projektfortschritt? Gibt es Dinge, die nicht realisiert werden konnten? Wurden während der Implementierung in Rücksprache mit anderen die Anforderungen angepasst?

Akzeptanztest

Für jede Story (oder jeden Task) wird ein Akzeptanztest geschrieben. In den Akzeptanztests wird aus Sicht des Anwenders Funktionalität beschrieben und getestet. Gegen diesen Test wird die Anforderung implementiert. Der Test dient aber nicht nur der eigenen Versicherung, dass die Anforderung umgesetzt ist und während des Refactorings, das am Schluss zum Aufräumen und Vereinfachen durchgeführt wird, umgesetzt bleibt, sondern wird noch im weiteren Verlauf der Entwicklung eingesetzt. Denn der Test macht es für andere nachprüfbar, dass die Anforderung während der Weiterentwicklung funktionsfähig umgesetzt bleibt.

In einer Definition of Done legen Teams genau fest, was sie unter der Fertigstellung genau verstehen und worauf sich dann jeder Entwickler bei einer erledigten Aufgabe verlassen kann. Grundsätzlich kann es eine Definition of Done für verschiedene Elemente bei der Softwareentwicklung geben: für ein Feature, für einen Sprint oder eine Iteration und auch für ein Release. Im Folgenden betrachten wir die Ebene »Feature«. *Definition of Done*

Die Definition of Done für ein Feature kann z.B. auf der technischen Ebene etwas darüber aussagen, wie der Quelltext auszusehen hat, wie viele Tests notwendig sind bzw. welche Testabdeckung erzielt werden muss und dass der Quelltext im gemeinsamen Repository eingecheckt sein muss.

Auf der Prozessebene kann die Definition of Done enthalten, in welchem Umfang die Dokumentation anzupassen ist, dass ein Kollege die Implementierung abgenommen haben muss und die dazugehörige Story vom Product Owner akzeptiert worden ist.

17.3 Bezüge zu anderen agilen Praktiken

Wesentlich für das Management von Anforderungen ist, dass mit Storys gearbeitet wird. Lesen Sie in Kapitel 5 *Management: Wie schreiben wir Anforderungen auf?* über das Erstellen von Storys und Tasks.

Um Tests und insbesondere Akzeptanztests zu schreiben, nutzen wir automatisierte Tests. Erfahren Sie in Kapitel 20 *Entwicklung: Wie halten wir die Qualität im Sinne von Wartbarkeit hoch?* mehr über das Testen im Entwicklungsprozess und im testgetriebenen Entwurf.

17.4 Übungsaufgaben

Programmieren Sie im Team und lösen Sie folgende Aufgaben zusätzlich zur bereits bekannten Programmiertätigkeit:

1. Fertigen Sie für jede Story (jeden Task) einen Akzeptanztest an, der die Anforderungen aus Nutzersicht absichert. (Zeitbedarf ca. 60–120 Minuten)
2. Bevor Sie die nächste Story (den nächsten Task) abschließen, führen Sie ein Refactoring zum Aufräumen und Vereinfachen durch. (Zeitbedarf ca. 30–60 Minuten)
3. Notieren Sie für Ihre Storys (Tasks) jeweils »RTDF« (running tested documented/deployed feature). Überlegen Sie sich, wie das im Entwicklungsprozess verankert werden kann. (Zeitbedarf ca. 30–45 Minuten)

18 Entwicklung:
Wie häufig liefern wir Software aus?

In einem agilen Softwareentwicklungsprojekt steht das Team und insbesondere das Projektmanagement vor der Frage, wann und wie häufig Software ausgeliefert werden soll. Einerseits kostet das Ausliefern das Team Arbeitszeit, die ansonsten für das Projekt zur Softwareentwicklung verwendet werden könnte. Gleichermaßen erzeugt die Auslieferung einer neuen Softwareversion bei den Anwendern u.U. Mehraufwand durch Umstellungen.

Andererseits kann das Entwicklungsteam nur dann Rückmeldung von den Anwendern bekommen, wenn sie die neu geschriebene Software ausprobieren bzw. nutzen können. Das Entwicklungsteam kann nur mit laufender und nutzbarer Software argumentieren, dass es für seine Leistung Geld bekommen will. Und beide Parteien können nur auf der Grundlage einer bestehenden Version darüber sprechen, wie die Software weiterentwickelt werden soll.

18.1 Agile Sichtweise

Softwareentwicklung ist für das Entwicklungsteam kein Selbstzweck. Die Entwickler bauen Software, weil jemand diese Software als Werkzeug zum Arbeiten verwenden will. Dieser Jemand ist bereit, dem Entwicklungsteam dafür Geld zu zahlen, weil der Einsatz der Software seine Arbeit produktiver macht. Die funktionierende, eingesetzte Software erzeugt also einen Geschäftswert für den Kunden der Software. Langfristig steigert der Einsatz der Software den Profit des Auftraggebers. Das kann aber eben nur eingesetzte Software!

Software soll eingesetzt werden!

Wenn also die eingesetzte Software den Nutzen bedeutet, dann soll es so früh wie möglich und dann wieder nach so kurzer Zeit wie möglich zu neuer, erweiterter, funktionsreicherer Software kommen.

Einsatz bedeutet Nutzen

Einsatz ist für Rückkopplung wichtig

Neben dem Nutzen durch den Einsatz benötigt das Team den frühen und häufigen Einsatz, um sich als Entwickler die notwendige Rückkopplung über die Einsetzbarkeit, Qualität und Aufgabenangemessenheit der Software zu verschaffen.

18.2 Agile Lösung

Früh und häufig

In einem agilen Entwicklungsprojekt ist es das Ziel, so früh wie möglich die erste Version auszuliefern und dann immer wieder in kurzen Abständen neue Versionen bereitzustellen. Das Entwicklungsteam erreicht damit am besten seine oben beschriebenen Ziele.

Um früh und regelmäßig nutzbare Software auszuliefern, muss das Team bestimmte Bedingungen erfüllen und eine Reihe von Hindernissen aus dem Weg räumen. Dies betrifft sowohl die organisatorische als auch die technische Seite der Softwareentwicklung.

Einsetzbare Software

Wesentliche und vor allem feste Bedingung ist, dass die Software im produktiven Betrieb eingesetzt werden kann. Das hat zum einen die Konsequenz, dass die Software stabil und fehlerfrei arbeiten muss. Zum Zweiten müssen die Nutzer über die Bedienung der neu eingeführten Software informiert werden. Zum Dritten müssen die Entwickler die technischen Rahmenbedingungen so anpassen, dass ihnen die Freigabe einer neuen Version leicht fällt und wenig Aufwand kostet. Und zum Vierten ist eine fachlich sinnvolle Zusammenstellung eines möglichst kleinen Satzes an bereits einsetzbaren Features gefordert. Diese Punkte werden im folgenden Text der Reihe nach behandelt.

Stabil und fehlerfrei

Um möglichst nahe an stabile und fehlerfreie Software zu kommen, braucht das Entwicklungsteam ein gutes Qualitätsmanagement. Dazu trägt u.a. eine Reihe von automatisierten Tests bei. Neben den Komponententests benötigen die Entwickler Integrations-, System- und Akzeptanztests. Erst wenn diese erfolgreich durchlaufen wurden, können sie die Software guten Gewissens dem Kunden ausliefern.

Nutzer informieren

Softwareentwickler liefern neue Versionen der Software primär aus, um neue Funktionalität bereitzustellen. Dies erfordert, dass die Anwender über die neue Funktionalität informiert werden. Gegebenenfalls sind Schulungen notwendig, um mit der Software umzugehen. Diese Schulungen müssen organisiert und durchgeführt werden. Außerdem sind die (Online-)Handbücher aktuell zu halten, damit Anwender sich über die Schulung hinaus über das System informieren können. Das Aktualisieren von Dokumentation, Hilfesystem und Schulungsmaterial ist also integraler Bestandteil der Softwareentwicklung.

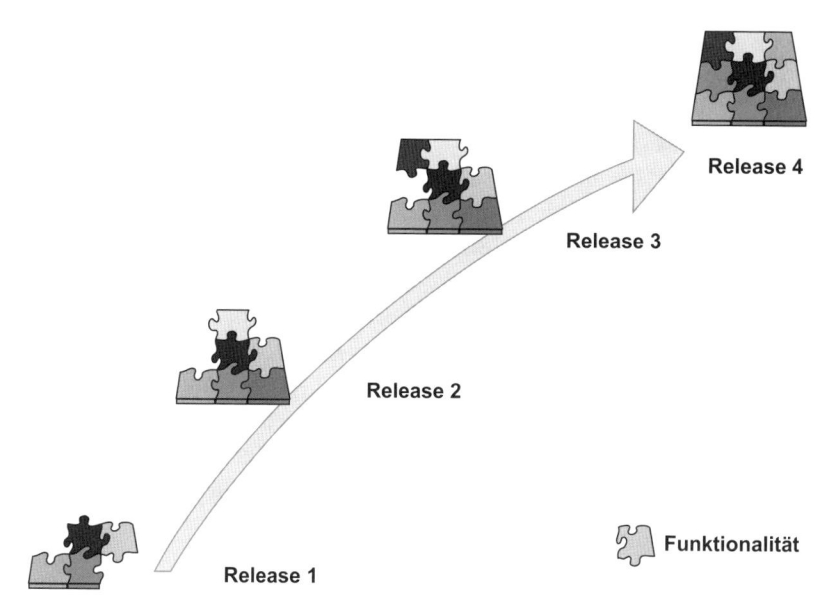

Abb. 18–1
Zunehmende Funktionalität nach jedem Release

Release 1 — Release 2 — Release 3 — Release 4

Funktionalität

Technische Aspekte automatisieren

Neben den organisatorischen Hürden gibt es eine Reihe von technischen Aspekten, die regelmäßig vorkommen und die häufige Auslieferung von Versionen behindern.

Integration des Quelltextes

Zum einen ist die Integration von Quelltext schwierig. Mehrere Gruppen steuern immer wieder Modifikationen zur gemeinsamen Quelltextbasis bei. Hierfür ist eine Versionsverwaltung mit einem Mechanismus zur Konfliktlösung notwendig. Darauf wird in Kapitel 19 *Entwicklung: Wie häufig integrieren wir unsere Entwicklung?* näher eingegangen. Darüber hinaus sollten ausreichend Komponententests vorhanden sein, um die Integration abzusichern.

Build-Prozess beschleunigen

Zum anderen besteht ein wesentlicher Hinderungsgrund für das Ausliefern regelmäßiger Versionen in einem lange dauernden Build-Prozess. Sie werden in Kapitel 19 *Entwicklung: Wie häufig integrieren wir unsere Entwicklung?* sehen, dass es wesentlich ist, dass ein Build unter zehn Minuten dauert. Sollte dies nicht mehr der Fall sein, ist es wichtig, dass das Projekt beispielsweise so in Teilprojekte zerlegt wird, dass jedes Teilprojekt wieder unter zehn Minuten für einen Build in Anspruch nimmt. Hier kann es sinnvoll sein, genauer nach der Ursache für den Zeitverbrauch zu suchen und ggf. die Elemente, die besonders viel Zeit verbrauchen, in tägliche bzw. nächtliche Builds auszulagern.

Auslieferung der Software

Ein fertig kompiliertes und getestetes Stück Software ist ein guter Ausgangspunkt für eine Auslieferung. Ein wichtiger Schritt muss allerdings noch ausgeführt werden, nämlich die Ausbreitung (engl. Deployment) der Software beim Kunden. Je nach Umgebung kann dies mehr oder weniger aufwendig sein. Kennzeichen für einen agilen Entwicklungsprozess ist, dass das Entwicklungsteam bei jedem erfolgreichen Build gleichzeitig eine auslieferbare Version der Software bereitstellen kann. Es wird also den Prozess des Verpackens (engl. Packaging) ebenfalls automatisieren. Darüber hinaus lohnt es sich, die Ausbreitung beim Kunden systematisch zu automatisieren. Neben einer zentralen Installation werden verschiedene Unternehmen bereits über Verteilungsmechanismen für neue Softwareversionen verfügen. In diese gliedert sich das Entwicklungsprojekt am besten ein.

Zurückrollen

Jede neue Version birgt das Risiko, dass sie nicht den Erwartungen entspricht und ggf. im Auge der Anwender schlechter funktioniert als die vorhergehende. Deswegen braucht das Projekt eine Ausbreitungsstrategie, die es erlaubt, innerhalb kurzer Zeit zur vorangegangenen Version zurückzukehren. Trotz des eventuellen Mehraufwands für das Entwicklungsteam, diese Möglichkeit vorzuhalten, ist dies eine Selbstschutzmaßnahme. Denn schlechte Rückmeldung vonseiten der Anwender erfordert eine schnelle Reaktion des Entwicklungsteams. Eine Beruhigung der Situation kann vielfach besser durch das Zurückrollen erreicht werden als durch den Versuch, das Problem unter Druck zu beheben. Die Möglichkeit zurückzurollen verschafft dem Entwicklungsteam Luft, um in Ruhe und mit Abstand über das Problem nachzudenken.

Kleiner fachlich sinnvoller Funktionssatz

Die vierte Hürde, die das Team überwinden muss, um in kurzen Abständen regelmäßig auszuliefern, ist das Finden einer fachlich sinnvollen Zusammenstellung eines möglichst kleinen Satzes an bereits einsetzbaren Features für jede Auslieferung. Wesentlich ist hier, dass es um eine fachliche Fragestellung geht. Für den Kunden muss sich klar erschließen, warum er den Aufwand für die Inbetriebnahme einer neuen Version eingehen soll. Das Interesse des Teams ist es dabei, den Implementierungsumfang klein zu halten, damit es in kurzen Abständen Rückmeldung über seine Arbeit bekommt.

Interessen vermitteln, Wege aufzeigen

Typischerweise wird der Kunde eher große Zusammenstellungen wählen, und das Entwicklungsteam wird eher kleine Zusammenstellungen bevorzugen. In diesem Spannungsfeld ist es die Rolle des Projektmanagements, dem Kunden die Vorteile von kleinen Releaseschritten zu vermitteln: Dass er dadurch Rückmeldung darüber bekommt, wie das Projekt fortschreitet, dass sich die Investition schneller auszahlt, dass sich Möglichkeiten und Richtungen für den Einsatz der Software besser mit laufender Software erkunden lassen usw.

Das Entwicklungsteam muss deshalb Modelle aufzeigen, wie zuerst scheinbar nicht mehr reduzierbare Pakete an Funktionsumfang noch kleiner geschnitten werden können. Beispielsweise muss eine Kunden-Stammdatenverwaltung (die wenig Geschäftswert generiert) nicht bereits zu Anfang existieren, bevor Aufträge erfasst werden können (die ggf. einen wesentlichen Zugewinn darstellen). Die ersten Stammdaten können beispielsweise durch das Entwicklungsteam »zu Fuß« in die Datenbank importiert werden. Änderungen und Löschungen können mit der Kommandozeile erledigt werden. Auf diese Weise vermeidet das Entwicklungsteam langwierige Implementierungen, die wenig Nutzen darstellen, und eröffnen sich Wege für kurze Zyklen.

Nicht jede Organisation kann in dem hier beschriebenen Takt mit neuen Softwareversionen umgehen. Je nach Technikerfahrung und Auswirkung der Veränderungen durch neue Softwareversionen kann es Anwendern nicht zugemutet werden, so oft mit neuen Versionen arbeiten zu müssen. Schließlich wird in manchen Organisationen eine Umfeldvorbereitung vor Einführung neuer Softwareversionen betrieben, die z.B. die Internationalisierung von Versionen, aber auch die Schulung der Mitarbeiter und die Einbindung von Selbstbestimmungsorganen beinhalten kann.

Zugeständnisse an die Umfeldvorbereitung

In solchen Konstellationen kann aber immer noch ein abgestuftes Ausliefern neuer Softwareversionen erfolgen. Ein dem Projekt zugeordneter fachlicher Ansprechpartner und Kundenvertreter mag sich täglich oder wöchentlich mit neuen Versionen beschäftigen, eine Pilotabteilung oder Pilotanwender ggf. im Wochen- oder Monatstakt. Für die große Masse der Anwender ist dann eher der Quartals- oder Halbjahrestakt angemessen. Die Rückkopplungen erreichen die Entwickler dann ggf. mit entsprechender Verzögerung, aber das ist immer noch besser, als wenn sie keine Rückkopplungen erhalten.

18.3 Bezüge zu anderen agilen Praktiken

Grundvoraussetzung für das kontinuierliche Ausliefern von nutzbaren Versionen ist eine Reihe von Techniken. Zum einen braucht das Entwicklungsteam umfangreiche Tests. Erfahren Sie in Kapitel 20 *Entwicklung: Wie halten wir die Qualität im Sinne von Wartbarkeit hoch?* mehr zu Komponententests und wie diese im Entwicklungsprozess eingesetzt werden. Zum Zweiten benötigt das Entwicklungsteam einen verlässlichen Integrationsprozess. In Kapitel 19 *Entwicklung: Wie häufig integrieren wir unsere Entwicklung?* beschreiben wir, wie dieser aussieht.

Auf der Managementseite müssen Iterationen so geplant werden, dass sie eine Balance zwischen Funktionsumfang und erforderlicher Entwicklungszeit besitzen. Lesen Sie in Kapitel 7 *Management: Wie organisieren wir uns zeitlich?* über die Planung der Iterationen.

18.4 Übungsaufgaben

Setzen Sie sich im Team zusammen und realisieren Sie anhand der folgenden Aufgaben eine regelmäßige Auslieferung. Wir haben dabei zum Ziel, dass wir mit jeder integrierten Version prinzipiell eine Auslieferung durchführen können.

1. Stellen Sie sicher, dass es für Ihr Projekt ein automatisches Build-System gibt. Gegebenenfalls wählen Sie eines zur Installation aus. Erforschen Sie dessen Möglichkeiten in Hinblick auf die Anfertigung von direkt auslieferbaren Produktversionen. Fertigen Sie eine Liste der Fähigkeiten an. (Zeitbedarf ca. 1–8 Stunden)
2. Um die Ausbreitung der Software vorzubereiten und Akzeptanztests ablaufen lassen zu können, benötigen Sie eine »kleine Version« der Produktivumgebung. Setzen Sie diese auf und machen Sie sich mit dieser vertraut. (Zeitbedarf ca. 1–3 Stunden)
3. Definieren Sie, welche Artefakte zu einer auszuliefernden Version gehören (bspw. ausführbares Programm, Treiber, Adapter, Bibliotheken, Hilfesystem, Dokumentation) und sorgen Sie dafür, dass das automatische Build-System diese explizit als Artefakte am Ende eines Durchlaufs bereitstellt. (Zeitbedarf ca. 2–5 Stunden)
4. Automatisieren Sie die Installation einer Version auf einem Zielsystem derart, dass Sie nach jedem (täglichen, wöchentlichen) Build einen fertig installierten und nutzbaren Arbeitsplatz haben. (Zeitbedarf ca. 2–5 Stunden)
5. Beschreiben Sie, unter welchen Bedingungen das Zurückrollen auf eine ältere Version möglich ist. Verändern Sie so die automatische Installation des Zielsystems, dass ein Zurückrollen möglich ist. (Zeitbedarf ca. 1–2 Stunden)

19 Entwicklung: Wie häufig integrieren wir unsere Entwicklung?

Software wird im Team entwickelt, d.h., eine Gruppe von Personen entwickelt gemeinsam an einer Software. Das liegt vor allem daran, dass Softwareentwicklungsprojekte heute so umfangreich geworden sind, dass ein Einzelner keine substanziell relevante Software mehr bauen kann. Die Gewinne, die an Produktivität durch Innovation gemacht werden, werden sofort durch komplexere Anforderungen aufgebraucht.

Aber Softwareentwicklung im Team hat viele Vorteile: Unterschiedliche Personen bringen mehr Ideen und Innovation zu einem Thema zusammen. Das Gespräch mit anderen Personen hilft jedem Einzelnen, Probleme zu sehen und zu lösen, und insgesamt kann ein Team mehr erreichen.

Allerdings: Wenn mehrere Personen an einer Software entwickeln, dann können die Quelltextstände auseinanderlaufen und diese sind später nur mit Aufwand wieder zusammenzubringen. Entwickelt wird typischerweise an mehreren Arbeitsplätzen, die unabhängig voneinander sind. Das ist zuerst einmal wichtig, damit an diesen Arbeitsplätzen verlässlich entwickelt werden kann, denn man möchte nicht mit Zwischenständen anderer arbeiten müssen, die fehlerhaft sein können oder undefiniertes Verhalten zeigen. Insofern wird von einem gemeinsamen Stand ausgehend auf mehreren Arbeitsplätzen weiterentwickelt. An jedem Arbeitsplatz entsteht also ein zum gemeinsamen Ausgangssystem unterschiedlicher Quelltextstand.

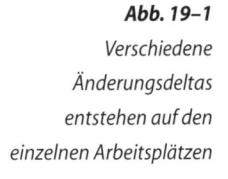

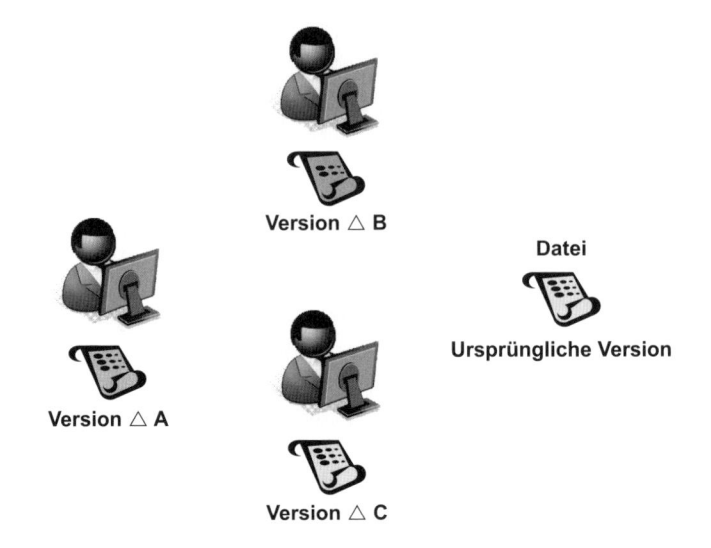

Abb. 19–1
Verschiedene Änderungsdeltas entstehen auf den einzelnen Arbeitsplätzen

Version △ A
Version △ B
Version △ C
Datei
Ursprüngliche Version

Diese Unterschiede müssen zu bestimmten Zeitpunkten wieder zusammengeführt werden. Dieser Vorgang wird Integrieren genannt. Ziel ist es, ausgehend von dem gemeinsamen Stand und den n Entwicklungen, die an den n Arbeitsplätzen entstanden sind, ein neues gemeinsames System zu erstellen. Allerdings macht ständiges Integrieren aber eben auch ständig Arbeit, weswegen es von manchen gerne vermieden wird.

19.1 Agile Sichtweise

Konflikte früh entdecken

Die Entwickler sind ein Team, sie arbeiten an einem Projekt, sie wollen immer auf demselben Quelltextstand arbeiten und nicht riskieren, dass etwas auseinanderläuft; Konflikte dabei sind nur ein Zeichen für notwendige Kommunikation, und deshalb ist es gut, diese Konflikte so früh wie möglich zu entdecken.

Notwendigkeit für gleichen Stand

Der Quelltext, auf dem das Team arbeitet, wird von allen genutzt und von allen im Rahmen ihrer Softwareentwicklungsaktivitäten angepasst (gemeinsamer Quelltextbesitz). Deshalb ist es wichtig, auf einem möglichst gleichen Stand zu arbeiten, um den Aufwand für die Zusammenführung der Änderungen gering zu halten.

Möglichst häufig integrieren

Das spricht dafür, möglichst häufig zu integrieren, weil die Entwickler immer beim Integrieren paralleler Arbeiten merken, ob Konflikte aufgetreten sind, und somit nicht Gefahr laufen, dass ihre Quelltextstände weit auseinanderlaufen.

19.2 Agile Lösung

Das Projektteam strebt deshalb ein kontinuierliches Integrieren (engl. continuous integration) während der Entwicklung an. Kontinuierliches Integrieren bedeutet, dass so häufig wie möglich (mehrmals täglich) Quelltext in ein gemeinsames Repository eingecheckt wird, sodass immer alle auf einem möglichst gleichen Stand arbeiten, gegen alles Testen etc.

Kontinuierliches Integrieren (continuous integration)

Dafür ist es empfehlenswert, den gemeinsamen Quelltext in einer Versionsverwaltung abzulegen. Dies ist heutzutage eigentlich für alle Softwareentwicklungsprojekte Standard. Es gibt eine Vielzahl von proprietären Produkten (z.B. PVCS, Perforce, ClearCase, RCS, Visual SourceSafe) und ebenso einige quelloffene Produkte (z.B. CVS oder Subversion). Allen Produkten ist gemeinsam, dass (auf unterschiedliche Weise) ein gemeinsamer Verwahrungsort verwaltet wird, aus dem die Entwickler Quelltext auschecken können und diesen geändert wieder in das Repository einchecken.

Gemeinsamer Verwahrungsort für den Quelltext

Wenn mit einer Quelltextverwaltung gearbeitet wird, treten die angesprochenen Konflikte vor dem Aus- oder Einchecken zutage (je nach dem Teammodell, das die Quelltextverwaltung implementiert). Die Konflikte haben dabei unterschiedlichen Charakter. Es kann z.B. sein, dass an derselben Datei sich wiedersprechende Änderungen gemacht wurden. Dies muss dann im Team besprochen und gelöst werden.

Aber es müssen keine offensichtlichen Konflikte auf Quelltextebene sein. Bevor ein Entwickler(paar) die eigenen Anpassungen des Systems in die Quelltextverwaltung einspielt, wird deshalb folgender Prozess durchlaufen:

1. Die bearbeitete Aufgabe wird abgeschlossen, indem am Ende alle Tests des Systems lokal ausgeführt werden und erfolgreich durchlaufen.
2. Nun synchronisieren die Entwickler den lokalen Quelltext mit dem gemeinsamen aus der Versionsverwaltung und pflegen eventuelle Änderungen aus der Versionsverwaltung lokal ein. Danach müssen wiederum alle Tests erfolgreich durchlaufen. Hier muss ggf. nachgearbeitet werden, denn Veränderungen am gemeinsamen Quelltext können lokale Änderungen erfordern. Die Entwickler beginnen dann von vorne.
3. Am Schluss pflegen sie die lokalen Änderungen nach erfolgreichem Abgleich und Testlauf in die gemeinsame Versionsverwaltung ein.

Check-in Dance

> **Check-in Token**
>
> Die oben skizzierten Schritte werden auch als »Check-in Dance« bezeichnet. Es sind immer wieder dieselben Schrittfolgen, um den eigenen Quelltext einzuchecken.
>
> Allerdings kann der zweite Schritt aufwendiger sein, wenn andere Teammitglieder zwischenzeitlich anderen Quelltext eingecheckt haben. Dann können größere Anpassungen notwendig sein. Umso wichtiger ist es, in dieser Situation eine stabile Umgebung zu haben. Deswegen ist es wichtig, dass nicht von weiteren Teammitgliedern währenddessen eingecheckt wird.
>
> Dies kann man mit einem Check-in Token verhindern. Durch einen Gegenstand, den man »in der Hand halten« muss, ist klar, wer gerade seinen Quelltext integriert. So ein Gegenstand kann z.B. eine Baseballmütze oder ein Plüschtier sein. Nur wenn ich das an meinem Platz habe, kann ich einchecken. Bin ich mit meiner Aktivität fertig, lege ich den Gegenstand wieder zurück und andere können jetzt einchecken.

System soll als Ganzes laufen

Ziel dabei ist es, dass das System immer als Ganzes laufen soll. Dieser Zustand ist für das Projekt ungemein wichtig, denn nur so kann das Entwicklungsteam zu jedem Zeitpunkt eine lauffähige Version gegenüber dem Kunden vorzeigen. Aber auch für das Team selbst ist es von Bedeutung, weil es auf diese Weise vermeidet, spätere unabschätzbare Integrationsaufwände vor sich herzuschieben und eigentlich nicht zu wissen, wie viel denn wirklich an Aufgabenerledigung am Gesamtsystem »integriert« geschafft wurde.

Integrationsserver, Referenzsystem

Eine technische Lösung für dieses agile Vorgehen ist eine Kombination aus Versionsverwaltung und Integrationsserver (z.B. Cruise-Control, Maven, Luntbuild): Der Integrationsserver stellt Integrität auf verschiedenen Ebenen her (u.a. Quelltext und Tests). Gleichzeitig ist ein Integrationsserver ein Referenzsystem, auf dem immer ein lauffähiges Zielsystem erstellt werden kann und muss. Das ist wichtig, weil die Arbeitsstationen kein verlässlicher Ort sind, um sicherzustellen, dass ein lauffähiges Zielsystem erstellt wurde.

Lokale Entwicklungsrechner sind deshalb unzuverlässig, weil sie eine andere Konfiguration haben können. Auf ihnen kann zusätzliche Software installiert oder nicht alle Software (z.B. ERP-Systeme) verfügbar sein. Dadurch kann es in vielen Fällen ein akzeptierter Umstand sein, dass ein Teil der Tests nicht auf den lokalen Geräten ausgeführt wird. Deshalb ist es notwendig, diese Tests zentral, systematisch und regelmäßig ausführen zu lassen.

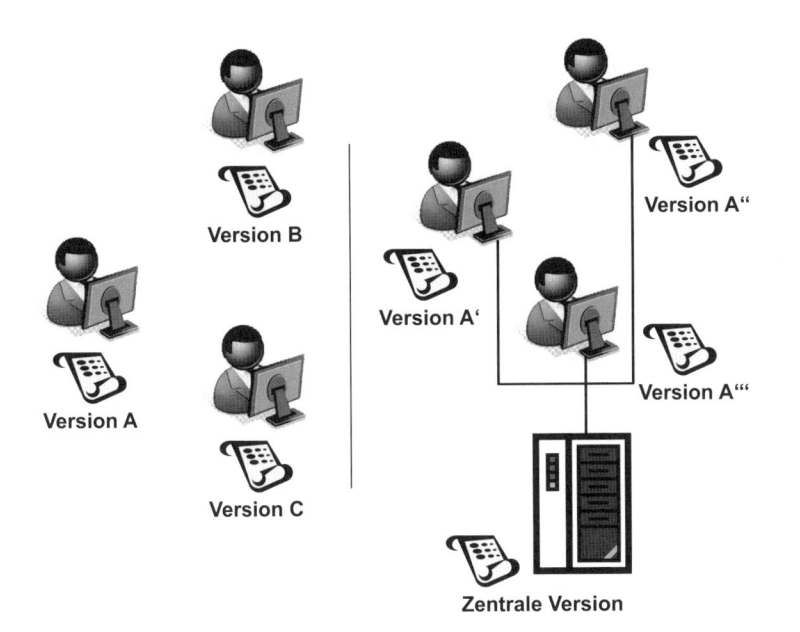

Abb. 19–2
Unterschied zwischen unabhängigen Entwicklerarbeitsplätzen und gemeinsamer Versionsverwaltung

19.3 Bezüge zu anderen agilen Praktiken

Wesentlicher Grund dafür, die Entwicklungstätigkeit häufig zu integrieren, ist es, dass die Entwicklung dadurch kleinschrittig vorgehen kann. Lesen Sie in Kapitel 5 *Management: Wie schreiben wir Anforderungen auf?* über das Einteilen von Storys in Tasks.

Um das Integrieren nicht nur auf der syntaktischen Ebene abzusichern, sind automatisierbare Komponententests essenziell. Erfahren Sie in Kapitel 20 *Entwicklung: Wie halten wir die Qualität im Sinne von Wartbarkeit hoch?* mehr über das Entwickeln mit Tests.

19.4 Übungsaufgaben

Teilen Sie sich in (mindestens) zwei Teams auf und lösen Sie folgende Aufgaben:

1. Entwickeln Sie aus einer Story eine Liste von (möglichst kleinen) Tasks, die bearbeitet werden sollen. Teilen Sie sich die Tasks auf und arbeiten Sie diese parallel ab. Integrieren Sie den Quelltext nach jedem fertiggestellten Task von Hand (ohne Versionsverwaltung, ohne Integrationsserver). (Zeitbedarf ca. 60 Minuten)

2. Besorgen Sie sich Zugang zu einem Versionsverwaltungssystem. Wiederholen Sie die erste Aufgabe für eine weitere Story unter Einsatz einer Versionsverwaltung. (Zeitbedarf ca. 60 Minuten)
3. Setzen Sie, wenn die Möglichkeit besteht, einen Integrationsserver auf (z.B. CruiseControl, Anthill, Luntbuild, Continuum) (ca. 4 Stunden). Wiederholen Sie die erste Aufgabe für eine weitere Story unter Einsatz eines Integrationsservers. (Zeitbedarf ca. 60 Minuten)
4. Beschreiben Sie die Probleme, die beim kontinuierlichen Integrieren auftreten, wenn
   a) keine Tests,
   b) keine Versionsverwaltung und
   c) kein Integrationsserver zur Verfügung stehen.
5. Bewerten Sie die Wichtigkeit von Tests in Hinblick auf kontinuierliche Integration. (Zeitbedarf ca. 20 Minuten)

20 Entwicklung: Wie halten wir die Qualität im Sinne von Wartbarkeit hoch?

Bei agilen Projekten wird eine möglichst flache Aufwandskurve angestrebt. Das heißt, dass der Aufwand für Features nicht mit der Größe der Software extrem steigt, sondern nur ganz wenig (er wird aber steigen). Softwarequalität im Sinne von Wartbarkeit (also Änderbarkeit und Erweiterbarkeit) ist deshalb für agile Projekte besonders wichtig, denn die Entwickler wollen auch noch spät im Prozess mit neuen Anforderungen klarkommen, ohne dass die Aufwände dann unerwartet und unverhältnismäßig hoch werden.

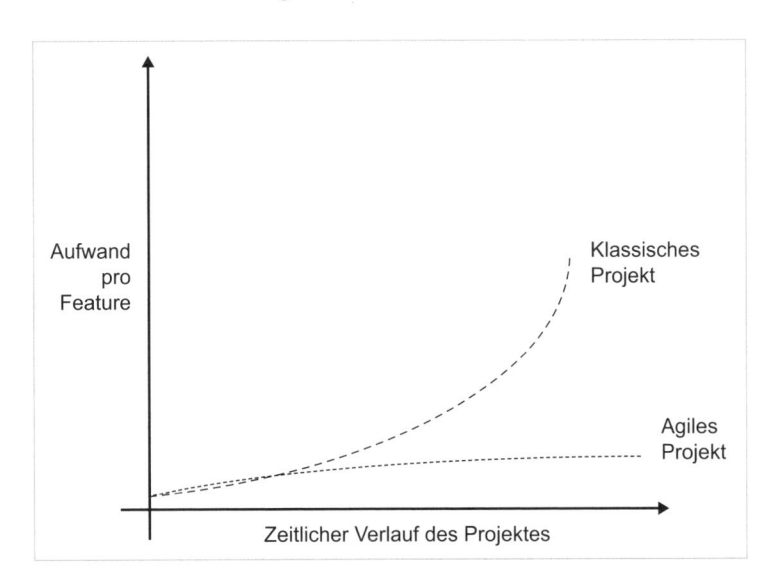

Abb. 20–1
Unterschiedliche Aufwandskurven für Anforderungen bei unterschiedlichen Vorgehensweisen

Agile Entwicklungsprojekte streben deshalb Software und insbesondere einen Quelltext an, der zu jedem Zeitpunkt im Projekt für alle Anforderungen eine leichte Änderbarkeit besitzt. Der Qualitätsanspruch an Software umfasst deshalb alle Eigenschaften, die diese Änderbarkeit im Rahmen der Weiterentwicklung realisieren.

20.1 Agile Sichtweise

Softwarequalität umfasst Änderbarkeit bzw. Wartbarkeit

Qualität in der agilen Softwareentwicklung definiert sich primär über die Einsetzbarkeit der Software im realen Betrieb. In zweiter Linie hat agile Softwareentwicklung den Anspruch, in kurzen Zeitspannen Anforderungen umzusetzen und in die betriebene Software einzubringen. Damit wird Änderbarkeit bzw. Wartbarkeit bei der agilen Softwareentwicklung zu einem wichtigen Qualitätsmerkmal.

Qualität kontinuierlich hoch halten

Im gesamten Softwareentwicklungsprozess will ein Entwicklungsteam die Qualität kontinuierlich hoch halten. Damit unterstützt es das primäre Ziel, dass die Software im realen Betrieb eingesetzt werden kann. Außerdem schließt dies mit ein, dass die Software zu jedem Zeitpunkt änderbar ist und somit Kundenanforderungen ohne Verzögerung eingearbeitet werden können. Es bedeutet insbesondere, dass Qualität ein ständiges Thema ist und nicht erst am Ende eines Projektes eingebaut wird.

Entscheidungen spät treffen

Anforderungen werden iterativ umgesetzt. Für jede Anforderung muss eine Reihe von Entscheidungen getroffen werden. Jede einzelne Entscheidung setzt voraus, dass die Entwickler ausreichend informiert sind, um die Entscheidung fällen zu können. Damit Entwickler eine Anforderung mit bester Qualität umsetzen können, empfiehlt es sich, die damit zusammenhängenden Entscheidungen möglichst spät zu treffen, weil sie dann maximal informiert handeln können. Damit ist offenkundig, dass Änderbarkeit gebraucht wird, denn die Entwickler werden manche Anforderungen erst umsetzen, wenn sie die nötigen Informationen haben. Das bedeutet, dass sie zu späteren Zeitpunkten Anpassungen am System vornehmen müssen.

Entkoppelte Systeme bauen

Da die Entwickler wiederholt Anforderungen umsetzen, die Änderungen am bestehenden System erfordern, ist es sinnvoll, dafür zu sorgen, dass diese Änderungen möglichst kleine Teile des existierenden Systems betreffen. Dies erreicht das Entwicklungsteam durch eine modulare Architektur, bei der voneinander entkoppelte Systemteile über klar definierte Schnittstellen miteinander verbunden sind. Somit wirken sich Änderungen nur lokal aus.

Qualität kontinuierlich sicherstellen

Qualität sicherzustellen ist bei der agilen Softwareentwicklung eine ständige Beschäftigung und keine nachgelagerte Phase. Daraus folgt, dass das Team durch kontinuierliches Überprüfen dafür sorgen muss, seine Qualitätsstandards einzuhalten. Dies erreicht es durch Testen und dadurch, dass der Quelltext so hinterlassen wird, dass er leicht wartbar ist.

20.2 Agile Lösung

Wie erreichen nun die Entwickler ihr Ziel, die Wartbarkeit ihres Quelltextes hoch zu halten? Die Lösung für diese Frage ist im wahrsten Sinne des Wortes einfach: Die Entwickler streben einfache Lösungen an!

Ziel: Wartbarkeit hoch halten

Einfache Lösungen anzustreben bedeutet, dass die Lösungen einfach formuliert sind, dass die Entwickler die Lösungen leicht verstehen und dass die Lösungen einfach geändert und erweitert werden können. Genau diese Eigenschaften sind unter einer einfachen Lösung zu verstehen. Das ist wesentlich, denn häufig werden einfache Lösungen mit solchen verwechselt, die ohne viel Nachdenken hingeschrieben werden können oder einfach erstellt werden konnten. Das ist gerade nicht gemeint!

Einfache Lösungen anstreben

Lösungen, bei denen es sich jemand einfach gemacht hat, bergen die Gefahr, dass sie häufig ineffizient, ineffektiv und wenig änderbar sind. Das Team strebt aber gerade ein Ergebnis an, bei dem Einfachheit für den gesamten späteren Prozess erreicht werden kann. Das bedeutet, dass aktuell eine schwierige, komplizierte und aufwendige Aufgabe zu lösen ist, damit das Ergebnis des Tuns einfach ist.

Gefahr

Das zweite Element, das dem Entwicklungsteam eine gute Qualität im Sinne von Wartbarkeit liefert, ist das Schreiben von Tests. Hier steht zuerst im Mittelpunkt, dass die Entwickler für die betreffende Einheit einen Test schreiben. Er zwingt die Entwickler dazu, dass sie die Einheit in einer bestimmten Art aufteilen, sodass sie testbar ist. Dazu gehören kleine Operationen mit klar definierter Leistung und zusätzliche sondierende Operationen, mit denen sie sich während des Tests über den Zustand informieren können. Das erfolgreiche Durchlaufen der Tests stellt dann die Qualität in der Nutzung sicher.

Testgetriebene oder testinfizierte Entwicklung

Die Qualität des Quelltextes kann durch einfache Mittel hoch gehalten bzw. erhöht werden. Der Schlüssel dazu liegt wieder in der Rückkopplung in kurzen Zyklen. Führt das Team regelmäßig Quelltextreviews bzw. Quelltextinspektionen durch, dann erhält jeder Einzelne schnell Rückmeldung darüber, ob andere den Quelltext verstehen (trägt zur Wartbarkeit bei), und findet Fehler oder problematische Formulierungen, die der Autor bzw. die Autoren übersehen oder anders eingeschätzt haben. Programmieren in Paaren ist eine Institutionalisierung davon.

Quelltextinspektionen

Wesentlich für eine gute Änderbarkeit ist, dass im Quelltext nur genau an einer Stelle ein Problem gelöst wird. Dadurch vermeiden die Entwickler, dass Redundanzen im Quelltext auftreten. Diese entstehen durch einen Programmierstil, bei dem existierende Lösungen einfach kopiert und für die aktuelle Problemstellung angepasst werden (soge-

Redundanzen aus dem Quelltext entfernen

nanntes »copy and paste«). Bei Änderungen bedeutet dies, dass die Entwickler an vielen Stellen arbeiten müssen, die sie nicht leicht wiederfinden können.

Testabdeckung   Wesentliches Mittel für das Ändern eines bestehenden Systems sind Refactorings [Fowler 1999, Roock & Lippert 2004]. Im Allgemeinen müssen Entwickler erst den Quelltext anpassen, bevor sie eine neue Anforderung umsetzen können. Bei dieser Anpassung wollen sie sichergehen, dass keine Eigenschaft des Programms durch ihre Änderungen tangiert wird. Deshalb brauchen sie eine hohe Testabdeckung. Laufen die Tests vor und nach dem Refactoring erfolgreich durch, dann können sie davon ausgehen, dass ihr System weiterhin erwartungskonform funktioniert. Mit dieser Sicherheit können sie dann die Anforderung umsetzen und das Programm um neue oder geänderte Funktionalität ergänzen und weiterentwickeln.

20.3 Bezüge zu anderen agilen Praktiken

Wesentlich für die Anforderung der Änderbarkeit in der Entwicklung ist, dass kontinuierlich eine hohe Qualität des Programms aufrechterhalten wird. Ein Garant für Qualität sind Tests und eine hohe Testabdeckung. Erfahren Sie in Kapitel 14 *Team: Wo, wann und wie diskutieren wir Design und Architektur?* mehr über das Testen als Hilfe beim Design. Lesen Sie in Kapitel 10 *Team: Wie transportieren wir Wissen zwischen allen Teammitgliedern?* über das Programmieren in Paaren.

20.4 Übungsaufgaben

Arbeiten Sie in der Gruppe und lösen Sie folgende Aufgaben:

1. Wie verschaffen Sie sich einen Überblick über die Qualität Ihrer vorliegenden Software? Stellen Sie Qualitätsmerkmale zusammen, die Ihnen bei der Änderbarkeit nützlich sind! Führen Sie diese Qualitätsmerkmale auf messbare Größen und Verfahren zurück. (Zeitbedarf ca. 20–60 Minuten)
2. Wählen Sie ein (oder mehrere) Qualitätsmerkmal(e) aus und setzen Sie dessen (oder deren) kontinuierliche Überprüfung um! (Zeitbedarf ca. 60–120 Minuten)
3. Finden Sie defizitäre Stellen in Ihrer Quelltextbasis und planen Sie entsprechende Refactorings, um ihre Qualität zu erhöhen. Setzen Sie ein oder mehrere Refactorings um! (Zeitbedarf ca. 60–120 Minuten)

21 Management: Wie gehen wir mit Anforderungsmengen um?

Beginnend mit der Initiierung des Projektes kommen kontinuierlich Anforderungen auf das Entwicklungsteam zu, die während der Projektlaufzeit einzuarbeiten sind. Damit steht das Team vor dem Managementproblem, diese Menge an Anforderungen geschickt zu verwalten.

An anderer Stelle (siehe Kapitel 5 *Management: Wie schreiben wir Anforderungen auf?*) wurde festgestellt, dass in einem agilen Projekt Anforderungen nur so detailliert aufgeschrieben werden, dass deren Aufwand geschätzt werden kann, wenn es nötig ist. Das trägt zu einem schlanken Management bei. Trotzdem wird das Team eine große Menge von Anforderungen verwalten müssen.

Die Menge der Anforderungen wird über die Projektlaufzeit kontinuierlich steigen. Dazu trägt bei, dass Anforderungen vom Umfang her eher klein als groß geschnitten werden. Das Team wird also anstelle von wenigen großen Anforderungen eher viele kleine Anforderungen zu bearbeiten haben.

Außerdem bekommen die Teammitglieder über die Projektlaufzeit neue Informationen und lernen ständig dazu, sodass sich die bereits gesammelten Anforderungen ändern und neue hinzukommen. Anforderungen können auch entfallen oder eine neue Anforderung kann eine bestehende unnötig machen. Es wird Fälle geben, in denen sich gesammelte Anforderungen widersprechen oder gegenseitig behindern. Damit muss das Team umgehen.

21.1 Agile Sichtweise

Die agile Sichtweise ist, dass das Team mit den vorliegenden Anforderungen ein transparentes Management durchführen sollte. Das heißt, dass allen Projektbeteiligten jederzeit einsichtig gemacht wird, welche Anforderungen vorliegen und welche Aufwände aktuell mit diesen

Transparentes Management

Anforderungen verknüpft sind (nicht alle Anforderungen sind sofort mit Aufwänden beziffert).

Alle Anforderungen müssen vorliegen

Es ist wichtig, dass bei der Planung der nächsten Iteration alle aktuell gesammelten Anforderungen den Projektteilnehmern bekannt sind oder vorliegen. Die für die nächste Iteration relevanten Anforderungen sind darüber hinaus zu schätzen und mit einem Aufwand zu versehen.

21.2 Agile Lösung

Die agilen Lösungen für den Umgang mit Anforderungsmengen sind verschieden. Im Folgenden werden das Product Backlog und das Sprint Backlog aus Scrum und das Gruppieren über Feature-Sets aus dem Feature Driven Development vorgestellt. Für den Spezialfall, dass ein Festpreisprojekt durchgeführt werden muss, gibt es am Schluss ebenfalls eine Beschreibung.

21.2.1 Product Backlog vs. Sprint Backlog

Product Backlog (Katalog der Features für das Gesamtprodukt)

Die agile Methode »Scrum« (siehe Abschnitt 23.2 *Scrum*) schlägt als Mittel für die Verwaltung von Anforderungen das sogenannte Product Backlog (Katalog der Features für das Gesamtprodukt) vor. In diesem Katalog werden alle Anforderungen gesammelt. Dabei ist es unerheblich, inwieweit die Anforderung schon detailliert wurde; beispielsweise ob sie noch Nachfragen erfordert oder ob sie schon im Aufwand geschätzt wurde. Entstehen während der Entwicklung oder im Gespräch mit dem Kunden neue Anforderungen, werden diese in das Product Backlog aufgenommen, damit diese später bei der Iterations- und Releaseplanung berücksichtigt werden können.

Sprint Backlog (Katalog der Features für einen Sprint)

Für die aktuelle Implementierungsarbeit werden Anforderungen aus dem Product Backlog in das sogenannte Sprint Backlog (Katalog der Features für eine Iteration, die bei Scrum Sprint genannt wird) überführt. Dies ist die gemeinsame Auswahl der Entwickler und des Kunden. Man einigt sich hierbei auf die Anforderungen, die für die nächste Version sinnvoll sind. Näheres zum Prozess der Auswahl können Sie in Kapitel 7 *Management: Wie organisieren wir uns zeitlich?* nachlesen.

Getrennt vom Product Backlog werden im Sprint Backlog die Anforderungen für den aktuellen Sprint bzw. die laufende Iteration aufbewahrt. Das ist so wichtig, weil das Product Backlog sich jederzeit ändern darf: In das Product Backlog gehen bei Bedarf neue Anforderungen ein oder es werden Anforderungen ergänzt oder entfernt. Das gilt nicht für das Sprint Backlog!

Es ist wichtig, dass sich der Inhalt des Sprint Backlog nur im absoluten Ausnahmefall ändert. Die dort gesammelten Anforderungen wurden bewusst und gemeinsam vonseiten der Entwicklung und des Kunden ausgewählt. Beide Seiten verlassen sich darauf: Der Kunde erwartet, dass diese Anforderungen in der nächsten Version umgesetzt sind. Die Entwickler gehen davon aus, dass genau diese Anforderungen innerhalb des Sprint-Zeitraums umgesetzt werden. *Verlässlichkeit*

Für diese Verlässlichkeit ist von allen Beteiligten Disziplin gefordert. Die Planung eines Sprints bzw. einer Iteration wurde durchgeführt, um sich gegenseitig Zusagen zu machen. Gilt dies nicht mehr, dann kommt es zu einer Beliebigkeit, die Planungen über den Haufen wirft und zugesagte Umfänge, Aufwände und Termine nicht mehr einhaltbar macht. Agilität bedeutet hier nicht Entwicklung auf Zuruf! *Disziplin*

Es ist wichtig, dass an dieser Stelle strikt vorgegangen wird, denn es geht hierbei um einen Lernprozess auf beiden Seiten. Die Entwickler müssen Aufwandsschätzungen lernen. Dafür müssen sie ihre Schätzungen und den dafür verbrauchten Zeitraum zueinander in Beziehung setzen. Das geht nur in einer kontrollierten Umgebung. Kommen weitere Anforderungen dazu oder ändern sich Anforderungen während der Bearbeitung, ist dies schwer möglich. Gleichzeitig sollen die Mitglieder der auftraggebenden Organisation lernen, wie sie einen realistischen und für sich sinnvollen Katalog von Anforderungen für die nächste Version (Sprint Backlog) zusammenstellen. Beide Seiten lernen im Projektverlauf, sich aufeinander einzustellen. *Lernprozess*

21.2.2 Gruppierung über Feature-Sets (FDD)

Die agile Methode »Feature Driven Development« (siehe Abschnitt 23.3 *Feature Driven Development*) schlägt vor, Features bzw. einzelne Anforderungen zu inhaltlich oder fachlich zusammengehörenden Gruppen zusammenzufassen. Dies ist in Abbildung 21–1 veranschaulicht. *Inhaltliche oder fachliche Gruppen*

Abb. 21-1
Anforderungs-organisation bei FDD

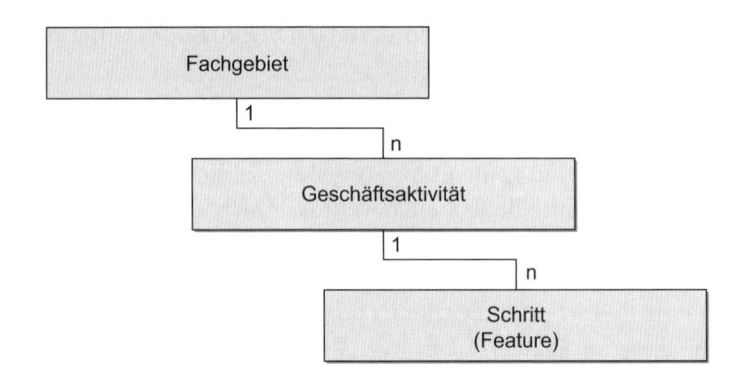

```
        Fachgebiet
            |
           1
           |
           n
       Geschäftsaktivität
            |
           1
           |
           n
          Schritt
         (Feature)
```

Beispiel:
Fachliche Gruppierung

Beispielsweise werden bei einem Serviceunternehmen alle Anforderungen rund um die Einsatzplanung der Mitarbeiter und alle Anforderungen rund um die Fahrzeugverwaltung jeweils gruppiert. Dies vereinfacht die Auswahl von zusammengehörigen Features für eine Iteration oder ein Release.

Beispiel:
Gruppierung nach Prioritäten

Allerdings sind auch andere Strukturierungsmöglichkeiten und Priorisierungen hilfreich. Es können z. B. alle zwingend notwendigen Anforderungen zur Fahrzeugverwaltung (Priorität A) und alle wünschenswerten Anforderungen zur Fahrzeugverwaltung (Priorität B) und alle Anforderungen zur Fahrzeugverwaltung, die nett wären, (Priorität C) zu jeweils einer Prioritätsgruppe zusammengefasst werden.

Beispiel:
Gruppierung nach Prozessen oder Abteilungen

Eine dritte Möglichkeit besteht darin, nach Prozessen oder Abteilungen zu strukturieren, also z. B. alle Anforderungen für den Fahrzeugverleihprozess, alle Anforderungen für die Einkaufsabteilung.

Die jeweils gewählte Gruppierung wird mit Aufwänden geschätzt. Daraus wird eine möglichst kleine Iteration zusammengestellt.

21.2.3 Speziallösung für Festpreisprojekte

Zwiespalt:
Klarer Preis vs. interpretierbarer Funktionsbeschreibung

Festpreisprojekte bilden beim agilen Vorgehen eine besondere Kategorie. Wesentlich für diesen Projekttyp ist nicht nur, dass der Preis festgelegt ist, wie es bereits der Name sagt, sondern auch, dass der Funktionsumfang bei Projektbeginn feststeht. Da der Preis über eine einfache Zahl repräsentiert wird und der Funktionsumfang über eine interpretierbare Funktionsbeschreibung, hat dieser Projekttyp einen zwiespältigen Charakter. Wird solch ein Projekt von Kundenseite und Entwicklungsorganisation transparent betrieben, lässt es sich aber ebenfalls agil bearbeiten.

Tauschmasse

Es gibt für das Festpreisprojekt eine Liste der vertraglich vereinbarten, fixierten Anforderungen. Diese Liste kann dann insofern noch verändert werden, als einzelne noch nicht realisierte Anforderungen

Tauschmasse werden und gegen geänderte oder neue Anforderungen ausgetauscht werden können. Dies setzt voraus, dass Entwickler (bzw. deren Management) und Kunde einvernehmlich tauschen. Dabei hilft es, wenn man die Anforderungen detailliert im Aufwand benennt und nicht nur einen Gesamtaufwand kennt. Schematisch ist dies in Abbildung 21–2 dargestellt.

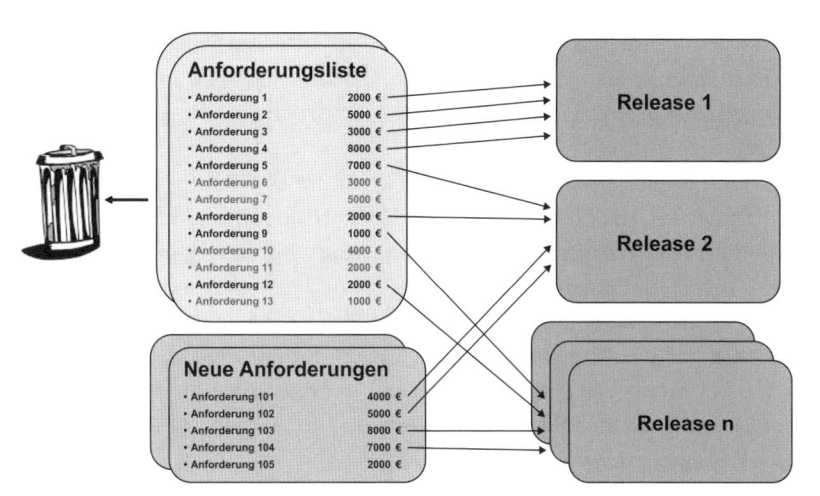

Abb. 21–2
Anforderungen als Tauschmasse für agile Festpreisprojekte

Die Herausforderung für die Entwickler ist hierbei, dass die Aufwandsschätzungen bereits zu Projektbeginn erfolgen müssen. Dies funktioniert nur bei eingespielten Teams und bei bekannten Gegenstandsbereichen. Sind für das Projekt zu viele Faktoren unbekannt, dann wird die Schätzung zu ungenau, und im Zweifel muss nachverhandelt werden.

Herausforderung: Schätzung bei Projektbeginn

Die Herausforderung für den Kunden besteht darin, bereits bei Auftragserteilung zu wissen, welchen inhaltlichen Umfang das Projekt haben soll. Nur die Anforderungen, die im Auftrag verzeichnet sind, werden zum verhandelten Preis umgesetzt. Kommen neue Anforderungen auf, müssen diese neu verhandelt werden. Sind Anforderungen im Auftrag enthalten, die sich erübrigt haben, werden diese im Zweifel ohne konkreten Bedarf umgesetzt.

Herausforderung: Inhaltlicher Umfang

21.2.4 Umgehen mit widersprüchlichen Anforderungen

Es wird Fälle geben, in denen sich gesammelte Anforderungen widersprechen oder gegenseitig behindern. Damit müssen die Entwickler offensiv und systematisch umgehen.

Erkennen   Zuerst ist es für den Projektfortschritt wesentlich, dass Widersprüche in den Anforderungen erkannt werden. Dazu sollte der Umgang mit den Anforderungen unterstützend wirken. Wenn also die Entwickler Anforderungen aufnehmen und in ihren Katalog einsortieren, dann befördert das Einordnung das Erkennen von Widersprüchen, weil thematisch zusammengehörende Anforderungen nebeneinander lagern werden. Ein weiterer Zeitpunkt, zu dem die Entwickler Widersprüche erkennen können, ist bei der Auswahl der offenen Anforderungen für die kommende Iteration. Hier werden thematisch verwandte Anforderungen diskutiert. Dabei werden Widersprüche zwangsläufig zutage treten.

Thematisieren   Sind Widersprüche aufgetreten, dann ist es wichtig, sich mit dem Auftraggeber rückzukoppeln. Möglichst früh sollten sich gegenseitig widerstrebende Anforderungen thematisiert werden, damit diese nicht zu unnötigen Fehlentwicklungen führen. Der späteste, aber immer noch richtige Zeitpunkt für eine Thematisierung von Widersprüchen ist kurz vor der Implementierung. Stellen die Entwickler beim Umsetzen einer Story fest, dass diese sich mit der existierenden Implementierung beißt, dann sollte dies angesprochen werden, bevor die neue Story umgesetzt wird.

Ausräumen   Fachliche Widersprüche können nur vom Kunden geklärt werden. Das Entwicklungsteam muss den Kunden also zum Ausräumen von Widersprüchen heranziehen. Der Kunde vor Ort ist dafür ein guter Ansprechpartner. Hier kann es allerdings notwendig sein, dass innerhalb des Unternehmens ein Klärungsprozess gestartet wird. Technische Widersprüche können vonseiten der Entwicklungsorganisation durch Beratung geklärt werden.

21.3 Bezüge zu anderen agilen Praktiken

Wesentlich für den Umgang mit Anforderungen ist das Aufschreiben der Anforderungen. Lesen Sie in Kapitel 5 *Management: Wie schreiben wir Anforderungen auf?* über das Aufschreiben von Anforderungen in Form von Storys. Das Schätzen von Aufwänden ist notwendige Voraussetzung für die Iterationsplanung. Erfahren Sie mehr darüber in Kapitel 4 *Management und Team: Wie schätzen wir Aufwände?* zur Aufwandsschätzung und in Kapitel 7 *Management: Wie organisieren wir uns zeitlich?* zur Iterationsplanung.

21.4 Übungsaufgaben

Lösen Sie folgende Aufgaben in Ihrem Projekt:

1. Organisieren Sie ein Product Backlog, in dem Sie alle Anforderungen sammeln. Machen Sie sich klar, welchen Zustand die Anforderungen im Product Backlog haben können. (Zeitbedarf ca. 30–60 Minuten)
2. Überführen Sie Anforderungen aus dem Product Backlog in das Sprint Backlog im Rahmen einer Sprint-Planung. Welche Kriterien müssen die Anforderungen erfüllen, damit Sie sie in das Sprint Backlog übernehmen können? Planen Sie den Sprint. (Zeitbedarf ca. 60–90 Minuten)
3. Führen Sie den Sprint durch und erfassen Sie dabei, was mit den Anforderungsbeschreibungen passiert. Bleibt es bei den ausgewählten Anforderungen? Werden Anforderungen aus dem Sprint Backlog entbehrlich? Müssen Anforderungen genauer spezifiziert werden? Werden neue Anforderungen in das Product Backlog eingetragen? Verfolgen Sie die Tätigkeiten bzgl. der Anforderungen im Detail. (Zeitbedarf ca. 60–120 Minuten in der Summe)

22 Management:
Wer hilft uns bei Problemen mit dem agilen Vorgehen?

Agiles Vorgehen bedeutet, dass die Projektbeteiligten ständig ihr Handeln reflektieren und den Prozess, das Vorgehen und Entscheidungen infrage stellen, um sich kontinuierlich zu verbessern. Das heißt, die Teammitglieder werden im Prozess regelmäßig nach Verbesserungen suchen und diese umsetzen.

Dadurch kann es zu Unsicherheiten kommen, weil sich Dinge immer wieder ändern und es damit für Projektbeteiligte unklar sein kann, ob nun eine bestimmte Art, etwas agil zu tun, für das eigene Team ungeeignet ist, noch nicht beherrscht wird oder falsch angewendet wurde. Mit diesem Managementproblem muss systematisch umgegangen werden.

22.1 Agile Sichtweise

Aus Sicht der Begründer der agilen Methoden sind Menschen wichtiger als Prozesse. Das heißt, es ist wichtig, dass alle Projektbeteiligten mit dem Prozess zurechtkommen (»People over process«, siehe Abb. 2–4). Daraus folgt, dass das Projektmanagement immer wieder nachprüfen muss, ob die Beteiligten mit den aktuell gewählten Prozesselementen gut klarkommen oder nicht.

Menschen gehen vor (People over process)

Wenn Teammitglieder ein Problem feststellen, sollen sie nach einem Weg suchen, dies möglichst schnell abzustellen, weil bekannt ist, dass Menschen nur dann optimal arbeiten können, wenn die äußeren Probleme aus dem Weg geschafft sind.

Das hat aber zur Folge, dass ein agiler Prozess nicht einfach nach einem Dokument, einer Schablone und einer Checkliste entwickelt werden kann. Die Entwickler können diese Checkliste nicht abarbeiten und daran feststellen, ob sie agil vorgegangen sind bzw. alles richtig gemacht haben. Ein agiler Prozess wird auf die jeweilige Gruppe von Personen angepasst und sieht deshalb jeweils unterschiedlich aus.

Agil wird ein Prozess gerade dadurch, dass Sie nicht einfach nur etablierte Elemente bekannter agiler Methoden einsetzen, sondern auch dadurch, dass Sie regelmäßig über den Prozess selbst reflektieren und ihn ändern, um ihn zu verbessern.

22.2 Agile Lösung

Rückkopplung auf Prozessebene

Die agile Lösung nutzt wieder die Rückkopplung. Diesmal wird sie auf der Prozessebene angewendet. Das Entwicklungsteam sollte sich regelmäßig Zeit für Rückkopplungen nehmen, um über die Organisation des Entwicklungsprozesses zu sprechen. Es können jederzeit Probleme mit dem aktuellen Prozess thematisiert werden (beispielsweise im Standup-Meeting oder Daily Scrum), aber es ist auch wichtig, den Prozess explizit zu thematisieren. Dafür muss sich das Team aber explizit Zeit nehmen.

Konstruktive Wendung

Es geht bei der Reflexion zum Prozess nicht nur darum, Dinge zu finden, die nicht funktionieren oder der Verbesserung bedürfen. Es geht auch immer um die konstruktive Wendung, wie diese Probleme angegangen werden können, damit der Prozess verbessert werden kann. Dafür kann es helfen, bisher nicht eingeführte agile Praktiken zu betrachten und diese ggf. dem Team vorzustellen. Unter Umständen sagen dem Team diese mehr zu als das bisher Praktizierte. Allerdings sei an dieser Stelle gewarnt, zu schnell neue Praktiken als Problemlösung heranzuziehen. Zuerst sollte untersucht werden, ob nicht ggf. die bisherigen Praktiken nur inkonsequent oder falsch oder wenig angemessen eingesetzt werden und ob sich daran und an den Ursachen dafür etwas ändern lässt.

Coach oder Trainer

Besonders hilfreich ist es, wenn die Rückkopplung von einem Coach oder Trainer organisiert wird. Diese Person bringt eine erfahrene Sicht auf die Dinge ein. In einem Workshop oder bei kontinuierlicher Beratung kann er Teammitglieder bitten, ihr aktuelles Vorgehen zu beschreiben und zu bewerten. Bei manchen agilen Methoden gibt es eine solche beratende Person explizit. Beispielsweise hat eXtreme Programming den *XP-Coach* und Scrum kennt den *ScrumMaster*. Besonders wertvoll ist die Beratung durch eine externe Person. Mithilfe ihrer Sicht auf die Dinge bekommen Teammitglieder neue Impulse und stellen sich Fragen, die sie intern womöglich nicht gestellt hätten.

XP-Coach

Die Rolle des XP-Coach ist so angelegt, dass er das Team während der gesamten Entwicklung als Mentor betreut. Das ist insbesondere sinnvoll, wenn man XP neu einführt, denn viele Praktiken sind zwar leicht zu verstehen, können aber in der täglichen Umsetzung trotzdem schwierig sein, weil es Zeit braucht, sie intuitiv umzusetzen. Insbesondere wenn Schwierigkeiten auftreten, brauchen die Teammitglieder die Abgeklärtheit eines erfahrenen XP-Praktikers. Der XP-Coach bringt dem Team Softwareentwicklung nach XP bei, und zwar sowohl durch direkten Unterricht als auch durch aktives Mitarbeiten.

Der ScrumMaster stellt sicher, dass der Scrum-Prozess wie beabsichtigt durchgeführt wird. Er sorgt dafür, dass die Arbeitsumgebung des Entwicklungsteams optimal ist. Er kümmert sich um eine enge Kooperation zwischen den Teammitgliedern, und er schützt das Team vor äußeren Einflüssen und beseitigt Hindernisse. Der ScrumMaster setzt durch, dass Regeln und die Praktiken während eines Sprints eingehalten werden. Er lädt die relevanten Personen zum Daily Scrum, zum Iterationsreview (Sprint-Review) und zu Planungsbesprechungen ein. Der ScrumMaster unterstützt den Kunden, indem er ihm beim Prozess hilft und so für eine gute Kommunikation zwischen Entwicklung und Auftraggeber sorgt. Dadurch soll sich der Geschäftswert der Entwicklung optimal entwickeln.

ScrumMaster

22.3 Bezüge zu anderen agilen Praktiken

Wesentlich für den Prozess ist die Release- und Iterationsplanung. Lesen Sie in Kapitel 7 *Management: Wie organisieren wir uns zeitlich?* über die Projektplanung. Erfahren Sie in Kapitel 10 *Team: Wie transportieren wir Wissen zwischen allen Teammitgliedern?* mehr über die Kommunikation im Projekt.

22.4 Übungsaufgaben

Lösen Sie folgende Aufgaben im Team:

1. Organisieren Sie sich einen Coach oder Trainer für das Projekt. Im Idealfall sollte dies ein XP-Coach oder ScrumMaster sein. (Zeitbedarf ca. 60–90 Minuten)
2. Planen Sie den Coach in Ihr Projekt ein: entweder mit einzelnen Sitzungen oder begleitend. Dokumentieren Sie die Kommunikation (Anlass, Inhalt etc.) und die Interventionen. (Zeitbedarf ca. 2–5 Stunden)

23 Ausgewählte agile Methoden

In diesem Kapitel wollen wir Ihnen die etablierten agilen Methoden eXtreme Programming, Scrum und Feature Driven Development vorstellen[1]. Zusätzlich zeigen wir Ihnen noch Software-Kanban, eine ziemlich junge agile Methode, die aus den Ideen der Lean Production (Toyota-Production-System) entstanden ist. Sie werden dabei viele der in den Methoden referenzierten agilen Praktiken aus den bisherigen Kapiteln wiedererkennen. Wenn Sie sich aus den agilen Praktiken selbst eine agile Methode zusammenstellen wollen, kann es hilfreich sein, als Startpunkt eine Zusammenstellung zu wählen, wie sie in einer der etablierten agilen Methoden enthalten ist.

Es bleibt aber agiler Grundsatz, dass der gewählte Prozess und die gewählten Praktiken passen sollen. Sie müssen also in jedem Fall für Ihr Umfeld, Ihr Projekt und Ihre Organisation Anpassungen vornehmen.

Agiler Grundsatz: Anpassen!

23.1 eXtreme Programming

Kent Beck hat aus seiner Erfahrung als Entwickler und Berater die aus seiner Sicht erfolgreichsten Praktiken zu einer Methode zusammengestellt, die er *eXtreme Programming (XP)* genannt hat. Bereits die erste Auflage seiner Methodenbeschreibung aus dem Jahr 2000 [Beck 2000] fand großen Anklang. Im Jahr 2004 schließlich gab es einige Neuerungen in der Beschreibung [Beck 2004].

Einige werfen eXtreme Programming vor, es sei eben nur eine Zusammenstellung von vorher schon bekannten (und bewährten)

---

1. Im deutschsprachigen Raum sind insbesondere eXtreme Programming und Scrum sehr populär, Feature Driven Development dagegen eher (noch) unbekannt. Wir haben uns hier aber bewusst für Feature Driven Development als zusätzliche Alternative entschieden, weil diese Methode viele Dinge anders löst als XP oder Scrum, dabei aber immer noch agil ist.

Praktiken. XP leistet aber mehr als nur eine bloße Aufzählung, weil es das Zusammenspiel beschreibt. Seit der Aktualisierung der Prinzipien durch Kent Beck werden zwei Sätze an jeweils zusammen zu verwendenden Praktiken benannt. Sie finden sich weiter unten als Primärpraktiken wieder, deren Anwendung Grundvoraussetzung dafür ist, nach eXtreme Programming vorzugehen. Von erfahrenen Teams können dann zusätzlich die Sekundär- oder Folgepraktiken angewendet werden.

Der Zusammenhang zwischen den einzelnen Praktiken des XP ergibt sich über die bei XP explizit beschriebenen Werte und Prinzipien der Methode. Diese leisten auch einen wichtigen Beitrag zum Überbau agiler Softwareentwicklung.

Eine praktische Einführung in eXtreme Programming mit vielen Hinweisen und Tipps aus Praxiserfahrungen findet sich in [Wolf et al. 2005].

23.1.1 Die fünf Werte des eXtreme Programming

XP nennt als Grundlage die folgenden fünf Werte:

1. Kommunikation (engl. Communication)
2. Rückkopplung (engl. Feedback)
3. Einfachheit (engl. Simplicity)
4. Mut (engl. Courage)
5. Respekt (engl. Respect)

Genau wie andere agile Methoden auch stützt sich XP auf diese Werte. Wir haben sie deshalb bereits als Grundlage agiler Methoden in Abschnitt 2.2 *Werte hinter agiler Softwareentwicklung* eingeführt und vorgestellt.

XP verweist zusätzlich noch explizit darauf, dass bei spezifischen Anpassungen für Organisationen oder Projekte geprüft werden sollte, ob hier zusätzliche Werte gewählt werden müssen. Die grundlegenden Werte und die projektspezifischen sind in Projekten eine große Entscheidungshilfe. So kann bei der Auswahl geeigneter Praktiken überprüft werden, ob sie mit dem Wertesystem konform sind. Ansonsten müssen andere Praktiken gefunden werden. In Konfliktfällen oder bei Entscheidungen zu Alternativen im Projekt kann über das Wertesystem eine Diskussion geführt werden, die eine Entscheidung leichter herbeiführt.

23.1.2 Die 14 Prinzipien des eXtreme Programming

Die Prinzipien des eXtreme Programming sind:
1. Menschlichkeit (engl. Humanity)
2. Wirtschaftlichkeit (engl. Economics)
3. Gegenseitiger Vorteil (engl. Mutual Benefit)
4. Selbstähnlichkeit (engl. Self-Similarity)
5. Verbesserung (engl. Improvement)
6. Mannigfaltigkeit (engl. Diversity)
7. Reflexion (engl. Reflection)
8. Fluss (engl. Flow)
9. Gelegenheit (engl. Opportunity)
10. Redundanz (engl. Redundancy)
11. Fehlschlag (engl. Failure)
12. Qualität (engl. Quality)
13. Babyschritte (engl. Baby Steps)
14. Akzeptierte Verantwortlichkeit (engl. Accepted Responsibility)

Software wird von Menschen für Menschen entwickelt. Daher legt XP großen Wert darauf, dass dieser Umstand in XP-Projekten nicht vergessen wird.	*Menschlichkeit*
XP ist eine Methode, die explizit das Thema Wirtschaftlichkeit adressiert. Softwareprojekte ergeben nur Sinn, wenn die Software einen höheren Nutzen bringt, als ihre Entwicklung an Kosten verursacht. Für die Entwickler muss sich die Entwicklung natürlich auch lohnen.	*Wirtschaftlichkeit*
Menschen arbeiten am besten und gewinnbringendsten für alle zusammen, wenn sie nicht nur auf den eigenen Vorteil bedacht sind, sondern auch zum wechselseitigen Vorteil arbeiten. Eventuell ist Ihnen der Begriff der Win-Win-Situation in diesem Zusammenhang vertraut.	*Gegenseitiger Vorteil*
Unter dem Begriff der Selbstähnlichkeit wird verstanden, dass bereits bekannte Lösungen strukturell ein guter Startpunkt für die Lösung neuer Probleme sind. So kann das Prinzip des Komponententestens vor dem Programmieren ebenfalls auf der Ebene der Akzeptanztests angewendet werden. Technisch kann das Prinzip ebenfalls regelmäßig eingesetzt werden. Es ist allerdings keine Lösung für alle Probleme. Manche bedürfen ganz neuer individueller Lösungen, die keine Übertragungen bekannter Lösungen darstellen.	*Selbstähnlichkeit*
Das Prinzip der Verbesserung besagt, dass in XP-Projekten angestrebt wird, sich auf allen Ebenen ständig weiter zu verbessern. Zufriedenheit mit dem Status quo gilt nur, bis eine bessere Lösung, ein besseres Vorgehen oder bessere Ideen gefunden werden. Das Prinzip wird	*Verbesserung*

sowohl auf das zu erstellende Produkt als auch auf den Entwicklungsprozess selbst angewendet.

Mannigfaltigkeit — Alle Projektteilnehmer sind mit ihrer jeweiligen Ausbildung, Meinung und Erfahrung willkommen. Jedermanns Meinung ist gefragt und wichtig. Letztlich sind Verbesserungen und Innovationen kaum möglich, wenn von vornherein alle die gleiche Meinung haben.

Reflexion — Auf allen Ebenen im Entwicklungsprozess setzt XP auf Reflexion. Wir haben in diesem Buch meist den Begriff der Rückkopplung dafür verwendet. Reflexion ermöglicht Lernen und Verbesserung.

Fluss — Die Arbeit in XP-Projekten soll möglichst flüssig von der Hand gehen, die einzelnen Schritte und Praktiken sollen einen Fluss bilden, sodass die Arbeit nicht ins Stocken gerät.

Gelegenheit — Das Prinzip der Gelegenheit soll uns erinnern, Probleme vor allem als Gelegenheiten zu betrachten: Gelegenheiten, etwas Neues zu lernen, zu neuen Erkenntnissen zu kommen, eine Lösung zu finden, ein Problem zu überwinden.

Redundanz — In der Softwareentwicklung ist der Begriff der Redundanz meist negativ belegt. Es gibt aber Systeme, die Redundanz benötigen, damit sie auch dann noch funktionieren, wenn ein Teil ausfällt. Dies gilt für Entwicklungsteams in hohem Maße, weil man sich die Abhängigkeit von Einzelnen nicht leisten kann und will.

Fehlschlag — Fehlschläge gehören zum Leben, auch zum Leben eines Entwicklers oder eines Kunden und Anwenders. Es gilt, diese Fehlschläge zu akzeptieren und aus ihnen zu lernen. Die Alternative, Fehlschläge immer zu vermeiden, führt nicht zu optimalen Lösungen, weil dann nur bekannte Wege gegangen werden können (und es erfahrungsgemäß doch nicht gelingt).

Qualität — Jeder Mensch möchte gerne Qualitätsarbeit abliefern. Qualität zum Prinzip zu erheben ist wichtig, um sich in Zweifelsfällen für Qualität und gegen andere Faktoren entscheiden zu können. Typischerweise tritt bei der Softwareentwicklung ein Konflikt zwischen einzuhaltenden Terminen und Qualität auf.

Babyschritte — Vorgehen in großen Würfen und großen Schritten birgt immer die Gefahr, dass im Fall eines Fehlschlags dieser auch eine entsprechende Größe annimmt. Deswegen wird prinzipiell in XP-Projekten in möglichst kleinen Schritten vorgegangen. Dies ist risikominimierend.

Akzeptierte Verantwortlichkeit — XP setzt darauf, dass Verantwortlichkeit nur wahrgenommen werden kann von Leuten, die diese Verantwortung auch akzeptiert haben. Es genügt nicht, dass der Chef eine Verantwortung zuweist. Jeder in einem XP-Projekt muss seine Verantwortung akzeptieren, sowohl auf Kunden-/Anwenderseite wie auch auf Entwicklerseite.

23.1.3 Die 13 Primärpraktiken

Wir hatten bereits ausgeführt, dass der Begriff Praktik ein Versuch der Übersetzung des englischen Begriffs »practice« im Sinne einer »Best Practice« darstellt. Denn viele der Praktiken von XP sind nicht neu mit XP erfunden worden. Die meisten Praktiken dürften Sie in den vorausgegangenen Kapiteln schon kennengelernt haben, trotzdem wollen wir hier über alle noch einmal einen kurzen Überblick geben.

Die 13 Primärpraktiken von XP sind:

1. Räumlich zusammen sitzen (engl. Sit Together)
2. Komplettes Team (engl. Whole Team)
3. Informative Arbeitsumgebung (engl. Informative Workspace)
4. Energiegeladene Arbeit (engl. Energized Work)
5. Programmieren in Paaren (engl. Pair Programming)
6. Geschichten (engl. Stories)
7. Wochenzyklus (engl. Weekly Cycle)
8. Quartalszyklus (engl. Quarterly Cycle)
9. Freiraum (engl. Slack)
10. Zehn-Minuten-Build (engl. Ten-Minute Build)
11. Kontinuierliche Integration (engl. Continuous Integration)
12. Testgetriebene Entwicklung (engl. Test-First Programming)
13. Inkrementeller Entwurf (engl. Incremental Design)

Räumlich zusammen sitzen (engl. Sit Together)

Alle Projektbeteiligten sollen räumlich möglichst nah beieinander sitzen, idealerweise in einem Raum. Das erleichtert die direkte Kommunikation und reduziert damit Reibungsverluste.

Komplettes Team (engl. Whole Team)

Das XP-Team soll alle Qualifikationen enthalten, die für das Projekt erforderlich sind. Damit sind sowohl technische wie fachliche Qualifikationen gemeint. So kann das Team schnell voranschreiten, ohne auf die Verfügbarkeit externer Ressourcen warten zu müssen.

Informative Arbeitsumgebung (engl. Informative Workspace)

Die Arbeitsumgebung des Teams soll über den aktuellen Projektzustand informieren. Das betrifft die noch offenen Aufgaben, den Zustand des Systems bzgl. Tests, den Kernentwurf des Systems etc.
 Den größten Teil dieser Praktik kann man realisieren, indem man geeignete erarbeitete Flipchart-Zettel und Ausdrucke an den Wänden des Teamraums aufhängt.

Energiegeladene Arbeit (engl. Energized Work)

Die Arbeit in einem XP-Projekt ist energiegeladen. Alle Teammitglieder sind engagiert bei der Sache und bringen vollen Einsatz.

Programmieren in Paaren (engl. Pair Programming)

Das Programmieren in Paaren ist immer schon eine der auffälligsten XP-Praktiken gewesen: Zwei Entwickler programmieren zusammen vor einem Rechner. Dies führt dazu, dass sich die Entwickler ständig gegenseitig kontrollieren und auf Fehler oder umständliches Design aufmerksam machen.

Geschichten (engl. Stories)

Die Anforderungen werden in XP-Projekten als informelle Geschichten (engl. Stories) aufgeschrieben. Wer genau diese Geschichten schreibt, also ob der Kunde oder die Entwickler, lässt XP heute offen. Zunächst ist nur wichtig, dass Anforderungsgeschichten existieren. Dass diese von einem echten Kunden stammen sollten, wird erst mit der Folgepraktik »Echte Kundenbeteiligung« gefordert.

Wochenzyklus (engl. Weekly Cycle)

Eine Iteration dauert eine Woche. Eine Woche ist eine natürliche Zeiteinheit für Teams. Eine Woche ist überschaubar und klein genug für detailliertere Planung. Es handelt sich beim Wochenzyklus um einen Erfahrungswert von Kent Beck.

Quartalszyklus (engl. Quarterly Cycle)

Ein Release dauert ein Quartal (drei Monate). Auch hier handelt es sich um einen Erfahrungswert von Kent Beck. Ein großer Vorteil solcher vom Kalender vorgegebenen Zeiträume ist, dass man sie nicht künstlich verlängern kann. Ein Quartal endet zu einem festgelegten Zeitpunkt und nicht 10 oder 20 Tage später (mit mehr Funktionalität im System).

Freiraum (engl. Slack)

Entwickler brauchen zwischendurch Freiraum, um sich mit den Neuerungen außerhalb des Projektes vertraut zu machen. Ansonsten werden sie schnell vom technologischen Geschehen abgehängt. Sie sind dann im nächsten Projekt weniger gut einsetzbar. Es kann auch vorkommen, dass die Entwickler während ihrer Freiraumphasen auf Technologien oder Vorgehensweisen stoßen, von denen bereits ihr aktuelles Projekt profitieren kann.

Zehn-Minuten-Build (engl. Ten-Minute Build)

Es darf maximal zehn Minuten dauern, das Projekt zu übersetzen und die Tests auszuführen. Diese Forderung mag in großen Projekten unerfüllbar scheinen. Mit einer geschickten Aufteilung in Teilprojekte kann man der Forderung aber nahekommen.

Kontinuierliche Integration (engl. Continuous Integration)

Die Entwickler integrieren ihre Änderungen mehrfach am Tag in die gemeinsame Quelltextbasis; bestenfalls nach der Implementierung jeder Story.

Testgetriebene Entwicklung (engl. Test-First Programming)

Bei der testgetriebenen Entwicklung wird der Testcode vor dem Produktivcode geschrieben. Die Tests werden nach jedem Programmierschritt ausgeführt und liefern Rückmeldung über den Entwicklungsstand der Software.

Inkrementeller Entwurf (engl. Incremental Design)

Der Softwareentwurf soll inkrementell erfolgen, also schrittweise entlang der Anforderungen. Der Entwurf soll immer nur die nächsten, konkret bekannten Anforderungen berücksichtigen.

Abb. 23-1 Zur Übersicht stellen wir hier die Primärpraktiken und die im nächsten Abschnitt beschriebenen Folgepraktiken grafisch dar:

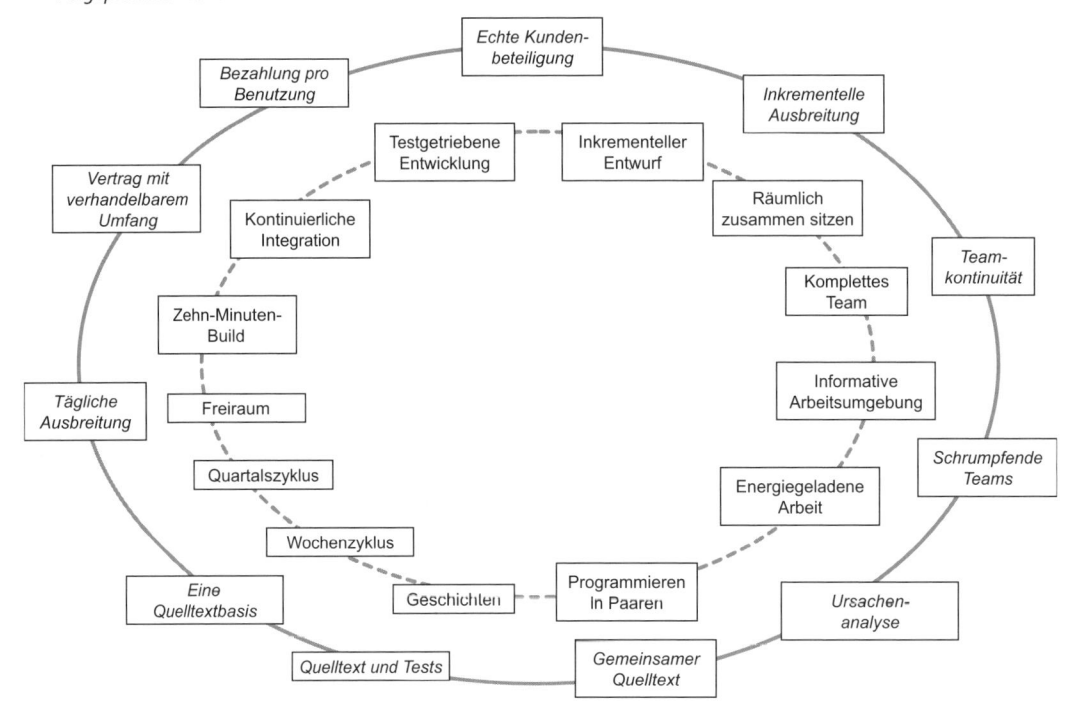

Übersicht Primär- und Folgepraktiken von XP

Diagramm mit Primärpraktiken (innerer Kreis) und Folgepraktiken (äußerer Kreis):

- Echte Kundenbeteiligung
- Bezahlung pro Benutzung
- Inkrementelle Ausbreitung
- Testgetriebene Entwicklung
- Inkrementeller Entwurf
- Vertrag mit verhandelbarem Umfang
- Räumlich zusammen sitzen
- Kontinuierliche Integration
- Komplettes Team
- Teamkontinuität
- Zehn-Minuten-Build
- Informative Arbeitsumgebung
- Tägliche Ausbreitung
- Freiraum
- Schrumpfende Teams
- Quartalszyklus
- Energiegeladene Arbeit
- Wochenzyklus
- Eine Quelltextbasis
- Geschichten
- Programmieren in Paaren
- Ursachenanalyse
- Quelltext und Tests
- Gemeinsamer Quelltext

23.1.4 Die 11 Folgepraktiken

Erst wenn Teams die Primärpraktiken beherrschen und erfolgreich anwenden können, sollten auch die Folgepraktiken zum Einsatz kommen. XP kennt 11 Folgepraktiken:

1. Echte Kundenbeteiligung (engl. Real Customer Involvement)
2. Inkrementelle Ausbreitung (engl. Incremental Deployment)
3. Teamkontinuität (engl. Team Continuity)
4. Schrumpfende Teams (engl. Shrinking Teams)
5. Ursachenanalyse (engl. Root-Cause Analysis)
6. Gemeinsamer Quelltext (engl. Shared Code)
7. Quelltext und Tests (engl. Code and Tests)
8. Eine Quelltextbasis (engl. Single Code Base)
9. Tägliche Ausbreitung (engl. Daily Deployment)
10. Vertrag mit verhandelbarem Umfang (engl. Negotiated Scope Contract)
11. Bezahlung pro Benutzung (engl. Pay per Use)

Echte Kundenbeteiligung (engl. Real Customer Involvement)

Wenn das Team die Arbeit mit Storys und inkrementellem Entwurf beherrscht, sollte eine Person aus der Kundenorganisation integriert werden.

Inkrementelle Ausbreitung (engl. Incremental Deployment)

Erstellte Releases sollen eingesetzt werden. Insbesondere wenn es um die Ablösung existierender Systeme geht, scheint das häufig unmöglich. Um das Altsystem abzulösen, muss das neue System natürlich alle Funktionen des Altsystems beherrschen.

Das ist ein Trugschluss. Durch pfiffige Planung der Releases können Altsystem und die bereits implementierten Funktionen des neuen Systems sinnvoll parallel eingesetzt werden. Das ist mit mehr oder weniger Integrationsaufwand verbunden, bringt aber deutliche Vorteile mit sich: Das Risiko von Fehlentwicklungen wird reduziert und der Geschäftswert der neuen Anwendung kann früh genutzt werden.

Teamkontinuität (engl. Team Continuity)

Es ist leider gängige Praxis, dass Entwickler parallel in mehreren Projekten arbeiten. Das erhöht Kommunikationsaufwände, und die Entwickler müssen eine höhere Anzahl Kontextwechsel vollziehen. Beides reduziert ihre Produktivität deutlich. Daher sollen alle Projektmitglieder 100% ihrer Arbeitszeit in einem Projekt verbringen.

Außerdem soll die personelle Fluktuation im Projekt minimiert werden. Schließlich findet der Großteil eines XP-Projektes in den Köpfen der Entwickler statt. Ständiger Personalwechsel führt zu hohen Kommunikations- und Einarbeitsaufwänden.

Schrumpfende Teams (engl. Shrinking Teams)

Bei den schrumpfenden Teams geht es darum, die Produktivität von XP- Projekten zu erhöhen mit dem Ziel, einen Entwickler freizusetzen. Dieser Entwickler kann dann in einem anderen Team mitarbeiten und seine Erfahrungen aus dem XP-Projekt in das andere Projekt transferieren.

Die Praktik stammt ursprünglich von dem Unternehmen Toyota. Kent Beck gesteht ein, dass er die Praktik selbst noch nicht angewendet hat. Er hält sie aber für so bestechend, dass er sie in sein Buch ([Beck 2004]) aufgenommen hat.

Ursachenanalyse (engl. Root-Cause Analysis)

Bei der Ursachenanalyse geht man einem Problem systematisch auf den Grund, um die Ursache des Problems zu identifizieren und schließlich zu beseitigen. Dabei fragt man mehrstufig nach Ursachen, wie im folgenden Beispiel:

- Warum laufen die Tests nicht?
  Weil keiner darauf geachtet hat.
- Warum hat keiner darauf geachtet?
  Weil wir so mit dem Releasetermin beschäftigt waren.
- Warum waren wir damit so sehr beschäftigt?
  Weil das Management großen Druck ausgeübt hat.
- Warum hat das Management großen Druck ausgeübt?
  Weil wir nicht rechtzeitig gesagt haben, dass wir nicht den vollen Funktionsumfang für dieses Release liefern können.

Gemeinsamer Quelltext (engl. Shared Code)

Bei der Praktik des gemeinsamen Quelltextes darf jeder Entwickler den kompletten Quelltext verändern. Diese Praktik ist eine Folgepraktik, die durchaus Gefahren birgt. Wenn sich das Team nicht gemeinsam verantwortlich fühlt, führt gemeinsamer Quelltext schnell zur Verwilderung der Systemstruktur. Dies kann man durch Metriken beobachten und Architekturanalysen sichtbar machen.

Quelltext und Tests (engl. Code and Tests)

Außer dem Quelltext und den Tests werden keine weiteren Artefakte erstellt und gepflegt. Der Quelltext soll seinen Zweck kommunizieren. Was dann noch an Dokumentation fehlt, wird durch die Tests bereitgestellt.

Eine Quelltextbasis (engl. Single Code Base)

Es gibt nur eine einzige Quelltextbasis. Entwicklungszweige sind nur kurzzeitig erlaubt. Diese Praktik birgt Gefahren. Nur wenn die Fehlerzahl gering ist, kann man auf Entwicklungszweige verzichten. Darauf zu verzichten, wenn die Fehlerzahl hoch ist, führt zu instabilen Releases. Schließlich erfolgen Fehlerkorrekturen und Weiterentwicklung dann auf derselben Quelltextbasis, und jedes bisschen Quelltext muss ohne unerwünschte Seiteneffekte korrekt ausführbar sein.

Tägliche Ausbreitung (engl. Daily Deployment)

Der aktuelle Systemstand soll täglich an die Anwender verteilt werden. Diese Praktik ist nur dann sinnvoll möglich, wenn die Anzahl der von Anwendern feststellbaren Fehler im ausgelieferten Softwaresystem unter einem Dutzend/Jahr liegt.

Diese Praktik ist definitiv eine hohe Herausforderung für Softwareprojekte. Auch wenn das Ziel zunächst unerreichbar scheinen mag, ist es doch lohnend, weil es den Qualitätsanspruch unterstreicht, den Entwickler in XP-Projekten haben müssen.

Vertrag mit verhandelbarem Umfang (engl. Negotiated Scope Contract)

Es wird kein klassischer Festpreisvertrag vereinbart, sondern ein Vertrag mit festem Budget und verhandelbarem Funktionsumfang.

Klassische Festpreisverträge legen neben dem Preis auch den Leistungsumfang, Termine und (meist implizit) die Qualität fest. Das funktioniert in der Praxis aber eher bescheiden, weil es für Software sehr schwer ist, weit im Voraus eine verlässliche Planung aufzustellen und einzuhalten. Außerdem behindert es das Lernen im Projektverlauf, denn alle neuen Erkenntnisse, die zu Planänderungen führen könnten, dürfen nicht berücksichtigt werden, weil der Plan eingehalten werden muss, im Zweifelsfall sogar wider besseres Wissen.

Bezahlung je Benutzung (engl. Pay per Use)

Der Kunde zahlt das System nicht pro Release, sondern zahlt Funktionen pro Benutzung. Dadurch ziehen Kunde und Softwareentwickler bei der Entwicklung an einem Strang. Der Kunde kann seinen Geschäftswert an Einzelfunktionen binden. Eine häufige Benutzung der Funktionen generiert für den Kunden hohen Geschäftswert. Gleichzeitig werden Umsätze für die Softwareentwickler generiert. Die Softwareentwickler versuchen also, das System so zu verbessern, dass die geschäftswertgenerierenden Funktionen häufiger verwendet werden.

23.1.5 Rollen in eXtreme Programming

In XP existieren die Rollen Entwickler, Kunde, Tracker und XP-Coach.

Dabei ist die Rolle der Entwickler recht umfangreich, denn sie sind für das Design, die Programmierung, die Aufwandsschätzungen, die Builds, die Tests auf Entwicklungsseite und für die Kommunikation mit dem Kunden zuständig.

Entwickler

Kunde — In der Verantwortlichkeit des Kunden liegt es, dass er die Anforderungen passend aufschreibt und priorisiert und damit die Reihenfolge der Erledigung bestimmt. Er erteilt jederzeit Auskunft zu Details und gibt Rückkopplung zu existierenden Systemversionen. Häufig wird zwischen dem Kunden und dem Anwender als Rolle unterschieden. Dabei ist der Kunde der Auftraggeber, der das Geld bereitstellt und meist aus dem Management kommt. Der Anwender ist ein Fachexperte aus der Gruppe der späteren Anwender des zu erstellenden Systems. Wenn es eine solche Unterscheidung gibt, dann sollten die Entwickler darauf achten, dass sie nicht versehentlich den Wünschen eines Anwenders entsprechend und ohne Rücksprache mit dem Kunden Umpriorisierungen vornehmen.

Weitere Rollen — In vielen XP-Projekten werden weitere Rollen eingesetzt bzw. die Rollen ausdifferenziert, wie z. B. hier für den Kunden/Anwender aufgeführt. Außerdem existieren in vielen Projekten nach wie vor Projektleiter, die ggf. die Tracker-Rolle mit übernehmen, ansonsten aber die Aufgabe wahrnehmen, für die Projektressourcen an Mitarbeitern, Rechnern, Coaches etc. zu sorgen und gegenüber dem Management zu berichten.

23.1.6 Projektablauf bei eXtreme Programming

Den generellen Projektablauf bei XP-Projekten muss man sich wie folgt vorstellen:

1. Der Kunde wählt grob Anforderungen für ein Release aus, das in 3 Monaten erstellt werden soll.
2. Die Entwickler schätzen die ausgewählten Anforderungen und geben dem Kunden darüber eine Rückkopplung.
3. Der Kunde wählt nun genauer anhand der Aufwandsschätzung Anforderungen für das Release und die nächste Iteration (1 Woche) aus und gibt diese den Entwicklern, wobei eine Festlegung nur für die nächste Woche erfolgt.
4. Die Entwickler entwickeln die Anforderungen nach Priorisierung, dabei fragen sie beim Kunden ggf. nach weiteren Details.
5. Am Ende der Iteration präsentieren die Entwickler dem Kunden das Ergebnis, und dieser gibt eine Rückkopplung dazu.
6. Auf Grundlage der Erfahrungen und der Rückkopplung erfolgt nun die Planung für die nächste Iteration bzw. bei Erreichen des Release-Endes auch ggf. die Planung für das nächste Release. Sollten neue oder geänderte Anforderungen existieren, geht es bei Punkt 2 weiter, ansonsten direkt bei Punkt 4.

Der Projektablauf unterliegt den zwei wesentlichen Zyklen Woche und Quartal, also Iteration und Release. Dazwischen organisieren die Entwicklungsteams häufig auch bei täglichen Treffen einen Projektfortschritts- und Erfahrungsaustausch.

23.2 Scrum

Scrum bedeutet wörtlich übersetzt »Gedränge« und ist ein Begriff aus dem Rugby. Dort bezeichnet es eine bestimmte Spielkonstellation. Die agile Methode *Scrum* zeichnet sich vor allem dadurch aus, dass es sich nicht um eine Entwicklungsmethode im eigentlichen Sinne handelt. Schließlich werden keine Aussagen darüber getroffen, wie Entwickler Software zu entwickeln haben oder dass überhaupt Software Gegenstand eines Scrum-Prozesses sein muss. Es handelt sich mit Scrum vielmehr um einen allgemeinen Managementrahmen für beliebige Projekte. Wir betrachten Scrum hier aus der Sicht der Softwareentwicklung.

Eine Beschreibung von Scrum findet sich englischsprachig in [Beedle & Schwaber 2001] oder deutschsprachig in [Pichler 2008].

23.2.1 Die Rollen bei Scrum

Scrum unterscheidet die Rollen Product Owner, Team und ScrumMaster.

Der Product Owner ist für die Formulierung, Auswahl und Priorisierung der Anforderungen zuständig. In einem Softwareentwicklungsprojekt vertritt er in diesem Sinne den Kunden und die Anwender.

Product Owner

Das Team, in Softwareprojekten überwiegend Entwickler, ist eigenverantwortlich für die Umsetzung der Anforderungen zuständig. Es handelt mit dem Product Owner aus, welche Anforderungen in welcher Zeit erledigt werden.

Team

Der ScrumMaster unterstützt Product Owner und Team bei der Durchführung des Projektes. Er achtet auf Einhaltung des Prozesses und hilft bei konkreten Problemen. Typischerweise sollte er nicht gleichzeitig Teammitglied sein. Er könnte sonst seiner Rolle als Vermittler zwischen Team und Product Owner nicht gerecht werden und hätte im Team eine hervorgehobene Stellung, die gemeinsam getragene Teamentscheidungen möglicherweise erschweren würde.

ScrumMaster

23.2.2 Projektablauf bei Scrum

Product Backlog

Anforderungen können jederzeit von allen Projektbeteiligten erstellt werden. Sie werden im sogenannten Product Backlog gesammelt. Es enthält alle Anforderungen, sowohl die ungeschätzten als auch die bereits im Aufwand geschätzten. Die Anforderungen im Product Backlog können eine Priorität haben, müssen dies aber nicht. Letztlich entscheidet jedes Projekt in Verantwortung des Product Owner, wie es mit seinem Product Backlog umgehen möchte.

Auch wenn die Anforderungen nie direkt aus dem Product Backlog für die Entwickler relevant werden (s. u.), so kann ein regelmäßiger Blick in das Product Backlog trotzdem für das Team sinnvoll sein, um eine Idee davon zu bekommen, wohin sich das zu erstellende System inhaltlich/fachlich entwickelt.

Sprint Backlog

Aus der ggf. großen Menge an Anforderungen aus dem Product Backlog wählt der Product Owner eine geringere Menge an Anforderungen für das Sprint Backlog aus.

Abb. 23–2
Der Product Owner erstellt das Sprint Backlog

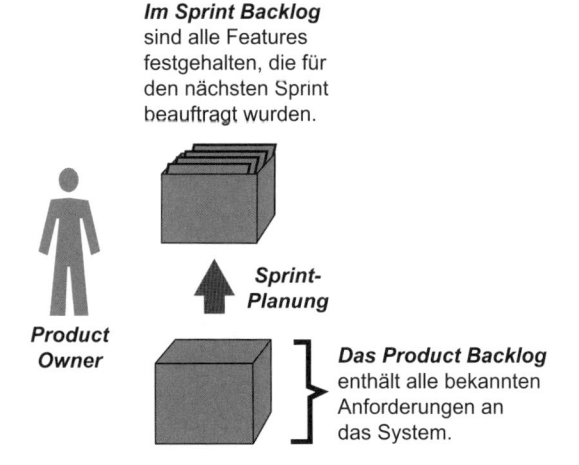

Im Sprint Backlog sind alle Features festgehalten, die für den nächsten Sprint beauftragt wurden.

Sprint-Planung

Product Owner

Das Product Backlog enthält alle bekannten Anforderungen an das System.

Sprint-Planung

Ziel dieser Auswahl ist es, eine angemessene Menge an Anforderungen für einen festgelegten Zeitraum auszuwählen. Diese festgelegten und in ihrer Länge gleichbleibenden Zeiträume heißen bei Scrum Sprints. Der Product Owner trifft zwar die inhaltliche Auswahl, ist bei der Menge aber auf Zusammenarbeit mit dem Entwicklungsteam angewiesen, das den Aufwand für die ausgewählten Anforderungen abschätzt. Gemeinsam kommen Product Owner und Team zu einer Vereinbarung (Commitment) über die Inhalte des nächsten Sprints. Diese Vereinbarung wird beim Sprint-Planning-Meeting getroffen, dort finden ggf. der Auswahlprozess und die Aufwandsschätzung statt.

Sprint

Das Team arbeitet während eines Sprints das Sprint Backlog ab, und zwar ungestört von äußeren Einflüssen, insbesondere werden keine neuen oder geänderten Anforderungen im Laufe eines Sprints ergänzt. Fachliche Rückfragen sind jedoch erlaubt. Das Team wird weder vom Product Owner noch vom ScrumMaster geleitet, sondern handelt eigenverantwortlich und selbstorganisiert.

Daily Scrum

Zur Abstimmung innerhalb des Teams treffen sich die Teammitglieder jeden Tag zur gleichen Zeit am gleichen Ort für 15 Minuten und halten ein Daily-Scrum-Meeting ab. Dies erfolgt im Stehen, um die Effizienz zu erhöhen. Jeder beantwortet der Reihe nach drei Fragen:

1. Was habe ich seit dem letzten Daily Scrum getan?
2. Was werde ich bis zum nächsten Daily Scrum tun?
3. Was behindert mich?

Der ScrumMaster ist im Idealfall bei den Daily Scrums anwesend und achtet auf die strenge Einhaltung, damit das Daily Scrum wirklich nur 15 Minuten dauert. Es sind nur Verständnisfragen erlaubt, keine Diskussionen. Diese können bei Interesse ggf. im kleineren Kreis im Anschluss an das Daily Scrum erfolgen.

Sprint-Review

Am Ende des Sprints präsentiert das Team dem Product Owner das Sprint-Ergebnis beim Sprint-Review. Daraus ergeben sich ggf. neue oder geänderte Anforderungen für das Product Backlog. Nicht im Sprint erledigte Anforderungen des Sprint Backlog wandern zurück ins Product Backlog. Das Team sollte dann für die Schätzung und die Vereinbarung für den nächsten Sprint gelernt haben, dass es eine geringere Geschwindigkeit hat als zuvor angenommen. Dem Review, das eben auch und gerade der Reflektion der Ergebnisse und des Prozesses dient, folgt dann in der Regel unmittelbar das nächste Sprint-Planning-Meeting (s. o.).

Abbildung 23–3 fasst den Scrum-Projektablauf noch einmal zusammen.

Abb. 23–3
Scrum-Projektablauf
in der Gesamtübersicht

Daily Scrum
Das Daily Scrum dauert 15 Minuten. Jedes Teammitglied beantwortet kurz drei Fragen:
1) Was habe ich seit dem letzten Daily Scrum getan?
2) Was hat mich dabei behindert?
3) Was werde ich bis zum nächsten Daily Scrum tun?

täglich

ScrumMaster

Im Sprint Backlog sind alle Features festgehalten, die für den nächsten Sprint beauftragt wurden.

Sprints
Die Sprints sind immer gleich lang, z. B. 30 Tage.

Während des Sprints entwickelt das Team ohne Störungen von außen die Features aus dem Sprint Backlog.

Product Owner

Sprint-Planung

Das Product Backlog enthält alle bekannten Anforderungen an das System.

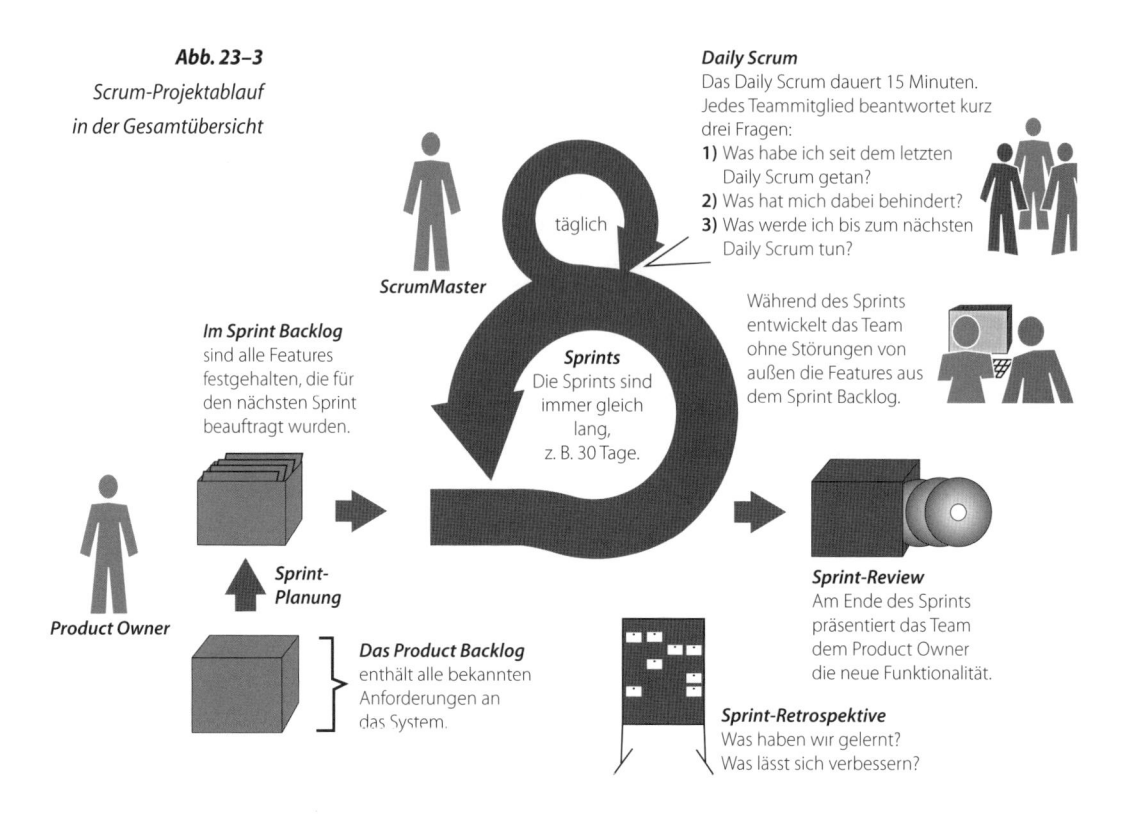

Sprint-Review
Am Ende des Sprints präsentiert das Team dem Product Owner die neue Funktionalität.

Sprint-Retrospektive
Was haben wir gelernt? Was lässt sich verbessern?

23.3 Feature Driven Development

Große Projekte

Die Methode *Feature Driven Development* (FDD) wurde 1997 von Jeff De Luca [Coad et al. 1999], einem australischen Projektleiter, entwickelt. Der konkrete Hintergrund war ein großes zeitkritisches Projekt (Singapur-Projekt) mit 15 Monaten Laufzeit und 50 Entwicklern. Seitdem wurde FDD kontinuierlich weiterentwickelt. Die einzelnen zu entwickelnden Features stehen im Vordergrund, wobei jedes Feature einen Mehrwert für den Kunden des Projektes darstellt. FDD unterscheidet sich von anderen agilen Methoden dadurch, dass es primär Festpreiskonstellationen mit fixiertem Umfang adressiert. Dafür bietet FDD allerdings eine leichtgewichtige Methode, um die Anforderungen an das System und die Kernabstraktionen gemeinsam mit dem Kunden (oder den späteren Anwendern) zu ermitteln.

Features im Zentrum

Die Entwicklung wird bei FDD anhand eines Feature-Plans organisiert. Eine wichtige Rolle spielt der Chefarchitekt (engl. Chief Architect), der ständig den Überblick über die Gesamtarchitektur und die fachlichen Kernmodelle behält. Bei größeren Teams werden einzelne Entwicklerteams von Chefprogrammierern (engl. Chief Programmer) geführt.

Feature Driven Development kennt fünf Teilprozesse, die in jedem Projekt durchlaufen werden:

1. Erstelle das Gesamtmodell
2. Erstelle die Feature-Liste
3. Plane je Feature
4. Entwirf je Feature
5. Entwickle je Feature

Wir betrachten im Folgenden die einzelnen Teilprozesse detailliert.

23.3.1 Erstelle das Gesamtmodell

Im ersten Teilprozess definieren Fachexperten und Entwickler unter Leitung des Chefarchitekten Inhalt und Umfang des zu entwickelnden Systems. In Kleingruppen werden Fachmodelle für die einzelnen Bereiche des Systems erstellt, die in der Gruppe vorgestellt, ggf. überarbeitet und schließlich integriert werden. Das Ziel dieser ersten Phase ist ein Konsens über Inhalt und Umfang des zu entwickelnden Systems sowie das fachliche Kernmodell.

Inhalt und Umfang festlegen

In FDD-Projekten wird hierzu meist die Methode »Modeling in Color« von Peter Coad angewendet (siehe [Coad et al. 1999]). Mit dieser Methode erhält man als Ergebnis UML-Diagramme der Kernabstraktionen des zu erstellenden Systems, also des fachlichen Kerns oder der Business-Schicht. Durch das gemeinsame Arbeiten der Kunden/Anwender und der Chefprogrammierer am Modell erfolgt ein intensiver wechselseitiger Lernprozess, in dem das fachliche Wissen auf eine leichtgewichtige grafische Art und Weise beschrieben und festgehalten wird. In der Regel dauert diese Modellierungsphase nicht länger als zwei Wochen für ein Projekt mit sechs Monaten Laufzeit.

Modeling in Color

23.3.2 Erstelle die Feature-Liste

Im zweiten Teilprozess detaillieren die Chefprogrammierer die im ersten Teilprozess festgelegten Systembereiche in Features. Dazu wird ein dreistufiges Schema verwendet: Fachgebiete (engl. Subject Areas) bestehen aus Geschäftstätigkeiten (engl. Business Activities), die durch Schritte (engl. Steps) ausgeführt werden. Die Schritte entsprechen den Features.

Detaillieren zu Features

Die Fachgebiete ergeben sich meist sehr schnell und könnten z. B. Einkauf, Verkauf und Lager heißen. Bei kleineren Systemen existiert oft nur ein Fachgebiet. Die Geschäftstätigkeiten sind dann darunterliegende Aufgabengebiete wie z. B. im Fachgebiet Verkauf die Angebotserstellung oder die Rechnungslegung.

Feature-Beschreibungsschema

Die Features werden prägnant nach dem einfachen Schema »<Aktion> <Ergebnis> <Objekt>« aufgeschrieben, z.B. »Berechne Gesamtsumme der Verkäufe«. Die Realisierung eines Features darf maximal zwei Wochen benötigen.

Das Ergebnis dieser zweiten Phase ist eine kategorisierte Feature-Liste, deren Kategorien auf oberster Ebene von den Fachexperten aus Phase 1 stammen.

23.3.3 Plane je Feature

Reihenfolge planen

Im dritten Teilprozess planen der Projektleiter, der Entwicklungsleiter und die Chefprogrammierer die Reihenfolge, in der Features realisiert werden sollen. Dabei richten sie sich nach den Abhängigkeiten zwischen den Features, der Auslastung der Programmierteams sowie der Komplexität der Features.

Auf Basis des Plans werden die Fertigstellungstermine je Geschäftsaktivität festgelegt. Jede Geschäftsaktivität bekommt einen Chefprogrammierer als Besitzer zugeordnet. Außerdem werden für die bekannten Kernklassen Entwickler als Besitzer festgelegt (engl. Class Owner List).

23.3.4 Entwirf je Feature

Feature-Teams entwerfen

Im vierten Teilprozess weisen die Chefprogrammierer die anstehenden Features Entwicklerteams auf Basis des Klassenbesitzes zu. Die Entwicklerteams erstellen ein oder mehrere Sequenzdiagramme für die Features, und die Chefprogrammierer verfeinern die Klassenmodelle auf Basis der Sequenzdiagramme. Die Entwickler schreiben dann erste Klassen- und Methodenrümpfe. Schließlich werden die erstellten Ergebnisse inspiziert. Bei fachlichen Unklarheiten können die Fachexperten hinzugezogen werden.

23.3.5 Entwickle je Feature

Programmieren

Im fünften Teilprozess programmieren die Entwickler die im vierten Teilprozess vorbereiteten Features. Bei der Programmierung werden Komponententests und Quelltextinspektionen zur Qualitätssicherung eingesetzt.

23.3.6 Gesamtüberblick über FDD

Insgesamt ergibt sich für Feature Driven Development nur in Teilen ein agiles Bild. Die vorgelagerten Phasen sind kurz, in leichtgewichtiger Granularität gehalten und ersparen spätere Unklarheiten. Für FDD muss man davon ausgehen, dass der Kunde spätestens nach der gemeinsamen Entwicklung des Gesamtmodells genau weiß, was er will. Dieses ist zusammen mit der Feature-Liste auch ggf. die Grundlage für eine Aufwandsschätzung oder Preisaussage für ein Projekt.

Abbildung 23–4 liefert einen Überblick über Feature Driven Development.

Überblick

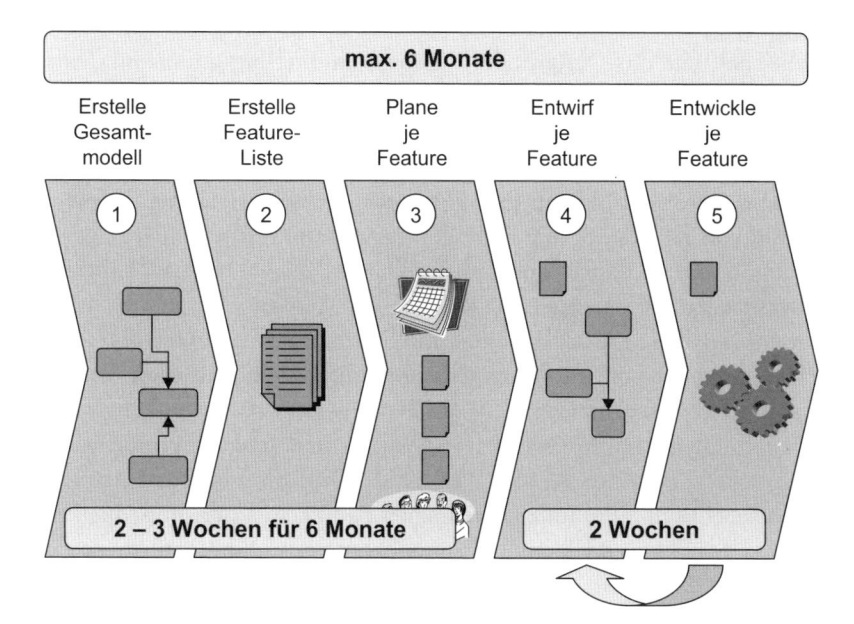

*Abb. 23–4
Überblick zu Feature Driven Development*

Es wird also bei Feature Driven Development von einer Gesamtprojektlänge von maximal sechs Monaten ausgegangen. Dafür dauern die initialen vorbereitenden Phasen dann maximal drei Wochen.

23.3.7 Diskussion: Ist FDD agil?

Auf den ersten kurzen Blick betrachtet, zweifelt so mancher, ob Feature Driven Development wirklich eine agile Methode genannt werden darf. Überprüfen wir deshalb einmal, wie gut FDD den in diesem Buch vorgestellten agilen Werten (siehe Abschnitt 2.2 *Werte hinter agiler Softwareentwicklung*) und dem agilen Manifest (siehe Abschnitt 2.3 *Das agile Manifest*) entspricht.

Kommunikation — Gerade zu Beginn eines jeden FDD-Projektes wird auf die Kommunikation mit dem Kunden und den Fachexperten in den Modellierungsworkshops sehr großen Wert gelegt. Später im Projekt ist die Kommunikation auch noch erlaubt, aber nur noch in Einzelfällen erforderlich, weil in FDD-Projekten davon ausgegangen wird, dass die initialen Phasen schon recht detaillierte Informationen liefern.

Einfachheit — Feature Driven Development ist ein einfacher Prozess, der sich auf zehn Seiten beschreiben lässt. FDD behindert nicht die Wahl einfacher Lösungen, kann sie sogar fördern, wenn ein Chefarchitekt darauf bewusst achtet und entsprechend zur Entwicklungszeit eingreift.

Rückkopplung — Jeder FDD-Teilprozess kennt auch eine Evaluierung oder Rückkopplungsschleife. Entwürfe und Feature-Listen werden ebenso rückgekoppelt wie das Design oder die Programmierung mittels im Team durchgeführter Inspektionen. Die vorgeschriebenen Unit Tests gehören zum Rückkopplungsinstrumentarium.

Mut und Respekt — Die Werte Mut und Respekt scheinen nicht hinter FDD zu stehen, insbesondere Mut scheint gegenüber den selbst gesteuerten Teamansätzen von XP oder Scrum nicht gefragt zu sein. Respekt allerdings ist gegenüber den Kunden und Fachexperten selbstverständlich. Auf einer etwas anderen Ebene als in anderen agilen Methoden respektiert FDD unterschiedliche Qualifikationen und Spezialisierungen von Teammitgliedern und bietet die Managementmöglichkeiten, auf diese Besonderheiten einzugehen und sie in der Planung zu berücksichtigen.

Individuen und Interaktion — Im agilen Manifest werden Individuen und Interaktion wichtiger eingeschätzt als Prozesse und Werkzeuge. Dies gilt auch für FDD. Die Berücksichtigung der unterschiedlichen Fähigkeiten der Individuen ist durch das FDD-Rollenmodell möglicherweise für manche sogar besonders gut gelöst. Nämlich genau für diejenigen, die als Entwickler für ein Gesamtprojekt die Verantwortung nicht übernehmen wollen oder können. Eine Anpassung des FDD-Prozesses ist in FDD nicht vorhanden, kann aber leicht ergänzt und damit gelebt werden.

Laufende Software — Auch FDD misst den Projektfortschritt und Erfolg an laufender Software und nicht an ausführlicher Dokumentation. Das mag zunächst durch die vorgelagerte Erstellung eines Gesamtmodells anders wirken, es ist aber alles andere als eine ausführliche Dokumentation und dient der Strukturierung und Planung. Der Projektfortschritt wird an fertiggestellten Features gemessen, die auch produktiv geschaltet werden können.

Der FDD-Teilprozess »Erstelle Gesamtmodell« stellt eine hervorragende Alternative zu aufwendigen Vertragsverhandlungen über Pflichtenhefte dar. Das Gesamtmodell wird in Zusammenarbeit mit dem Kunden erstellt. Die aus den Workshops entstehenden Feature-Listen können konkreter Vertragsbestandteil werden.

Zusammenarbeit mit dem Kunden

Bezüglich der Reaktion auf Veränderung folgt FDD einem langsameren Takt als andere agile Methoden. Dies ist vermutlich dem Umstand geschuldet, dass FDD bewusst für Festpreisprojekte entwickelt wurde. Dabei muss man sinnvollerweise davon ausgehen, dass der Kunde schon recht gut weiß, was er für ein System haben möchte. Deshalb sind die Einflussmöglichkeiten des Kunden, d. h. seine Flexibilität im Umgang mit Anforderungen, im Projektverlauf bei FDD eingeschränkt. FDD-Projekte haben aber eine Maximallänge von sechs Monaten, nach denen der Kunde in der Definition des nächsten FDD-Projektes wieder umfangreich Einfluss nehmen kann. Eine Reaktion auf veränderte architektonische Vorstellungen oder Lerneffekte auf diesem Gebiet wird allerdings keinesfalls behindert und kann insbesondere für alle noch nicht erledigten Features in einem FDD-Projekt Berücksichtigung finden.

Reaktion auf Veränderung

Zusammenfassend sind wir der Meinung, dass FDD sehr wohl eine agile Methode darstellt, wenn auch mit einem anderen Schwerpunkt und einer deutlich anderen Ausprägung bzgl. der Änderungsflexibilität für den Kunden. Aber gerade dies gepaart mit einem eher klassischen Rollenmodell macht FDD auf der anderen Seite für viele Organisationen und insbesondere Festpreiskonstellationen so attraktiv.

Fazit

23.4 Kanban

Dieser Abschnitt über Kanban wurde uns freundlicherweise von Arne Roock zur Verfügung gestellt. Vielen Dank dafür.

Kanban[1] ist die jüngste der hier vorgestellten agilen Methoden. Begründer ist David Anderson, der in den 1990er-Jahren gemeinsam mit Jeff De Luca im schon erwähnten Singapur-Projekt gearbeitet hatte, in dem Feature Driven Development entwickelt wurde. Anderson hatte miterlebt, wie erfolgreich FDD war, scheiterte aber in der Folge immer wieder daran, FDD nachhaltig in Projekten einzuführen, weil er auf heftige Widerstände der Beteiligten stieß. Deshalb legte er fortan großes Gewicht darauf, dass Änderungen evolutionär statt revolutionär durchgeführt werden, also in kleinen Schritten und in

Evolutionäre Änderungen

---

1. Im Folgenden ist mit »Kanban« stets »Software-Kanban« gemeint, das sich entscheidend vom ursprünglichen Kanban aus dem produzierenden Gewerbe unterscheidet.

enger Abstimmung mit den beteiligten Teammitgliedern. Diese evolutionäre Änderungsstrategie ist ein wichtiges Grundprinzip von Kanban. Folgerichtig werden in Kanban keine strikten Vorgaben gemacht, welche Rollen zu besetzen sind, welche Artefakte verwendet werden müssen oder welche Entwicklungspraktiken angewendet werden sollen. Stattdessen stellt stets das jeweils aktuelle Vorgehen den Startpunkt dar, das durch die Anwendung weniger einfacher Prinzipien schrittweise verändert wird.

Theoretische Wurzeln

Kanban vereint Ideen aus dem Lean Thinking (vgl. [Womack et al. 2004]) mit der Engpasstheorie (vgl. [Goldratt 1990]) und der flussbasierten Produktentwicklung nach Donald Reinertsen (vgl. [Reinertsen 2009]). David Anderson hat Kanban und seine Anwendung detailliert in [Anderson 2010] beschrieben.

23.4.1 Prinzipien von Kanban

Die wichtigsten Prinzipien von Kanban sind: Visualisierung, Pull statt Push, Begrenzung paralleler Arbeit, Erhebung solider Daten, Kaizen.

Visualisierung

Bestehende Arbeitsabläufe werden sichtbar gemacht

Der erste Schritt bei jeder Kanban-Implementierung besteht stets in einem sehr einfachen, aber extrem wirkungsvollen Mittel: der Visualisierung der bestehenden Arbeitsabläufe. Dazu werden die unterschiedlichen Prozessschritte (z.B. Analyse, Entwicklung, Test und Deployment) als Spalten auf ein großes Whiteboard gezeichnet (sehr ähnlich zu den bereits vorgestellten Taskboards, siehe Kapitel 13 *Team: Wer macht eigentlich gerade was?*). Die Anforderungen werden auf Haftnotizen oder Karteikarten festgehalten und durchlaufen als Tickets das Board von links nach rechts. Schon in dieser primitiven Form macht das Kanban-Board wichtige Punkte deutlich: Wie viele Anforderungen werden gerade bearbeitet? Wie verteilt sich die Arbeit auf die unterschiedlichen Prozessschritte? Wo staut sich immer wieder Arbeit?

Pull statt Push

Überlastung verhindern

Das Pull-Prinzip besagt, dass Arbeit niemals in den nachfolgenden Prozessschritt geschoben werden darf (das wäre »Push«), sondern stets von dort gezogen werden soll, wo die Arbeit als Nächstes zu erledigen ist. Das Pull-Prinzip stammt aus dem Toyota-Production-System, wo es im Wesentlichen dazu diente, die Bestände halbfertiger Produkte zu reduzieren. In der Softwareentwicklung besteht die Intention hingegen darin, die Teammitglieder vor Überlastung zu schützen, weil ihnen nicht immer mehr neue Aufgaben zugewiesen werden. So sollen zum einen Fehler vermieden werden, die sich zwangsläufig durch ein zu hohes Arbeitspensum ergeben, und zum anderen soll ein nachhaltiges Arbeitstempo ohne dauerhafte Überstunden und Burn-outs gewährleistet werden. In Kanban-Systemen ziehen sich also die Teammitglieder selbst neue Tickets aus dem vorgelagerten Prozessschritt, sobald sie bereit sind, eine neue Aufgabe zu beginnen.

Begrenzung paralleler Arbeit

Gemäß Kanban soll früher oder später die Menge an paralleler Arbeit begrenzt werden – sowohl im gesamten Kanban-System als auch an jedem einzelnen Prozessschritt. Grund dafür ist die Fokussierung auf schnelle Durchlaufzeiten. Nach Little's Law errechnet sich die Durchlaufzeit als Quotient aus der Menge an paralleler Arbeit und dem Durchsatz. Weil das Ziel immer darin bestehen sollte, Anforderungen möglichst zügig umzusetzen, um so schnell Geschäftswert zu generieren, ist es sinnvoll, nur wenige Anforderungen gleichzeitig zu bearbeiten und diese rasch durch das gesamte Kanban-System zu schleusen.

Fokus auf kurze Durchlaufzeit

In der Praxis bedeutet dies, dass für jeden Prozessschritt ein WIP-Limit definiert wird (WIP = »work in progress«), das gut sichtbar auf dem Kanban-Board vermerkt wird. Besteht für die Tests beispielsweise ein Limit von 4, so dürfen sich in dieser Spalte zu keinem Zeitpunkt mehr als 4 Tickets befinden. Selbst wenn die Entwickler schon weitere Anforderungen programmiert haben, dürfen sie diese nicht an die Tester weitergeben, denn damit würden sie das Pull-Prinzip verletzen. Weil nun auch für die Entwicklung ein Limit besteht, kann es geschehen, dass sie alle aktuellen Anforderungen umgesetzt haben und nicht weiterarbeiten können. So entsteht ein Stau, der sich schnell bis zum Anfang des Kanban-Systems fortsetzt. Dieser Stau ist durchaus gewollt, denn er zeigt, wo sich Engpässe befinden und wo andere Probleme auftreten, die einen zügigen Fluss der Tickets durch das System verhindern (etwa ein fragiles Build-System). Weil diese Probleme durch das Kanban-Board für jedermann sichtbar sind und einige Teammitglieder nicht weiterarbeiten können, entsteht schnell ein großer Druck, die Probleme nachhaltig zu lösen.

WIP-Limits einführen

Abb. 23–5
Das Kanban-Board visualisiert den Prozess inkl. WIP-Limits

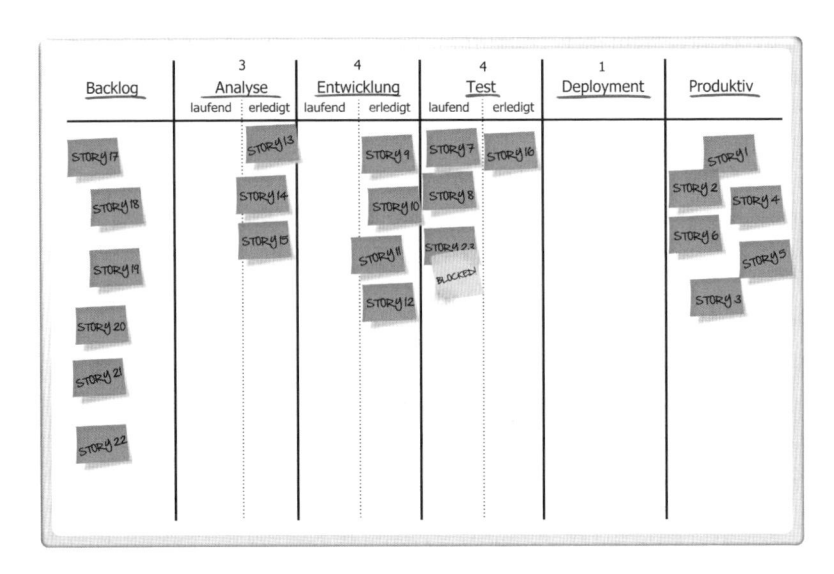

Erhebung solider Daten

Prozessverbesserung durch Datenanalyse

Noch stärker als in anderen agilen Methoden wie Scrum wird in Kanban großer Wert darauf gelegt, konsequent verlässliche Daten zu erheben. Diese Daten dienen dann als Grundlage, um den Prozess immer weiter zu verbessern. Welche Daten erhoben werden und wie dies im Detail geschieht, hängt vom jeweiligen Projektkontext ab und wird je Projekt festgelegt und ggf. über die Zeit angepasst. Die häufigste Metrik stellen Cumulative Flow Diagrams (siehe Abb. 16–3) dar, die als Weiterentwicklung von Burnup-Grafiken angesehen werden können, wie sie aus XP bekannt sind. Sie werden auch bei FDD eingesetzt. In diesem Diagrammtyp wird in regelmäßigen Abständen (z.B. täglich oder wöchentlich) aufgetragen, wie viel parallele Arbeit sich in jedem einzelnen Prozessschritt befindet. Cumulative Flow Diagrams geben so den zeitlichen Ablauf des Kanban-Boards wieder. Sie machen deutlich, wo sich Engpässe befinden, und ermöglichen Prognosen, wann bestimmte Aufgabenpakete erledigt sein werden. Weitere Metriken, die häufig von Kanban-Teams verwendet werden, sind Durchlaufzeiten, Durchsatz und Fehlerraten.

Kaizen

Kontinuierliche Verbesserung

Kaizen bedeutet, dass kontinuierlich Verbesserungsmaßnahmen durchgeführt werden, die für sich genommen oft sehr klein sind, aber in der Summe einen spürbaren Effekt ausmachen. Kanban sieht vor, dass im Unternehmen eine Kaizen-Kultur etabliert wird. Hierfür ist es notwendig, dass alle Teammitglieder mit ihren Meinungen und Verbesserungsvorschlägen willkommen sind und gehört werden. Zudem soll das Team ermächtigt sein, Verbesserungsmaßnahmen gemeinsam umzusetzen. Hierfür sind regelmäßige Abstimmungsmeetings nötig. Wie in Scrum oder XP werden auch in Kanban tägliche Standup-Meetings sowie regelmäßige Retrospektiven oder Operations Reviews durchgeführt, an denen nach Möglichkeit Vertreter verschiedener Abteilungen des gesamten Unternehmens und auch Teile des Managements teilnehmen sollen.

23.4.2 Kanban als Change-Management-Methode

David Anderson betont immer wieder, dass es sich bei Kanban um keine Entwicklungs- oder Managementmethode im engeren Sinne handelt, sondern um eine Art Change Management. Damit ist gemeint, dass Kanban zwar grundlegende Prinzipien und auch einige Best Practices vorgibt, aber nur wenige konkrete Vorgaben macht. Deshalb lässt sich Kanban für sich allein genommen auch nicht als Methode einsetzen, sondern muss auf einen bereits bestehenden Entwicklungsprozess aufgesetzt werden, egal wie dieser Prozess aussehen mag (eine der ersten Kanban-Implementierungen überhaupt erfolgte in einem Wasserfallprojekt). Allerdings wird sich dieser bestehende Prozess durch den Einsatz von Kanban sehr schnell verändern. Eine Kombination von Kanban und Scrum, XP oder FDD ist deshalb sinnvoll und auch gewollt. Für das Zusammenspiel von Scrum und Kanban hat Corey Ladas den Begriff »Scrumban« geprägt (vgl. [Ladas 2008]).

Kombination mit anderen Methoden

Fazit

Kanban verlangt nur geringe Veränderungen bei der Einführung und kann deshalb insbesondere für große und traditionell arbeitende Unternehmen eine gute Wahl darstellen, weil die großen Veränderungen und der hohe Grad an Selbstorganisation, den andere Methoden verlangen, hier oft schwer umzusetzen sind. Weiterhin ist Kanban für Maintenance und Systemadministration gut geeignet, weil die extrem kurzen Zeiträume, in denen hier entwickelt werden muss, sowie die häufigen Unterbrechungen durch schwere Bugs und andere Notfälle besser adressiert werden.

Verschiedene Anwendungsbereiche

Eine Kombination von Kanban mit anderen agilen Methoden ist möglich und auch durchaus gewollt.

24 Kontraindikation und Indikation

Für wen sind agile Methoden geeignet? Welche Voraussetzungen sind notwendig, um agile Praktiken einsetzen zu können? Wann ist es vielleicht eher angesagt, auf agile Softwareentwicklung zu verzichten?

Immer agil vorgehen?

Diesen Fragen gehen wir in diesem Kapitel nach. Dabei ist es nicht so einfach, dass eine Indikation ausreicht, um sich für agile Softwareentwicklung zu entscheiden. Ebenso wenig reicht eine Kontraindikation aus, um die Finger von Agilität zu lassen.

*Abb. 24–1
Das komplette
Für und Wider abwägen*

Die Abbildung veranschaulicht, dass alle Argumente betrachtet werden müssen: alles, was dafür spricht, und alles, was dagegen spricht. Dabei sind die einzelnen Argumente noch individuell zu gewichten, weil sie je nach Projektkonstellation unterschiedlich schwer wiegen. Manches Ziel ist wichtiger als ein anderes. So dürfte Softwarequalität für viele Entscheidungen ein gewichtiges Argument sein. Andererseits haben Argumente durchaus einen Preis, wenn z.B. in Qualifikationen der Entwickler erst investiert werden muss.

*Wohin schlägt die
Waage aus?*

Wir betrachten im Folgenden also einzelne Argumente, die entweder für oder gegen den Einsatz agiler Praktiken bzw. agiler Methoden sprechen. Jedes Argument ist aber dabei immer nur ein Bestandteil einer Gesamtentscheidung.

24.1 Kontraindikation

Nicht agil vorgehen

Beginnen wir mit der Frage, wann agile Softwareentwicklung nicht angewendet werden kann. Bedenken Sie dabei generell, dass manches Argument zum Zeitpunkt der Entscheidungsfindung ein festes und gewichtiges zu sein scheint, das als Rahmenbedingung hinzunehmen ist. Vielleicht lässt sich aber mehr an den Rahmenbedingungen ändern, als Sie annehmen.

Überhaupt ein Projekt durchführen?

Für viele der hier aufgeführten Kontraindikationen gilt, dass sie Probleme darstellen, die nicht nur gegen agile Methoden sprechen, sondern generell fraglich erscheinen lassen, ob unter solchen Bedingungen erfolgreich Projekte durchgeführt werden können.

24.1.1 Kontraindikationen im Bereich des Kunden

Das Projektziel ist nicht SMART

Klares Ziel

Das Projektziel eines Entwicklungsprojektes muss SMART sein. SMART steht hierbei für spezifisch, messbar, angemessen, relevant, terminiert. Wenn es ein solches Ziel nicht gibt (bzw. es nicht allen Beteiligten bekannt ist), dann ist es schwierig, agil auf ein Ziel hin zu arbeiten. Letzten Endes gilt dies aber in ähnlicher Weise auch für andere Prozesse.

Prozess ist vorgegeben und reglementiert (z.B. durch Behörden)

Prozess vorgegeben

Für bestimmte Projektumfelder werden Prozesse vorgegeben. Hier stellt sich die Frage nach einem kompletten Umschwenken auf agile Methoden meist nicht. In einzelnen Bereichen können durchaus trotzdem agile Praktiken erfolgreich eingesetzt werden, dies ist aber alles andere als trivial, weil es mit dem vorgegebenen Prozess gut abgestimmt erfolgen muss. Insbesondere stößt man an allen Stellen an Grenzen, an denen man dank agiler Rückkopplung im Projektverlauf etwas dazugelernt hat: Das neue Wissen darf aber nicht direkt berücksichtigt werden, weil ein bestimmter formaler Prozess eingehalten werden muss, um neue Pläne, Praktiken oder Erkenntnisse in den weiteren Projektverlauf einfließen zu lassen.

Nice-to-have-Projekte

Ohne Druck = Ergebnis ohne Wert

Wenn ein Projekt ohne ernsthaften Druck und ohne wichtigen Stellenwert für eine Organisation durchgeführt wird, dann dürfen die Projektbeteiligten meist machen, was sie wollen. Sie könnten dann sicherlich eine agile Methode wählen. Leider ist aber die Wahrscheinlichkeit hoch, dass es für ein solches Projekt keinen ernsthaften Kunden gibt, der fachliche Entscheidungen trifft. Selbst wenn man ein solches Projekt genau zum Zwecke der Evaluation agiler Methoden aufsetzt, wird die Aussagekraft des Versuchs nur gering bleiben, weil die notwendige Ernsthaftigkeit fehlt.

Lange Entscheidungswege beim Kunden

Bei agilen Praktiken sind die Rückkopplungszyklen ein wichtiges Element. Allerdings gehört zur Rückkopplung nicht nur die Betrachtung, sondern ggf. eine Reaktion und Entscheidung. Wenn man also z.B. den Releaseinhalt ändern muss, weil die aktuelle Geschwindigkeitsmessung aussagt, dass nicht der komplette ursprünglich angestrebte Inhalt geliefert werden kann, dann ist eine möglichst schnelle Entscheidung notwendig, weil das Projekt auf Grundlage dieser Entscheidung weiterarbeiten soll. Viele dieser Entscheidungen sind vom Kunden zu treffen. Wenn er dazu nicht in der Lage ist, hat das agile Projekt ein Problem.

Schnelle Rückkopplung notwendig

Langwierige Change-Request-Verfahren

Ein Spezialfall langer Entscheidungswege beim Kunden sind lange und aufwendige Change-Request-Verfahren. Dies kann durch Regularien der Einkaufsabteilung bedingt sein oder andere Gründe haben. Es birgt in allen Fällen, in denen vertraglich Änderungen oder Erweiterungen zu vereinbaren sind, die Gefahr von längerem Stillstand im Projekt.

Formalisierte Veränderungsverfahren

Kein Anwenderkontakt möglich

Projekte, in denen kein Anwenderkontakt möglich ist, sind schwierig agil durchzuführen. Die Entwickler benötigen nämlich bei Rückfragen möglichst schnell und möglichst persönlich Antworten. Bei Produktentwicklungen bzw. Webdiensten, bei denen typischerweise die Anwender anonym sind und bleiben, lässt sich dies durch Produktmanager auffangen, die stellvertretend für die echten Anwender Entscheidungen treffen und verantworten.

Anwenderkontakt nötig

Kundenrolle nicht oder zeitlich zu knapp besetzt

Wenn die Kundenrolle nicht besetzt wird oder zeitlich zu knapp (unser Erfahrungswert: Mindestens 50% der Arbeitszeit wird benötigt), dann führt dies ggf. zu dem oben beschriebenen Problem der langen Entscheidungswege (weil die einzelne Person länger braucht, die Entscheidung und evtl. Abstimmungen zu organisieren). Andererseits führt es aber auch dazu, dass die Kundenrolle nicht in dem Sinne wahrgenommen werden kann, dass der Kunde eine Vision vom zu erstellenden

Kunde muss sich um das Projekt kümmern können

System hat und diese sinnvoll und konsequent den anderen Projektbeteiligten vermitteln kann. Er trifft also vielleicht trotzdem ausreichend schnell Entscheidungen, diese sind aber nicht mehr konsistent zu einer Vision.

Erstellung von lebenskritischer Software

Beweisbarkeit statt Agilität

Wenn es im Projekt um die Erstellung von lebenskritischen Produkten wie Herzschrittmacher oder Steuerungen von Atomkraftwerken geht, scheint erst einmal ein generelles Vorgehen nach agilen Methoden ausgeschlossen. Man kann kaum mit ersten Releases nur einen Teil der Funktionalität (oder womöglich nur einen Teil der Sicherheit) abdecken und dann die Rückkopplung abwarten. Für solche Art von Software sind Prozesse notwendig, die deutlich stärker auf die Beweisbarkeit der Korrektheit der entstehenden Software setzen.

Dies bedeutet nicht, dass nicht auch und gerade bei agiler Softwareentwicklung großer Wert auf Softwarequalität und Testen gelegt wird. Es bleibt aber ein ggf. entscheidender Unterschied zum Beweis von Korrektheit der erstellten Software zu ihrer Spezifikation.

Angst und organisierte Unverantwortlichkeit

Angst vor Verantwortung

In einigen Organisationen gibt es eine organisierte Unverantwortlichkeit, in der niemand bereit ist, Verantwortung zu übernehmen. Dies tritt gepaart mit Angst vor Verantwortung auf, weil Fehler nicht als Anlass zum Lernen gesehen, sondern als Fehlverhalten Verantwortlicher gedeutet werden. Die Übernahme von Verantwortung muss in agilen Projekten vom Kunden bis zu jedem einzelnen Entwickler gewährleistet sein. Es bleibt trotzdem erlaubt, Fehler zu machen (für die man eben verantwortlich ist), solange man aus den Fehlern lernt.

Der Kunde steht nicht hinter dem Vorgehen

Kunde mit dem Vorgehen nicht einverstanden

Es ist für agile Projekte notwendig, dass der Kunde sich auf das Vorgehen einlässt und sich explizit daran bindet, weil er ansonsten seine Kundenrolle nicht angemessen wahrnehmen wird und es ihm wahrscheinlich gar nicht klar ist, welche Entscheidungen und Rückkopplungen er zur Projektlaufzeit zu leisten hat. Wir bestehen an dieser Stelle deshalb auf die explizite Verpflichtung, weil es dem Kunden klar sein muss, dass er nicht einfach nur den Entwicklern einen anderen Prozess gewährt, sondern dies auch viel Veränderung für ihn bedeutet. Wenn er gewohnt ist, dass es nach einem erstellten Lastenheft bis zur Auslieferung fehlerhafter Software für ihn nichts zu tun gibt, dann bringt ihm die Anwendung einer agilen Methode deutliche Veränderungen. Dies wird von manchen Kunden durchaus als Nachteil empfunden, allerdings lässt sich mit den vielen Vorteilen agiler Praktiken meist ausreichend argumentieren, dass sich sein vermeintlicher Mehraufwand lohnt.

Keine Arbeit vor Ort möglich

Für agile Methoden ist die enge Zusammenarbeit mit dem Kunden und den Anwendern sehr wichtig. Deshalb bietet es sich an, direkt vor Ort beim Kunden bzw. bei den Anwendern zu arbeiten. Ist dies nicht möglich, geht ein ganz wesentlicher Kanal schneller Rückkopplung verloren, der nur schwer anderweitig kompensiert werden kann.

Fern vom Kunden

Zuweilen scheint es nur so, als wäre die Arbeit vor Ort nicht möglich. Sie sollten nicht zu früh aufgeben und klären, ob es nicht doch möglich gemacht werden kann.

Es gibt die Alternative, dass die Anwender bzw. Kunden bei den Entwicklern arbeiten. Dies ist aber nach unserer Erfahrung nur selten möglich, kann aber das hier beschriebene Problem beheben.

Festpreisprojekte

Eigentlich stellen Festpreisprojekte kein Problem dar, zumindest nicht, wenn es sich wörtlich um ein Projekt handelt, für das ein fester Preis vereinbart ist. Meistens wird aber unter einem Festpreisprojekt ein Projekt verstanden, das sowohl einen fest vereinbarten Leistungsumfang als auch einen festgelegten Preis hat. Das Problem an dieser Konstellation ist, dass es weder dem Kunden noch den Entwicklern erlaubt ist, während der Projektlaufzeit auf ihre neu gewonnenen Erkenntnisse einzugehen. Schließlich sind Umfang und Preis fixiert. Man profitiert also in einer stur durchgezogenen Festpreiskonstellation nicht von agilen Methoden und zwingt ggf. sogar einen Lieferanten zu Kompensationstätigkeiten.

Preis, Umfang, Termin und Qualität fix

Trotzdem mögen manche agile Praktiken angewendet werden, vor allem auf Entwicklerseite. Die agile Methode Feature Driven Development (siehe Abschnitt 23.3 *Feature Driven Development*) kann hier eine Alternative sein, weil sie von Festpreiskonstellationen ausgeht.

Kunde ist eine Behörde

Handelt es sich bei dem Kunden um eine Behörde, dann liegen meist lange Entscheidungswege, Festpreis, vorgegebener Prozess, also eine Ansammlung von schon einigen Kontraindikationen vor. Trotzdem gibt es auch im Umfeld von Behörden und Anstalten öffentlichen Rechts durchaus Beispiele von erfolgreichen agilen Projekten.

Spezialfall Behörde

24.1.2 Kontraindikationen im Bereich der Entwickler

Keine Erfahrung mit agilen Projekten und kein Coach vorhanden

Erfahrung fehlt

Natürlich haben Teams, die zum ersten Mal agil vorgehen wollen, noch keine Erfahrungen mit Agilität. Es ist deshalb wichtig, dass sie sich über den Einsatz und die Anwendung agiler Methoden selbst ausreichend Rückkopplung verschaffen. Das ist alleine deutlich schwieriger, als wenn man sich einen mit agilen Projekten erfahrenen Coach für das Team besorgt. Dieser muss nur selten dem Team in Vollzeit zur Verfügung stehen.

Lernunfähigkeit oder -unwillen

Lernen können und wollen

In einem Umfeld, in dem die Projektbeteiligten nicht fähig oder willens sind, etwas Neues zu lernen, sollte man von der Anwendung agiler Methoden Abstand nehmen. Agil vorzugehen bedeutet im Kern, Softwareentwicklung als Lernprozess aufzufassen und das jeweils unterwegs Gelernte so schnell wie möglich in den weiteren Projektverlauf einfließen zu lassen.

Kultur von Befehl und Gehorsam

Agilität funktioniert nicht von oben nach unten

In Organisationen, in denen eine streng hierarchische Kultur herrscht, in der Anweisungen fast wie Befehle erteilt werden und jeder kontrolliert wird, damit für jeden Fehler ein Schuldiger gefunden werden kann, ist die Anwendung agiler Methoden nicht möglich. Mit der Anwendung agiler Methoden akzeptieren wir, dass wir für viele Entscheidungen nicht garantieren können, ob die getroffenen Entscheidungen bei Einbeziehen weiterer Anforderungen noch ausreichen. Wir akzeptieren, dass Pläne Orientierung bieten können, aber an Erkenntnisse angepasst werden müssen. Wir wollen Fehler machen dürfen, um daraus zu lernen.

Entwickler wollen keinen Anwenderkontakt

Anwender werden als schwierig empfunden

Wenn Entwickler keinen Anwenderkontakt wollen, dann kann man kaum eine agile Methode einsetzen. Die Gründe für diese Weigerung spielen dabei keine Rolle. Nur im Falle einer Produktentwicklung mit einem expliziten Produktmanager, der die Kundenrolle übernimmt (und bei den Entwicklern mit dieser Rolle akzeptiert ist), lässt sich dieses Defizit ausgleichen.

Hohe Mitarbeiterfluktuation

Wenn ständig neue Teammitglieder hinzukommen und/oder bisherige abgezogen werden, behindert das die Arbeit jedes Teams. Das gilt aber für agile Teams ganz besonders, weil persönliche Kommunikation mit dem Kunden und persönliche Erfahrungen der Individuen innerhalb eines Projektes eine große Rolle spielen. Das gilt nicht nur für Entwickler, sondern auch auf Kunden- und Anwenderseite.

Dauernd neue Leute

Keine Arbeit vor Ort gewünscht

Wenn die Arbeit vor Ort zwar möglich wäre, aber nicht gewünscht wird, kann das sowohl an der Kundenseite wie auch an der Entwicklerseite liegen. In beiden Fällen wird damit aber der Einsatz agiler Methoden behindert, weil diese auf kurze Wege setzen und die schnelle und häufige Rückkopplung zwischen Kunden/Anwendern und Entwicklern dafür erforderlich ist.

Bloß nicht beim Kunden

Kein Management-Commitment auf agile Methoden

Vermutlich leuchtet der Punkt sofort ein, andererseits laufen auch Veränderungsprozesse ohne Management-Commitment. Wir sind der Meinung, dass die Managementverpflichtung so wichtig ist, weil agil vorgehende Teams Rückendeckung brauchen. Sie können mit schnellen und frühen Ergebnissen punkten, aber sie brauchen unbedingt die Erlaubnis, Fehler machen zu dürfen, um daraus zu lernen.

Ohne das Management geht es nicht

24.1.3 Kontraindikationen im Bereich von Technologien

Lange Build-Zeiten

In agilen Projekten steht das entwickelte Softwareprodukt im Mittelpunkt vieler Bewertungen, und es ist notwendig, dass sich Entwickler schnell von der Lauffähigkeit des gebauten Systems überzeugen können. Dies dient letztlich den kurzen Iterations- und Releasezyklen, bei denen die Software von den Kunden und Anwendern beurteilt wird.

System zu bauen dauert zu lange

Wenn die technische Umgebung es aber unmöglich macht, das System in schneller Zeit zu bauen, behindert dies den Einsatz agiler Praktiken. Dies ist vor allem für bereits bestehende Projekte ein Problem, die ein »gewachsenes« Build-System haben, das aufgrund von ungünstiger Quelltextorganisation so komplex und aufwendig ist, dass es nicht ohne Weiteres beschleunigt werden kann. Hierfür gibt es Experten, deren Hilfe man ggf. beanspruchen sollte. Für neue Projekte gilt, dass von Anfang an darauf zu achten ist, dass die Build-Zeiten kurz bleiben.

24.2 Indikation

Wenig Erfahrung mit Softwareentwicklung

Es macht für Teams einen großen Unterschied, ob und wie viel Erfahrung sie als Team und die einzelnen Teammitglieder überhaupt mit Softwareentwicklung haben. Viel Erfahrung prägt den Stil und die Erwartungshaltung der Teammitglieder gegenüber dem Projektvorgehen auf das Bekannte und Gewohnte, selbst wenn dies als wenig erfolgreich empfunden wurde. Wenig Erfahrung erzwingt aber geradezu den Einsatz agiler Methoden, weil viel gelernt werden muss und sicherheitshalber zur Risikominimierung in kurzen Zyklen gearbeitet und reflektiert werden sollte. Empfehlenswert für solche eher unerfahrenen Teams ist ein erfahrener Coach, der ihnen hilft, die auftretenden Hürden zu meistern.

Teams mit mehr Erfahrung

Für Teams mit mehr Erfahrung ist es zuweilen schwierig, das bisher Erlernte wieder zu verlernen. Es ist menschlich, dass Veränderungsprozesse nicht einfach sind. Bei agilen Methoden kommt für viele Entwickler zusätzlich hinzu, dass die persönliche Verantwortung steigt, wobei es sich um eine ungewohnte Teamverantwortung handelt und damit nicht nur für eigenes Handeln und eigene Entscheidungen Verantwortung übernommen werden muss, sondern auch für das gesamte Team. Zuweilen ist dies der Grund, warum manche Teams (bzw. Teammitglieder) agile Methoden ablehnen. Hinzu kommt die starke Transparenz, die in agilen Teams über den Projektfortschritt herrscht, aber auch über die Fähigkeiten und Geschwindigkeit der einzelnen Teammitglieder. Diese Details werden nur den anderen Teammitgliedern transparent. Von außen wird in der Regel ausschließlich das Gesamtteam wahrgenommen.

Das Team und seine Wünsche sind wichtig (wir erinnern uns an »Individuen sind wichtiger als der Prozess« aus dem agilen Manifest, siehe Abschnitt 2.3 *Das agile Manifest*). Trotzdem ist eine ernsthafte Teamdiskussion mit Ursachenforschung und Vorurteilsausräumung wichtig, wenn Teams oder einzelne Beteiligte nicht agil arbeiten wollen. Letzten Endes kann man aber agile Methoden nicht gegen den Willen von Teams einführen und diesen aufzwingen. Wir beobachten heute in vielen Teams, die wir kennen, dass diese sich gar nichts anderes mehr als agile Softwareentwicklung vorstellen mögen!

24.2.1 Indikationen im Bereich des Kunden

Start-ups

Start-ups brauchen typischerweise Agilität, denn sie sind sowohl auf schnelle Ergebnisse als auch große Flexibilität angewiesen. Hinzu kommt, dass bei Start-ups häufig am Anfang noch nicht genau feststeht, was am Ende die Software leisten muss. Dies gilt insbesondere für Internet-Start-ups.

Schnelle Ergebnisse

Innovative Projekte

Innovative Projekte brauchen meist das Lernen durch agile Methoden, um Innovationen hervorzubringen. So kann mit kleinen Zyklen und häufigen und intensiven Rückkopplungen herausgefunden werden, worin innovative Lösungen stecken. Die Richtung eines Projektes kann sich leichter ändern beim Einsatz agiler Methoden. Innovative Projekte verfügen zudem über das nötige Umfeld agiler Projekte: hohes Engagement und Commitment der Projektbeteiligten; hohes Interesse des Managements am Projekt; Kostensenkung bei der Entwicklung ist nicht das Hauptziel.

Innovation durch Lernen

Neue Anwendungsbereiche

Ähnlich den innovativen Projekten ist die Anwendung agiler Methoden bei neuen Anwendungsbereichen angezeigt. Dies liegt vor allem an den Lernprozessen, die durch agile Methoden gefördert werden. Dabei kann dies sowohl dann gelten, wenn die Entwickler in diesem Anwendungsbereich völlig neu sind, als auch oder sogar umso mehr, wenn der Kunde und die zukünftigen Anwender neu sind in dem zu bearbeitenden Anwendungsbereich.

Neues Lernen

Schnelle Auslieferung notwendig (Time-to-Market)

Wenn es darum geht, ein Softwareprodukt so schnell wie möglich auf den Markt zu bringen, dann sind agile Methoden sehr gut dafür geeignet. Das liegt nicht daran, dass sie generell schneller wären, sondern daran, dass sie schnell und häufig neue Releases produzieren können. Diese werden anfangs noch nicht den gewünschten Gesamtumfang haben, trotzdem besitzen sie bereits die Qualität, in der man sie ausliefern oder produktiv schalten und verwenden kann. Es kommen dann mit den weiteren Releases ständig neue Funktionalitäten hinzu, der wichtigste Leistungsumfang kann aber sehr schnell ausgeliefert werden, ohne eine Softwarequalität aufzuweisen, die Erweiterungen und Änderungen nicht mehr zulassen würde.

Schnell Ausliefern

Nutzenorientierte (statt kostenorientierte) Perspektive des Kunden

Nutzen übersteigt Kosten bei Weitem

Wenn der Kunde eines Softwareprojektes für sich erkannt hat, dass der Nutzen der zu erstellenden Software und ihrer Funktionalitäten im Vordergrund steht und erst einmal wichtiger ist als die Kosten der Software, sind agile Methoden für den Kunden das geeignete Mittel, um dies konsequent umzusetzen. Für jeden der kurzen Zyklen eines agilen Projektes kann sich der Kunde genau die Funktionalitäten heraussuchen, die für ihn den größten Nutzen bringen. Dieser größte Nutzen wird dann schnell produktiv. Anschließend geht es mit dem nächstgrößten Nutzen weiter etc.

Transparenz des Projektfortschritts

Risikominimierung

Nicht nur der Kunde, auch das Entwicklungsmanagement weiß den Wert realistischer Projektfortschrittsmessungen zu schätzen. Durch die Aufteilung der Anforderungen in sehr kleine Schritte und eine reale Messung, die auf den erledigten in der Software sichtbaren Anforderungen basiert, lässt sich dies mit agilen Methoden hervorragend umsetzen. Durch die kurzen Zyklen kann zusätzlich auf die Messungen besser reagiert werden.

24.2.2 Indikationen im Bereich der Entwickler

Neugierige Entwickler

Sich einbringen

Neugierige Entwickler wollen nicht nur neue Technologien ausprobieren oder mit neuen Werkzeugen arbeiten, häufig haben sie mehr Interesse am Verstehen des Kunden, als ihnen klassisches Projektvorgehen erlaubt bzw. abverlangt. Sie wollen ihre Ideen einbringen und dem Kunden Alternativen bieten und vorstellen, wie Aufgaben mithilfe von Software vereinfacht oder gelöst werden können. Solche Entwickler setzen auf Kooperation mit Anwendern und Kunden und wollen nicht stur einem Plan folgend Software bauen, von deren Benutzung sie nicht überzeugt sind. Diese Entwickler arbeiten am besten in agilen Projekten.

Häufig hat diese Art Entwickler allerdings eine hohe Affinität zu neuen Technologien und ggf. auch Tools. Dies kann ein Nachteil sein, wenn unausgereifte oder noch nicht ausreichend durchschaute Technologien zum Einsatz gebracht werden, weil die Entwickler das schon immer mal ausprobieren wollten. Mitunter wird der Projekterfolg erheblich gefährdet, was aber in agilen Projekten z.B. durch die Messung der Entwicklungsgeschwindigkeit sehr schnell deutlich wird.

Arbeit beim Kunden vor Ort sowieso gegeben

Wenn die Entwicklung sowieso vor Ort beim Kunden bzw. den Anwendern erfolgt, was für viele Inhouse-Entwicklungen gilt, dann ist ein Vorgehen nach einer agilen Methode eine optimale Empfehlung. So kann von der räumlichen Nähe der meiste Profit erarbeitet werden, weil Anwender/Kunden und Entwickler voneinander lernen können und sich auf kurzem Wege Rückkopplungen geben.

Nah beim Kunden

Konkrete Probleme bekannt

Agile Methoden können mit ihren kurzen Rückkopplungszyklen auch dazu verwendet werden, um ganz gezielt Entwicklerteams weiterzuentwickeln. Dies kann notwendig werden, wenn ganz konkrete Probleme den Erfolg von Teams behindern, z. B. wenn die Kommunikation mit den Anwendern nicht funktioniert oder die Qualität der Software nicht ausreicht oder jede Software zwar am Ende läuft, aber faktisch nicht mehr erweiterbar und änderbar ist.

Agil zur Lösung von Problemen

24.2.3 Indikationen im Bereich von Technologien

Inkrementelle Compiler (z. B. für Java)

Der Einsatz inkrementeller Compiler ist förderlich für den Einsatz agiler Praktiken, weil dadurch schnellere Rückkopplungen beim Entwickeln möglich werden. Schließlich ist eines unserer Hauptprobleme bei der Softwareentwicklung nach wie vor das Auftreten von unerwünschten Seiteneffekten. Dies kann schneller überprüft werden, wenn man inkrementelle Compiler einsetzt, als wenn ein System immer erst sehr aufwendig gebaut werden muss, um es z. B. durchzutesten.

Rückkopplung beim Programmieren

Interpretierte Skriptsprachen

Ähnlich wie inkrementelle Compiler bieten interpretierte Skriptsprachen den großen Vorteil schneller Rückkopplungen beim Entwickeln.

Refactoring-Browser vorhanden

Viele moderne Entwicklungsumgebungen bieten heute hervorragende Restrukturierungsmöglichkeiten bei der Entwicklung zumindest für kleinere automatisierbare Refactorings wie Klassenumbenennungen und das Verschieben von Methoden oder das Auslagern von Funktionalitäten in eine neue Methode. Refactoring-Browser sind beim Einsatz agiler Praktiken hilfreich, weil sie schnelle Quelltextänderungen erlauben, die ohne Werkzeugunterstützung zu höheren Aufwänden

Erleichtert Quelltextänderungen

oder dem strukturellen Verfall der Software führen (wenn die Änderungen wegen des Aufwands nicht durchgeführt werden). Softwarequalität im Sinne guter Wartbarkeit, also Änderbarkeit und Erweiterbarkeit, ist eine wichtige Voraussetzung für agile Softwareentwicklung.

Test-Frameworks vorhanden, bekannt oder im Einsatz

Testen, testen, testen

Werden bei der Softwareentwicklung sowieso schon Test-Frameworks eingesetzt, so fördert dies die Anwendung agiler Praktiken, weil über ausführliches und häufiges Testen sowohl schnelle Rückkopplungen bei der Entwicklung als auch qualitätsabsichernde Tests erstellt werden, die die Softwarequalität erhöhen und ein Sicherheitsnetz bei Refactorings darstellen.

24.3 Zusammenfassung

Nicht einfach nur Indikationen gegen Kontraindikationen aufrechnen

Wir haben in diesem Kapitel einige aus unserer Sicht wichtigen Kontraindikationen und Indikationen für den Einsatz und die Anwendung agiler Methoden und agiler Praktiken genannt. Leider reicht es nicht aus, die Indikationen gegen die Kontraindikationen aufzurechnen, um herauszubekommen, ob ein spezielles Team oder Projekt agil vorgehen sollte. Stattdessen müssen die einzelnen Indikationen und Kontraindikationen individuell gewichtet und bewertet werden. Vorhandene Indikationen können dabei gut genutzt und ausgespielt werden, aber vorliegende Kontraindikationen sollten während des Projektverlaufs beachtet und berücksichtigt werden, wenn man sich für agile Methoden entschieden hat.

Teilweise agil

Auch wenn ein Projekt nicht in Gänze agil vorgehen kann, weil zu viele Kontraindikationen dagegen sprechen, so sind trotzdem einige der agilen Praktiken anwendbar wie z. B. das Tracking des Projektfortschritts oder regelmäßige Retrospektiven. Außerdem sei an dieser Stelle noch einmal betont, dass wir empfehlen, die Kontraindikationen über organisatorische Veränderungen aus dem Weg zu räumen.

25 Rückblick

Wir wollen mit diesem Buch Ihren Einstieg in die agile Softwareentwicklung erleichtern und Sie unabhängig von konkreten agilen Methoden für die agile Sichtweise begeistern. Unsere eigene Begeisterung ist Ihnen sicherlich nicht verborgen geblieben.

Unser Anliegen

Agile Softwareentwicklungsmethoden sind aber keinesfalls als die Lösung aller Probleme bei der Softwareentwicklung und als Antwort auf alle damit verbundenen Herausforderungen zu verstehen. Sie können uns aber in vielen Fällen einen hervorragenden Rahmen bieten, um die anstehenden Herausforderungen zu meistern. Wo man vielleicht besser nicht mit agilen Methoden arbeitet, haben wir in Abschnitt 24.1 *Kontraindikation* beschrieben.

Die Lösung aller Probleme?

Nachdem wir Sie nun also hoffentlich begeistern und überzeugen konnten, fragen Sie sich vermutlich, wie Sie agile Softwareentwicklung in Ihrem Team, Ihrer Organisation und für Ihre Kunden einsetzen und umsetzen können. In der Tat ist die Einführung gar nicht so einfach. Viele Kollegen und Kunden müssen erst überzeugt werden, und die Vorgehensweise kann nicht sinnvoll von heute auf morgen völlig umgestellt werden. Stattdessen wird ein sanfter Einstieg benötigt, und es sollten nicht alle Praktiken auf einmal eingeführt werden, aber doch nacheinander immer weitere.

Einführung agiler Methoden

Agile Methoden setzen immer wieder auf Rückkopplung als ein wichtiges Element der Kurskorrektur und der ständigen Verbesserung. Unser Kollege Stefan Roock wurde in einer XP-Schulung als Trainer einmal gefragt, welche agile Praktik er mitnehmen würde auf eine einsame Insel, wenn er nur eine Praktik mitnehmen könnte. Schlau wie er ist, hat er sich für die Retrospektive entschieden, denn während der Retrospektiven lassen sich alle anderen Praktiken ableiten und erarbeiten. Nutzen Sie also die Rückkopplung in möglichst kurzen Zyklen, um agil das Projekt »Einführung agiler Softwareentwicklung« in Ihrer Organisation voranzutreiben!

Rückkopplung als Schlüssel

Probleme?

Natürlich treten auch bei agilem Vorgehen Probleme auf und gerade während der Einführung agiler Methoden. Davon sollten Sie sich nicht entmutigen lassen und insbesondere die Probleme richtig einzuschätzen lernen. Viele auftretende Probleme werden nämlich durch die Transparenz agiler Projekte erst offensichtlich, schlummerten aber vorher schon in Ihrem bisherigen Vorgehen. Nehmen wir einmal als Beispiel den Aufwand, den eine Umstellung auf das Programmieren in Paaren erst einmal zu verursachen scheint: Mit welchem Mittel wurden denn vorher die Einhaltung von Standards, die Weitergabe des Wissens im Team und Quelltext- und Designqualität überprüft? Meist mit gar keinem Mittel, aber wenn man es in nicht agilen Projekten wollte, müsste man regelmäßige Besprechungen und Quelltextbegutachtungen einführen, die erhebliche Aufwände bedeuten.

Individuelle Methode

Gerade das Programmieren in Paaren ist ein gutes Beispiel für eine Praktik, die sich nicht jeder zu eigen machen mag. Aber das muss er auch nicht. Wir haben Ihnen in diesem Buch Praktiken verschiedener Methoden vorgestellt und Ihnen einen Überblick über die vier agilen Methoden eXtreme Programming, Scrum, Feature Driven Development und Software-Kanban gegeben. Als Startpunkt könnte eine dieser Methoden vielleicht für Sie passen, aber letztlich müssen Sie für Ihr Projekt, Ihre Kunden und Ihre Organisation eine eigene passende Methode erschaffen. Sie können sich an den hier vorgestellten Praktiken orientieren, auch wenn Sie sicherlich schon beim Lesen gemerkt haben, dass sich nicht alle miteinander kombinieren lassen.

Spaß an sinnvoller Arbeit

Dabei sollten wir nie aus den Augen verlieren, worum es bei der Softwareentwicklung geht. Sie ist ja kein Selbstzweck, sondern dient der Erstellung von Systemen, mit denen andere umgehen, deren Arbeitstag wir mit unserer Software häufig ganz wesentlich beeinflussen. Dafür arbeiten wir, und daran haben wir Freude: Wenn wir die von uns erstellte Software im sinnvollen, praktischen und produktiven Einsatz wissen.

A   Übersetzungen

Wir haben beim Schreiben dieses Buches immer dann deutsche Wörter bevorzugt, wenn sie das Gleiche aussagen wie das englische Original. Da aber in einem Großteil der Artikel und Bücher zu agiler Softwareentwicklung immer wieder die englischen Begriffe verwendet werden, liefern wir hier eine Übersicht der von uns gewählten Übersetzungen.

Insbesondere die Fachbegriffe der agilen Methode Scrum haben wir im Buch nicht übersetzt, weil unter den deutschsprachigen Scrum-Mastern die englischen Begriffe gebräuchlicher sind.

A.1   Deutsche Übersetzung der Begriffe aus dem eXtreme Programming

A.1.1   Werte

Value	Wert
Communication	Kommunikation
Feedback	Rückkopplung
Simplicity	Einfachheit
Courage	Mut
Respect	Respekt

A.1.2 Prinzipien

Principle	Prinzip
Humanity	Menschlichkeit
Economics	Wirtschaftlichkeit
Mutual Benefit	Gegenseitiger Vorteil
Self-Similarity	Selbstähnlichkeit
Improvement	Verbesserung
Diversity	Mannigfaltigkeit
Reflection	Reflexion
Flow	Fluss
Opportunity	Gelegenheit
Redundancy	Redundanz
Failure	Fehlschlag
Quality	Qualität
Baby Steps	Babyschritte
Accepted Responsibility	Akzeptierte Verantwortlichkeit

A.1.3 Primärpraktiken

Primary Practices	Primärtechnik
Sit Together	Räumlich zusammen sitzen
Whole Team	Komplettes Team
Informative Workspace	Informative Arbeitsumgebung
Energized Work	Energiegeladene Arbeit
Pair Programming	Programmieren in Paaren
Stories	Storys/Geschichten
Weekly Cycle	Wochenzyklus
Quarterly Cycle	Quartalszyklus
Slack	Freiraum
Ten-Minute Build	Zehn-Minuten-Build
Continuous Integration	Kontinuierliche Integration
Test-First-Programming	Testgetriebene Entwicklung
Incremental Design	Inkrementeller Entwurf

A.1.4 Folgepraktiken

Secondary Practices	Folgetechnik
Real Customer Involvement	Echte Kundenbeteiligung
Incremental Deployment	Inkrementelle Ausbreitung
Team Continuity	Teamkontinuität
Shrinking Teams	Schrumpfende Teams
Root-Cause Analysis	Ursachenanalyse
Shared Code	Gemeinsamer Quelltext
Code and Tests	Quelltext und Tests
Single Code Base	Eine Quelltextbasis
Daily Deployment	Tägliche Ausbreitung
Negotiated Scope Contract	Vertrag mit verhandelbarem Umfang
Pay per Use	Bezahlung pro Benutzung

A.2 Deutsche Übersetzung der Begriffe in Scrum

A.2.5 Rollen

Role	Rolle
Product Owner	Produktmanager
Team	Team
ScrumMaster	ScrumMaster

A.2.6 Mittel

Product Backlog	Katalog der Features für das Gesamtprodukt
Sprint Backlog	Katalog der Features für einen Sprint
Sprint Planning	Sprint-Planung
Sprint	Sprint
Daily Scrum	Täglicher Scrum, auch Standup
Sprint Review	Sprint-Rückkopplung

A.3 Deutsche Übersetzung der Begriffe im Feature Driven Development

Feature Driven Development	Featuregetriebene Entwicklung
Feature	Feature
Chief Architect	Chefarchitekt
Chief Programmer	Chefprogrammierer
Subject Area	Fachgebiet
Business Activities	Geschäftstätigkeiten
Step	Schritt
Class Owner List	Liste der Klassenverantwortlichen
Class Owner	Klassenverantwortlicher
Plan by Feature	Plane je Feature
Design by Feature	Entwirf je Feature
Develop by Feature	Entwickle je Feature

A.4 Deutsche Übersetzung einiger Begriffe bei Software-Kanban

Kanban	Kanban
bottleneck	Engpass
business value	Geschäftswert
defect rate	Fehlerrate
due date performance	Termintreue
flow	Fluss
lead time	Durchlaufzeit
throughput	Durchsatz
work in progress	Parallele Arbeit
workflow	Arbeitsablauf

Literaturverzeichnis

Entgegen sonst üblichen Literaturverzeichnissen haben wir hier eine andere Zusammenstellung für die angegebene Literatur gewählt. Sie finden hier nicht nur Literaturverweise auf Texte, die in den vorangegangenen Kapiteln genannt sind, sondern darüber hinaus weitere Einträge, die wir als Tipp aufgenommen haben, um bei eventuell vorhandenem Interesse tiefer in ein Gebiet einzusteigen.

Das Literaturverzeichnis ist dabei in Abschnitte unterteilt, die eine thematische Gliederung bieten. Sie finden so beispielsweise mit einem Blick die Literatur für die agile Methode »Scrum«.

Allgemeine Literatur zum Thema agiles Vorgehen

[AgileAlliance] The Agile Alliance: Agile Manifesto
http://www.agilealliance.org (zuletzt besucht 22. August 2010)
Die Agile Alliance hat sich methodenunabhängig zusammengetan, um die Grundfesten agiler, leichtgewichtiger Softwareentwicklung festzuhalten und zu fördern.

[AgileManifesto] Manifesto for Agile Software Development
http://www.agilemanifesto.org (zuletzt besucht 22. August 2010)
Website zum agilen Manifest. Dort können Sie auch (genau wie die Autoren dieses Buches) zu den Unterstützern des agilen Manifests werden und es online unterzeichnen.

[Derby & Larsen 2006] Esther Derby, Diana Larsen: Agile Retrospectives: Making Good Teams Great. Pragmatic Bookshelf, 2006.
Eine Beschreibung, wie in agilen Teams erfolgreich Retrospektiven durchgeführt werden können.

[Eckstein 2004] Jutta Eckstein: Agile Softwareentwicklung im Großen. Ein Eintauchen in die Untiefen erfolgreicher Projekte. Heidelberg, dpunkt.verlag, 2004.

Eine gute Beschreibung der Anwendung agiler Methoden und Praktiken in großen Softwareprojekten.

[Eckstein 2009] Jutta Eckstein: Agile Softwareentwicklung mit verteilten Teams. Heidelberg, dpunkt.verlag, 2009.

Hilfreiche Tipps für alle Projekte, die mit verteilten Teams erfolgreich Software entwickeln wollen.

[Hunt et al. 1999] Andrew Hunt, David Thomas, Ward Cunningham: The Pragmatic Programmer – From Journeyman to Master. Amsterdam, Addison-Wesley Longman, 1999.

Eine pragmatische Beschreibung, wie Softwareentwicklungsprojekte organisiert werden können. Unterstützt gut die agile Philosophie.

[Kerth 2001] Norman L. Kerth: Project Retrospectives: A Handbook for Team Reviews. Dorset House, 2001.

Das Buch ist das Standardwerk über Retrospektiven.

Literatur zum Thema »Software Engineering«

[Lehmann 1980] M. M. Lehman: Programs, Life Cycles, and Laws of Software Evolution. Proc. of IEEE, Vol. 68, No. 9, S. 1060-1076, September 1980.

Dieser Artikel stellt einen frühen, ganz wesentlichen Schritt zu inkrementellen Entwicklungsprozessen dar. Hier wird beschrieben, wie sich das Umfeld von Software durch deren Einsatz verändert. Agile Methoden ziehen daraus die Konsequenz, möglichst früh und möglichst oft Software auszuliefern und zum Einsatz zu bringen.

Literatur zum Thema »Softwarearchitektur«

[Albin 2003] Stephen T. Albin: The Art of Software Architecture – Design Methods and Techniques. Indianapolis, Wiley Publishing Inc., 2003.

Einführendes Standardwerk zum Thema Architektur. Das Buch geht auf die Beschäftigung mit Softwarearchitektur zu allen Zeitpunkten eines Projektes ein und stellt Mittel und Wege vor, Architektur systematisch zu thematisieren.

[Booch 1994] Grady Booch: Object-Oriented Analysis and Design with Applications. 2. Aufl., Menlo Park, CA, Addison-Wesley, 1994.
Dieses Buch stellt eine Methode vor, im Designprozess eine Softwarearchitektur zu erstellen. Da es sich um eine weitverbreitete Methode handelt, die in Unified Process eingeflossen ist, empfehlen wir hier den grundlegenden Teil zu Architektur.

[IEEE Standard 1471-2000] IEEE Recommended Practice for Architectural Descriptions of Software Intensive Systems. IEEE Std 1471-2000. New York, NY, Institute of Electrical and Electronics Engineering, 2000.
Dieses Dokument ist der Industriestandard des Institute of Electrical and Electronics Engineering zur Beschreibung und allgemeinen Dokumentation der Architektur von softwarebezogenen Systemen.

[Parnas 1972] David L. Parnas: On the Criteria to be Used in Decomposing Systems into Modules. Commun. ACM Vol. 15, No. 12, S. 1053-1058, 1972.
Grundlegende Arbeit zu der Frage, wie Teile eines Softwaresystems entkoppelt werden sollten.

[Shaw & Garlan 1996] Mary Shaw, David Garlan: Software Architecture: Perspectives on an Emerging Discipline. Upper Saddle River, NJ, Prentice Hall, 1996.
Grundlegendes Buch zum Thema Softwarearchitektur.

Literatur zur agilen Methode »eXtreme Programming«

[Beck 2000] Kent Beck: eXtreme Programming explained: Embrace Change. Reading, Massachusetts, Addison-Wesley, 2000.
Originalbeschreibung des eXtreme Programming.

[Beck 2004] Kent Beck: eXtreme Programming explained: Embrace Change. 2. Aufl., Reading, Massachusetts, Addison-Wesley, 2004.
Zweite Auflage des Manifests zu eXtreme Programming. Kent Beck hat die zweite Auflage komplett neu geschrieben. Die meisten Begriffe für die XP-Techniken haben sich geändert. Außerdem gibt es Verschiebungen bzgl. der Bedeutung der XP-Techniken, die die Erfahrungen mit XP in den letzten Jahren reflektieren.

[Wolf et al. 2005] Henning Wolf, Stefan Roock, Martin Lippert: eXtreme Programming – Eine Einführung mit Empfehlungen und Erfahrungen aus der Praxis. 2., überarbeitete und erweiterte Aufl., Heidelberg, dpunkt.verlag, 2005. E-Book.
Eine Einführung mit vielen Praxiserfahrungen und Tipps zu eXtreme Programming.

Literatur zur agilen Methode »Scrum«

[Beedle & Schwaber 2001] Mike Beedle, Ken Schwaber: Agile Software Development with Scrum. Prentice Hall, 2001.
Originalbeschreibung der agilen Methode Scrum. Vor allem die erste Hälfte des Buches ist lohnenswert, auch wenn man Scrum nicht einsetzen will.

[Pichler 2008] Roman Pichler: Scrum. Agiles Projektmanagement erfolgreich einsetzen. Heidelberg, dpunkt.verlag, 2008.
Eine sehr gute und kompakte deutschsprachige Einführung in die agile Methode Scrum mit hilfreichen und konkreten Hinweisen für agiles Projektmanagement.

[Schwaber 2004] Ken Schwaber: Agile Project Management with Scrum. Microsoft Press, 2004.
Neuere Beschreibung von Scrum mit Schwerpunkt auf Projektmanagement.

[Scrum] *http://www.scrumalliance.com* (zuletzt besucht 22. August 2010)
Zentrale Website rund um Scrum.

Literatur zur agilen Methode »Feature Driven Development«

[Coad et al. 1999] Peter Coad, Eric Lefebvre, Jeff De Luca: Java Modeling in Color with UML. Prentice Hall, 1999.
Das Buch stellt die Methode des Modellierens mit Farben vor und enthält einen Abschnitt zu Feature Driven Development von Jeff De Luca.

[Feature Driven Development]
http://www.featuredrivendevelopment.com
(zuletzt besucht 22. August 2010)
Website rund um Feature Driven Development (FDD).

[Palmer & Felsing 2002] Stephen R. Palmer, John M. Felsing: A Practical Guide to the Feature Driven Development. Prentice Hall, 2002.
Einführung in Feature Driven Development (FDD).

Literatur zu Kanban

[Anderson 2010] David J. Anderson: Kanban. Successful Evolutionary Change for Your Technology Business. Blue Hole Press, 2010.
Das Standardwerk zu Software-Kanban direkt vom Begründer der Methode. Führt gut in das Thema ein und beschreibt die Entstehung von Software-Kanban.

[Goldratt 1990] Eliyahu M. Goldratt: What Is This Thing Called Theory of Constraints and how should it be implemented? North River Press, 1990.
Erklärung und Einführung zur Engpasstheorie (Theory of Constraints).

[Kniberg & Skarin 2010] Henrik Kniberg, Mattias Skarin: Kanban and Scrum. making the most of both. C4Media, 2010.
Im ersten Teil werden ausführlich die Gemeinsamkeiten und Unterschiede zwischen Scrum und Kanban beschrieben. Im zweiten Teil findet sich ein Erfahrungsbericht, der darlegt, wie die Autoren Kanban erfolgreich in einem Unternehmen der Spiele-Branche einführten.

[Ladas 2008] Corey Ladas: Scrumban – Essays on Kanban Systems for Lean Software Development. Bertrams Print on Demand, 2008.
Der Band schildert, wie sich Kanban und andere (agile und nicht agile) Methoden zueinander verhalten, welchen Einfluss Ideen aus dem Lean Thinking haben und wie ein schrittweiser Übergang von Scrum zu Kanban aussehen kann.

[Reinertsen 2009] Donald G. Reinertsen: The Principles of Product Development Flow: Second Generation Lean Product Development. Celeritas Publishing, 2009.
Reinertsen legt dar, durch welche Prinzipien sich Produktentwicklung drastisch verbessern lässt. Ein besonderer Schwerpunkt liegt auf quantitativem Management.

[Womack et al. 2004] James P. Womack, Daniel T. Jones, Maria Bühler, Hans-Peter Meyer: Lean Thinking: Ballast abwerfen, Unternehmensgewinn steigern. Campus Verlag, 2004.

Ein Standardwerk der Lean-Literatur. Die Autoren beschreiben ausführlich die Prinzipien, die hinter dem Toyota-Production-System stehen, legen dar, wie sich diese in anderen Branchen darstellen und wie ein wirklich schlankes Unternehmen aussieht.

Weitere Literatur

[Floyd 1984] Christiane Floyd: A systematic Look at Prototyping. In: Budde, R.; Kuhlenkamp, K.; Matthiassen, L.; Züllighoven, H. (Hrsg.): Approaches to Prototyping. Berlin, Heidelberg, Springer-Verlag, 1984, S. 1-18.

Einführender Artikel über die Tätigkeiten beim Prototyping in der Softwareentwicklung, der drei wesentliche Kategorien (evolutionär, explorativ, experimentell) beschreibt.

[Fowler 1999] Martin Fowler: Refactoring. Addison-Wesley, 1999.

Das Buch zum Thema Restrukturieren von Quelltext.

[Roock & Lippert 2004] Stefan Roock, Martin Lippert: Refactorings in großen Softwareprojekten. Heidelberg, dpunkt.verlag, 2004.

Deutsches Buch zum Thema Restrukturieren von Quelltext.

Index

A

Abhängigkeitsgraph für Storys 47
Agile Methode 18
Agile Praktik 18
Agiles Manifest 13, 15
Akzeptanztest 115, 118
Anforderungen 8, 37, 38, 45
Anforderungen priorisieren 40
Anforderungen, projektspezifische 8
Ansprechpartner, fachlicher 58
Architektur 93
Aufwand 25, 38
Aufwand schätzen 25
Aufwandskurve 133
Aufwandsschätzung 40

C

Change Management 173
Coach 146
Cumulative Flow Diagram 172

D

Daily Scrum 88, 163
David Anderson 169
Design 93
Designprinzipien 95, 97
Don't repeat yourself (DRY) 97
DRY *siehe* Don't repeat yourself
Durchlaufzeit 171
Durchsatz 171

E

Einfachheit 11
    methodisch 11
    organisatorisch 11
    technisch 11
Einsetzbares Softwaresystem 8
Engpasstheorie 170
Entscheidungen, fachliche 57
Entwicklungsgeschwindigkeit 112
Entwicklungsprozess 21
eXtreme Programming (XP) 149

F

Fachexperten 39
Fachliche Anforderung 26
Fachliche Details 63
Feature Driven Development 54, 95, 100, 164, 169
Feature-Beschreibungsschema 166
Feature-Burndown-Grafik 109
Feature-Burnup 111
Feature-Burnup-Grafik 112, 114
Feature-Team 100
Festpreisprojekte 140, 179

G

Geschäftsziele 8, 9
Geschwindigkeit 16

I

Indikation 175
Individuen 13
Informationsfluss im Team 87
Informativer Arbeitsplatz 70, 73, 74
Integrationsserver 130
Interaktionen 13
Iteration 45, 51, 52
Iterationsplanung 53

J

Jeff De Luca 169

K

Kaizen 172
Kanban 169
Kanban-Board 170, 172
Kommunikation 10, 16
Kontinuierliche Integration 129
Kontinuierliche Verbesserung 21, 172
Kontraindikation 175
Konventionen 18
Kunde vor Ort 58, 60

L

Laufende Software 14
Lean Thinking 170
Lernen 17
Lernprozess 17, 21
Little's Law 171

M

Modeling in Color 101, 165
Modellierung mit Farben 101
Moderation, Retrospektive 22
Mut 12

N

Nah beieinander sitzen 78

P

Paar-Rotation 70
Pair Programming 70
Plan 26
Product Backlog 138, 162
Product Owner 161
Produktmanager 58
Programmieren in Paaren 70, 71
Projektfortschritt 14
Projektfortschrittsmessung 107
Prototypen 104
Prototyping 105
Pull 170
Push 170

Q

Qualifikationen 79
Quelltextbesitz 82
Quelltextreviews 135
Quick Design Session 95, 96

R

Refactoring 117
Release 51, 52
Releaseplanung 53
Respekt 12
Restrukturierung 117
Retrospektive 21, 22
RTDF *siehe* Running Tested Documented/
    Deployed Feature
Rückkopplung 12, 16, 187
Running Tested Documented/Deployed
    Feature (RTDF) 116

S

Sching-Schang-Schong-Schätzen 32, 38
SCP *siehe* Speaking Code Principle
Scrum 161
ScrumMaster 146, 161
Separation of Concerns (SoC) 97
SoC *siehe* Separation of Concerns
Softwareauslieferung 16
Software-Kanban 169
Softwarequalität 133
Softwaresystem 8
Speaking Code Principle (SCP) 97
Spike Solution 104
Sprint 162
Sprint Backlog 138, 162
Sprint-Review 163
Standup-Meeting 88
Story 39
Storycard 39
Subteams 17
Systemeinsatz 9

T

TDA *siehe* Tell, don't ask
TDD *siehe* Test-Driven Design
Team 77, 78
Teambildung 77
Technologiestudien 104
Tell, don't ask (TDA) 97
Testabdeckung 116, 136
Test-Driven Design (TDD) 98
Testgetriebener Entwurf 95, 98
Timeboxing 52
Toyota-Production-System 170
Truckfaktor 83

V

Veränderung 17
Veränderung, Reaktion auf 15, 17
Vertragsverhandlung 14
Visualisierung 170

W

Wartbarkeit 133
Wert
    Einfachheit 10
    Kommunikation 10
    Mut 10
    Respekt 10
    Rückkopplung 10
Wertesystem 9
Wetter von gestern 25, 112
WIP (work in progress) 171
WIP-Limit 171
work in progress (WIP) 171

X

XP-Coach 146

Y

YAGNI *siehe* You Aren't Gonna Need It
Yesterday's Weather Principle 112, 114
You Aren't Gonna Need It (YAGNI) 96

Z

Zeiteinheiten, feste 52
Zusammenarbeit, mit Kunde 14